기독교문서선교회(Christian Literature Center: 약칭 CLC)는 1941년 영국 콜체스터에서 켄 아담스에 의해 시작되었으며 국제 본부는 미국 필라델피아에 있습니다.
국제 CLC는 59개 나라에서 180개의 본부를 두고, 약 650여 명의 선교사들이 이동도서차량 40대를 이용하여 문서 보급에 힘쓰고 있으며 이메일 주문을 통해 130여 국으로 책을 공급하고 있습니다. 한국 CLC는 청교도적 복음주의 신학과 신앙 서적을 출판하는 문서선교기관으로서, 한 영혼이라도 구원되길 소망하면서 주님이 오시는 그날까지 최선을 다할 것입니다.

추천사

김 형 민 박사
호남신학대학교 기독교윤리학 교수 | 전 한국기독교사회윤리학회 회장

하나님은 이집트 파라오의 억압을 피해 거친 광야로 나와 방황하는 히브리 민족에게 두 돌판에 십계명의 말씀을 새겨주셨다. 이것은 결코 이스라엘의 어깨 위에 무거운 짐을 지우신 것이 아니다. 자기가 택하신 언약 백성을 사랑하시고 축복하시는 하나님께서 그들이 걸어야 할 바른길을 지시하신 것이다.

십계명은 생명의 길로 인도하는 지팡이와 같다. 또한, 십계명은 하나님이 자기 백성에게 원하시는 바를 명확히 밝히신 그분의 '의지 선언서'다. 따라서 하나님의 백성은 그분의 명령과 법도를 기쁜 마음으로 듣고 따라야 한다. 독일의 작가 토마스 만(Thomas Mann)은 십계명을 가리켜 '인간이 마땅히 해야 할 바를 알려주시는 헌법'이라고 말했다. 옳다. 십계명은 한 국가의 헌법처럼 하나님 나라의 백성이라면 반드시 기억하고 지켜야 할 신앙과 삶의 규범이다.

지난 2천 년 동안 십계명은 교회의 역사와 신앙 교육의 현장에서 중요한 위치를 차지했지만, 오늘날에는 점차 잊혀 가고 있다. 애써 못 본 척 무시하고 시대에 뒤떨어진 주장처럼 여기기도 한다. 빠르게 움직이는 세상화의 물결이 이러한 변화의 유일한 이유는 아닐 것이다. 십계명에 대한 오해가 교회 안에도 있다. 아직도 많은 그리스도인은 십계명을 '도덕 법전'과 같이 생각한다. 그 같은 생각은 십계명의 말씀을 율법주의와 도덕주의의 교과서로 만들기 십상이다.

그렇지만 우리는 십계명의 말씀을 바르게 읽고 해석하고 실천하는 일이 얼마나 어려운지 잘 알고 있다. 성서와 신학에 대한 온전한 통찰능력과 감사하는 마음으로 말씀에 순종하겠다는 믿음이 있어야 가능하다. 그중에서도 언어, 해석, 그리고 실천이라는 세 가지 개념이 중요하다.

첫째, 성경의 언어를 이해하고 분석하며 본문의 역사적이며 해석학적 맥락을 밝혀야 한다.

둘째, 언약신학의 전통에 따라 십계명의 말씀 속에서 자유의 복음적 의미를 드러내야 한다.

셋째, 하나님 사랑과 이웃사랑의 실천을 위해 십계명의 (율)법적 성격만이 아니라 윤리적 가능성과 한계까지 밝혀내야 한다.

어느 것 하나 쉽지 않은 과제다. 그러나 본서의 저자인 김선종 박사는 교회를 사랑하는 큰 열정으로 세 과제를 적절하게 풀어 줬다. 세 과제를 완전히 구분해서 서술하지는 않았지만, 첫째 과제는 주로 제1부에서, 둘째 과제는 제2부에서, 셋째 과제는 제3부에서 깊이 있게 다뤘다. 현대 사회는 교회가 우리 시대의 도덕적 에이전시(moral agency)로 거듭나기를 소망하고 있다. 『덤불 속 두 돌판: 십계명의 신학과 윤리』는 이를 위한 신앙적 자각과 실천적 의지를 북돋우는 데 큰 도움을 줄 것을 확신한다.

이 두 희 박사
대한성서공회 부총무 | 장로회신학대학교 신약학 객원교수

십계명을 한번 제대로 이해해 보고 싶은 갈망을 가진 사람들에게 저자는 이 책을 통해 그 갈증을 속시원히 풀어주는 소중한 선물을 안겨준다. 그뿐만 아니라 저자는 십계명의 이해를 넘어 성경 전체를 보는 눈까지 새롭게 열어주는 뜻밖의 선물도 덤으로 제공한다. 성서는 하나님의 말씀이지만, 그 말씀은 진공 상태에서 우리에게 전해진 것이 아니라는 사실을 새삼 깨닫게 한다. 그렇다면 당연한 얘기가 되겠지만, 하나님의 말씀을 올바르게 이해하기 위해서 우리는 이 말씀의 전승 과정에 관계된 역사, 문화, 정치, 사회를 구체적으로 알아야 한다.

이 책은 그것들을 알아가는 여정에서 친절한 길 안내자처럼 적절한 예를 들어가며 독자들을 안내한다.

제1부에서 성서를 해석하는 전문적인 주석 방법에 대한 기본적인 해설로 시작한다. 조금 딱딱하게 느껴질 수도 있지만 꼭 그렇지만도 않다. 저자는 오늘 우리가 하나님의 말씀으로 귀히 여기는 성경 말씀의 또 다른 측면을 흥미롭고도 친절하게 설명해 준다.

제2부에서는 그것에 기반을 둔 탄탄한 십계명 풀이에 들어간다. 히브리어 원문에서 시작해서 언어적으로, 역사적으로, 정치·사회적으로, 신학적으로 각각의 가르침에 담긴 깊은 의미를 풀어낸다. 자칫 우리가 오해하고 있었던 부분들, 궁금해했던 부분들을 명쾌하게 풀어준다. 저자는 구약의 십계명 해설에 그치지 않고 신약에 인용되거나 암시된 십계명 관련 본문들을 구약의 십계명 이해에 기초해서 더 깊이 이해하도록 도와준다.

제3부에서는 십계명에 담긴 하나님의 뜻을 알고 실천하는 삶이 갖는 함의를 더 큰 틀에서 상술한다. 이집트의 파라오 체제를 대체하는 새로운 믿음의 체제, 하나님을 임금으로 모시는 존귀한 하나님 백성의 새로운 삶의 패러다임을 내다보게 한다.

신학과 신앙에 대한 깊고 진지한 물음까지 고스란히 담아 성경 본문 뒤에 자리한 과거를 분석하고, 지금 우리가 살아가는 삶의 자리를 고민하며 앞으로 우리가 믿음 안에서 이뤄가야 할 미래를 전망하게 하는 소중한 선물을 제공한 저자의 노고에 찬사를 보낸다.

이 윤 경 박사
이화여자대학교 기독교학과 구약학 교수

십계명은 기독교인이라면 누구나 알고 있는 절대명령이다. 그러나 너무나 자명한 것이기에 오히려 제대로 깊이 있게 묵상의 대상이 되지 못하고 간과되고 있는 것이 현실이다. 김선종 박사의 『떨불 속 두 돌판: 십계명의 신학과 윤리』는 십계명에 대한 학문적인 연구뿐만 아니라, 교회와 우리 사회의 현실 속에서 생각해 봐야 할 부분까지 심도 있게 다루고 있다. 이 책은 고대 이스라엘 민족에게 주어진 화석화된 십계명이 여전히 학문적 연구의 대상이며, 우리의 일상을 깨우고 하나님의 명령을 새롭게 생각하게 하는 본질임을 깨닫게 한다.

이 책은 제1부에서 전통적인 역사비평 방법을 통해 십계명의 양식, 전승, 편집을 분석하고, 제2부에서 십계명의 열 가지 말씀을 하나씩 풀어서 설명하며, 제3부에서 오경의 율법이 차지하는 위치를 사회정치적 관점에서 풀어내고 있다. 이런 구성을 통하여 독자는 십계명에 대한 전통적인 학문적 연구에서 출발하여 각 계명이 갖고 있는 주석적 의미를 알게 되고, 오경의 율법이 그 사회정치적 맥락에서 갖는 의미까지 생각해 보게 된다. 이런 과정을 섭렵해 갈 때, 독자는 십계명이 그때 거기에서 가졌던 의미를 되새겨 보고, 오늘 우리에게도 여전히 유효한 의미를 지니는지를 평가하게 되리라 본다.

하루가 다르게 변화하는 현대 사회 속에서 변하지 않는 하나님의 절대법 십계명의 의미를 되새기는 귀한 기회를 제공한 김선종 박사에게 감사하며, 하나님의 말씀을 사랑하는 모든 이들에게 일독을 권한다.

The Decalogue as Theology and Ethics
Written by Kim, Sun-Jong
All rights reserved.
Korean Edition Copyright ⓒ 2020 by Christian Literature Center, Seoul, Korea

덤불 속 두 돌판: 십계명의 신학과 윤리

2020년 7월 30일 초판 발행

지은이	김선종
편 집	정재원
디자인	김현진, 전지혜
펴낸곳	(사)기독교문서선교회
등 록	제16-25호(1980.1.18.)
주 소	서울특별시 서초구 방배로 68
전 화	02-586-8761~3(본사) 031-942-8761(영업부)
팩 스	02-523-0131(본사) 031-942-8763(영업부)
이메일	clckor@gmail.com
홈페이지	www.clcbook.com
송금계좌	기업은행 073-000308-04-020 (사)기독교문서선교회

ISBN 978-89-341-2157-2 (93230)

이 도서의 국립중앙도서관 출판예정도서목록(CIP)은 서지정보유통지원시스템 홈페이지 (http://seoji.nl.go.kr)와 국가자료공동목록시스템(http://www.nl.go.kr/kolisnet)에서 이용하실 수 있습니다.(CIP제어번호: CIP2020022948)

이 책의 저작권은 저자와 (사)기독교문서선교회가 소유합니다. 신저작권법에 의하여 한국 내에서 보호받는 저작물이므로 무단 전재와 무단 복제를 금합니다.

덤불 속 두 돌판
십계명의 신학과 윤리

김 선 종 지음

CLC

목차

추천사   1
    김 형 민 박사
    호남신학대학교 기독교윤리학 교수, 전 한국기독교사회윤리학회 회장
    이 두 희 박사
    대한성서공회 부총무, 장로회신학대학교 신약학 객원교수
    이 윤 경 박사
    이화여자대학교 기독교학과 구약학 교수

저자 서문   8

제1부 서론   12
    제1장 십계명의 이름: '10개의 말씀'   13
    제2장 양식사와 십계명   29
    제3장 전승사와 십계명   40
    제4장 편집사와 십계명   64
    제5장 십계명의 특징   78
    제6장 십계명에 상응하는 이야기   86

제2부 십계명 해설   91

  제1장 서문(출 20:2; 신 5:6): 해방의 은총   92
  제2장 첫째 말씀(출 20:3; 신 5:7): 오직 한 분이신 하나님   102
  제3장 둘째 말씀(출 20:4-6; 신 5:7-10): 우상과 형상 금지   112
  제4장 셋째 말씀(출 20:7; 신 5:11): 야웨의 이름   134
  제5장 넷째 말씀(출 20:8-11; 신 5:12-15): 안식일   145
  제6장 다섯째 말씀(출 20:12; 신 5:16): 부모 공경   161
  제7장 여섯째 말씀(출 20:13; 신 5:17): 살인   175
  제8장 일곱째 말씀(출 20:14; 신 5:18): 간음   186
  제9장 여덟째 말씀(출 20:15; 신 5:19): 도둑질   200
  제10장 아홉째 말씀(출 20:16; 신 5:20): 거짓 증거   208
  제11장 열째 말씀(출 20:17; 신 5:21): 탐욕   216

제3부 십계명과 오경 율법의 정치, 종교, 사법 체제   229

  제1장 모세 시대의 제국과 오경의 율법   230
  제2장 신명기의 정치, 종교, 사법 체제   249

참고문헌   269

저자 서문

김 선 종 박사
호남신학대학교 구약학 교수

"제발 이제 나를 놓아줄 수 없나요?"

이 절규는 400년 동안 이집트 파라오의 노예로 시달린 이스라엘 백성이 자신을 억누르는 거짓 신에게 외치는 신음 소리다. 수천 년이 지난 오늘도 많은 사람이 거짓 신의 노예로 살아가고 있다. 돈의 노예, 사람의 노예, 욕망의 노예로 말이다. 만약 누군가 자유인으로 참 자유를 누리지 못하고 무엇엔가 억눌리고 짓눌려 산다면, 그 삶이 바로 노예의 삶이다.

사람이 자유를 빼앗기고 억압당하다가 거짓 신에서 해방되는 내용이 십계명에 들어 있다. 구약성경에 십계명이라는 이름으로 소개되는 하나님의 10개의 말씀은 이집트에서 해방된 이스라엘 백성에게 하나님이 주신 거룩한 삶에 대한 가르침이다.

십계명은 이집트 파라오의 노예에서 새롭고 참된 주인인 야웨 하나님의 종으로 살아가는 삶의 방식을 담고 있다. 그렇다면 십계명이 제시하는 10개의 삶의 방식은 이스라엘 백성이 노예의 땅이었던 이집트에서는 제대로 지키지 못했던 하나님의 가르침이었는지 모른다.

야웨 하나님만을 섬기라고 하신 데에는 이집트의 여러 신을 섬겨야 했던 이스라엘 백성의 불행했던 삶이 암시되어 있다. 우상을 만들어 섬기지 말라는 가르침은 하나님의 백성이 하나님 이외에 돈과 명예와 성공 등의 우상을 만들고 살아가는 현실을 반영한다. 야웨 하나님의 이름을 망령되게 부르지 말라는 주님의 명령은 하나님을 우습게 여기고 자기 이익을 위해 하나님의 이름을 악용하고 오용하는 과거와 현재의 신앙인의 현실을 폭로한다.

말로는 하나님의 영광을 말하지만 속으로 자신의 영광을 추구한다면, 이것이 바로 하나님의 이름을 망령되게 일컫는 것이 아니고 무엇이겠는가?

안식일을 지키라고 하신 가르침은 참 안식을 누리지 못하고 일하기를 멈추지 못해 일의 노예로 살아가는 현대인의 비참함을 토로한다. 이러한 삶은 가난에서 벗어나고자 하는 삶, 성공 지향적인 삶이다. 부모를 공경하고, 살인, 간음, 도둑질, 거짓 증거하지 말며, 탐심을 버리라는 하나님의 가르침은 예전이나 지금이나 파괴된 공동체에서 살아가는 인간의 비참하고 추한 현실을 숨김없이 보여준다.

그래서 도로테 쥘레(D. Sölle)는 십계명의 보호를 받지 못한 사람이라야 십계명을 가장 잘 이해할 수 있다고 말하는데, 이것은 매우 적절한 지적이다.[1] 십계명을 지키기를 거부하는 인간 현실에서야 십계명이 가지고 있는 진가와 필요성을 가장 바르게 이해할 수 있기 때문이다.

거짓 신들이 유혹하는 거짓 삶에 속아 살아온 이스라엘 백성은 400년이 지나서야 비로소 자신들의 삶이 노예의 삶이었다는 사실을 깨닫게 된다. 그래서 풍요의 땅인 이집트에서 벗어나 하나님이 약속하신 가나안 땅을 향하는 40년 동안의 광야 행진을 두려워하지 않고 길을 나선다. 그러고 나서 하나님의 사랑과 은총의 가르침을 십계명이라는 이름으로 시내 산에서 받게 된다.

하지만 자유와 해방을 얻은 백성은 또다시 자발적인 노예 생활로 돌아간다. 시내 산에 올라간 지도자 모세를 기다리지 못해 불안한 마음에 금송아지 우상을 만든다(출 32장). 금으로 만든 거짓 신을 이집트에서 해방해 주신 하나님으로 고백한다. 하나님의 백성은 모세가 없는 그 짧은 한 달여

---

[1] 도로테 쥘레, "거짓 증거하지 말지니라," 헤르베르트 고르닉 편, 『십계명의 현대적 이해』(*Du Sollst in Freiheit Leben: Eine neue Dimension der Zehn Gebote*), 이정배 역 (서울: 전망사, 1989), 112.

의 시간을 견디지 못한 것이다. 그들은 하나님께 받은 자유를 두려워하고, 스스로 자유를 거짓 신에게 반납하고 살아간다.

이러한 모습은 단지 시내 산에서 보인 이스라엘의 모습이 아니었다. 용서를 받고 가나안 땅에 들어간 이후에도 이스라엘은 하나님과 함께 다른 신, 바알, 아세라 등을 섬긴다.

왜 사람은 하나님만으로 만족하지 못할까?

왜 돈과 명예와 욕망 등의 다른 신을 함께 섬기며 살아가는 어리석음을 범하는가?

십계명은 유대-기독교 신앙과 신학에서 핵심적인 위치를 차지한다. 구약성경의 전문가들은 십계명을 구약 율법의 요약으로 여기기도 하고, 반대로 십계명을 확장해 오경을 이룬 것으로 생각하기도 한다. '어떻게 해야 영생을 얻을 수 있느냐'고 묻는 부자 청년에게 예수님은 단순하게 십계명의 말씀을 인용하심으로써, 십계명에 하나님의 의지가 담겨 있는 것으로 표현하셨다(마 19장과 병행 본문).

마태복음의 산상수훈에서는 십계명을 새롭게 해석하심으로써 하나님 나라의 삶의 윤리를 설명하기도 하셨다. 십계명은 그야말로 거친 시내 산 덤불 속에서 캐낸 두 돌판, 믿음 생활을 위한 보석이다.[2] 유대인 철학자 아브라함 헤셸(A. Heschel)은 십계명이야말로 '이제까지 지상에 존재해 온 것 가운데에서 가장 값진 것'이라고 말한 바 있다.[3]

그런데 오늘날 그리스도인은 십계명이라는 낱말을 떠올릴 때 계명이 지닌 중요성보다, 바쁘게 돌아가고 변화하는 현대인의 삶에 동떨어지고 고리타분한 율법이라는 느낌을 받는 것이 사실이다. 이것은 근본적으로 10개의 말씀을 '십계명'으로 번역한 데에서부터 그 원인을 찾을 수 있다. 그런데 십계명은 계명인 동시에 단순한 계명이 아니다. 이러한 점에서 이른

---

[2] 기원후 11세기 프랑스의 랍비인 라쉬(Rashi)는 십계명을 10개의 진주로 된 희귀한 보석이라고 표현한다. 권오현, 『십계명 연구』 (서울: 한마음세계선교회출판부, 2011), 78.

[3] 아브라함 헤셸, 『안식』(The Sabbath), 김순현 역 (서울: 복있는사람, 2018), 171.

바 십계명의 말씀과 가르침은 율법과 계명의 문제, 율법과 복음의 관계의 빛에서 바르게 이해할 필요가 있다.

이러한 문제의식에서 이 책은 오경에 최소한 네 차례 나오는 십계명(출 20, 34장; 레 19장; 신 5장)을 그 본문이 속한 흐름 속에서 미소라 본문(MT)과 70인역(LXX), 또한 구약 주변 세계 율법과의 관련에서 살펴봄으로써, 십계명이 가지고 있는 신학을 분석하고, 오늘날 교회와 그리스도인에게 주는 윤리적 교훈을 고찰하는 것을 목적으로 한다. 또한, 십계명에 대한 가르침을 히브리어 원문을 분석하는 것으로 시작하는 동시에 그러한 십계명을 지키거나 어긴 배후의 사건을 고찰함으로써, 평신도와 신학생, 목회자들이 십계명의 가르침을 이해하는 데 도움을 주려고 한다.

제1부에서는 역사비평의 기본 방법을 소개해, 과거 고대 이스라엘이라는 구체적인 배경 아래에서 십계명을 이해하려고 시도한다. 따라서 구약 주석 방법에 대한 전문적인 지식을 필요로 하지 않는다면, 제2부에 있는 십계명 해설을 먼저 살펴보기를 권한다.

이 연구는 고창중앙교회 창립 100주년을 기념하는 데에서 비롯했다. 한 교회가 100살이 되는 기념 주일에 많은 사람이 모여 기념하고 축하하는 것도 중요하지만, 100살이 되었지만 마치 새롭게 태어난 신생아처럼 신앙의 기초를 다시 점검하고 새롭게 하겠다는 전종찬 담임목사님을 비롯한 모든 교우의 결심이 놀랍다. 마치 가나안 땅에 들어가 여호수아와 백성들이 야웨 하나님만을 섬기겠다고 다짐한 세겜에서의 모임이 떠오른다(수 24장). 아무쪼록 고창중앙교회의 이러한 아름다운 계획에서 비롯한 이 글이 한국교회에 작은 보탬이 되기를 바란다.

이러한 계획을 듣고 흔쾌히 출판을 허락해 주신 기독교문서선교회(CLC)의 박영호 사장님과 여러 직원 선생님, 원고를 읽고 도움을 준 김미현, 박시현, 이연형 전도사님, 귀한 추천사를 써주신 김형민, 이두희, 이윤경 박사님께 감사의 인사를 드린다. 이 책은 늘 인내의 시간을 보내는 은경, 세현, 규현의 도움 없이는 가능하지 않았을 것이다

제1부

서론

제1장 십계명의 이름: '10개의 말씀'
제2장 양식사와 십계명
제3장 전승사와 십계명
제4장 편집사와 십계명
제5장 십계명의 특징
제6장 십계명에 상응하는 이야기

제1장

십계명의 이름: '10개의 말씀'

십계명이라는 낱말은 하나님을 믿는 신앙인뿐 아니라 일반인도 익숙하게 알고 있다. '성공의 십계명,' '부부생활의 십계명' 등 십계명이라는 표현은 인간관계의 처세술에서 많이 사용된다. 그러나 정작 십계명이라는 낱말이 성경의 원문에는 나오지 않는다는 사실을 아는 사람은 그리 많지 않다.

구약성경에서 십계명에 해당하는 표현은 '10개의 말씀'(עֲשֶׂרֶת הַדְּבָרִים; 출 34:28; 신 4:13; 10:4)으로 기원후 2세기 교부 이레니우스(Irenaeus)가 십계명이라는 말을 사용하기 시작한 이후에 이 표현을 사용하고 있다.[1] 그런데 사실 70인역이 구약의 히브리어와 아람어를 헬라어로 번역하면서 '10개의 말씀'을 문자적으로 '10개의 말씀'(출 34:28, 신 10:4의 δέκα λόγους, 신 4:13의 δέκα ῥήματα)으로 번역하였고, 이 점에서 오늘날 영어에서 십계명을 가리키는 표현(the Ten Commandments)과는 구별해서 이해해야 한다.

오늘날 십계명으로 알려진 열 가지 말씀은 성경의 형성 과정과 교회의 역사를 통해서 단지 말씀이나 계명이 10개로 모인 집합의 의미가 아니라, 다른 율법이나 계명과는 구별되어 종교의 특별한 가르침을 주는 지위를 확보하게 되었다. 중세 이후에는 십계명이 교리 교육에서 중요한 역할을 하게 되었고, 이러한 십계명을 통한 교리 교육을 인정한 종교개혁가 마르틴 루터(Luther)는 십계명을 바르게 알기 위해서 성경 전체를 이해해야 한

---

1 H. Cazelles, "Ten Commandments," IDBS, 875.

다고 주장했다.[2]

이러한 사실에서 아래와 같은 질문을 제기할 수 있다.

첫째, 구약성경 자체는 오늘날 독자들이 십계명으로 여기고 있는 '10개'의 계명에 어느 정도의 관심을 기울이고 중요성을 부과하고 있는가?

이 질문은 구약과 신약에 있는 여러 계명 가운데 과연 십계명에 있는 10개의 계명이 다른 계명보다 월등하게 중요한 의미와 지위를 지니고 있는가에 대한 질문이다. 이 질문에 답하는 것이 생각보다 쉽지 않은 것은 아래에서 살펴보겠지만, 구약에서 십계명에 해당하는 10개의 계명을 확정하는 일이 그리 간단하지 않기 때문이다. 갓월드(Gottwald)는 "윤리적 또는 의식적 필수 조건들을 정확히 '10'계명으로 한 이유는 아마도 각 금지 조항을 열 손가락 중의 하나와 연관시킴으로써 기억하기 쉽게 하려는 시도였을 것이다"[3]라고 설명한다.

둘째, 십계명의 본래 표현에 해당하는 '10개의 말씀'에서 '말씀'이 가지고 있는 의미는 무엇인가?

단순히 하나님의 말씀이나 가르침을 뜻하는가, 아니면 행위를 규정하는 계명이나 율법의 뜻을 가지고 있는가?

이것 또한 한 가지 답을 내리기 쉽지 않은 이유는 '말씀'에 해당하는 히브리 낱말 '다바르'(דָּבָר)가 일반적인 차원의 '말씀'의 의미를 지니는 동시에, 문맥에 따라 '계명'의 뜻도 가지고 있기 때문이다. 또한, 성경은 하나님이 '열 가지 말씀'을 말씀하셨다고 보도하기도 하고(출 20:1; 레 19:1), 말씀해

---

2 마르틴 루터, 『대교리문답』(*Der Große Katechismus*), 최주훈 역 (서울: 복있는사람, 2017), 3; 노트커 볼프, 마티아스 드로빈스키, 『그러니, 십계명은 자유의 계명이다』(*Regeln zum Leben*), 윤선아 역 (칠곡: 분도출판사, 2012), 31-38과 김용규, 『데칼로그』(서울: 포이에마, 2015), 27, 각주 12도 보라.

3 노만 K. 갓월드, 『히브리 성서: 사회·문학적 연구 1』(*The Hebrew Bible*), 김상기 역 (서울: 한국신학연구소, 1987), 254; W. H. Schimidt, *Old Testament Introduction*, tr. by M. J. O'Connell (New York: Crossroad, 1984), 114와 박준서, 『십계명 새로보기』(서울: 한들출판사, 2002), 22도 보라.

명령하셨다고 말하기도 하고(출 34:10-11), 모세에게 10개의 말씀을 판에 기록하라고 말씀하시기도 하는데(출 34:27-28), 가르침이나 실행을 명령하는 계명에 대해 구두 전승과 기록 전승은 여러 기능과 의미를 지닌다는 점에서 십계명의 의미를 한 가지로 단순화시켜 이해하기는 쉽지 않다.

  십계명을 바르게 이해하기 위해서는 위의 이러한 두 문제를 반드시 선결적으로 다뤄야 한다. 그렇지 않으면 십계명이라는 표현이 수백 개에 이르는 계명과 율법에 대한 고정된 축소판이라는 인식을 심어주어 십계명 이외의 다른 계명과 율법의 중요성을 간과하게 될 수 있고, 십계명이 구체적으로 전승되고 기록된 역사와 문학의 맥락과 전혀 상관없이 하늘에서 떨어진 영원한 종교 규정으로 십계명을 오해하게 될 수도 있다.

1. '10개'의 말씀?

  먼저 '10개'로 이뤄진 계명 모음집의 의미를 살펴볼 필요가 있다. 십계명은 교회의 역사를 통해 출애굽기 20:1-17과 신명기 5:6-21에 나와 있는 말씀을 10개로 정리하고 요약한 것으로 가장 잘 알려져 있다.

  물론 상식과 관례의 차원에서 두 본문에서 10개의 계명을 뽑는 것에는 큰 문제가 없다. 그러나 성서 본문이 기록하고 있는 내용을 세밀히 검토해 보면, 통일된 10개의 가르침을 식별해 선별하는 것이 그리 쉽고 단순하지 않다. 독자들이 '십계명'에서 계명이라는 부가된 의미를 생각하기에 앞서 10개의 말씀이나 10개의 가르침을 찾을 때, 과연 그 10개의 말씀이 무엇이고 10개의 말씀을 담은 단락에서 10개가 가지고 있는 특별한 의미가 있는가의 문제를 생각해야 한다.

  먼저 십계명에 해당하는 가르침의 모음은 출애굽기 20:1-17과 신명기 5:6-21 이외에 출애굽기 34:10-26과 레위기 19:3-14에도 나온다. 그런데 출애굽기 34:10-26에 있는 여러 가르침을 10개로 정리할 때, 전통적으로 알려진 십계명의 내용과 매우 다른 12개의 계명으로 이뤄져 있는 사실을 알 수 있다.

① "너는 다른 신에게 절하지 말라"(14절)
② "너는 신상들을 부어 만들지 말지니라"(17절)
③ "너는 무교절을 지키되"(18절)
④ "모든 첫 태생은 다 내 것이며"(19절)
⑤ "일곱째 날에는 쉴지니"(21절)
⑥ "칠칠절 곧 맥추의 초실절을 지키고"(22절)
⑦ "수장절을 지키라"(22절)
⑧ "너희의 모든 남자는 매년 세 번씩 주 여호와 이스라엘의 하나님 앞에 보일지라"(23절)
⑨ "너는 내 제물의 피를 유교병과 함께 드리지 말며"(25절)
⑩ "유월절 제물을 아침까지 두지 말지며"(25절)
⑪ "네 토지소산의 처음 익은 것을 가져다가 네 하나님 여호와의 전에 드릴지며"(26절)
⑫ "너는 염소 새끼를 그 어미의 젖으로 삶지 말지니라"(26절)

위와 같이 최소한 12개의 말씀을 명령하신 후에, 27절에서 야웨께서 모세에게 '이 말들'(הַדְּבָרִים הָאֵלֶּה)을 기록하라고 말씀하시는데, 28절에서는 이 말씀을 가리켜 '언약의 말씀'(דִּבְרֵי הַבְּרִית), 곧 '10개의 말씀'(עֲשֶׂרֶת הַדְּבָרִים)을 판에 기록하셨다고 언급한다.[4]

²⁷여호와께서 모세에게 이르시되 너는 **이 말들**을 기록하라 내가 이 말들의 뜻대로 너와 이스라엘과 언약을 세웠음이니라 하시니라 ²⁸모세가 여호와

---

4 이 책에서는 특별한 언급이 없으면, 한글 개역개정 성경을 인용한다.

와 함께 사십 일 사십 야를 거기 있으면서 떡도 먹지 아니하였고 물도 마시지 아니하였으며 여호와께서는 **언약의 말씀** 곧 **십계명**을 그 판들에 기록하셨더라(출 34:28).

이 구절에서 확인할 수 있듯이, 출애굽기 34:28이 비록 '10개의 말씀'(개역개정의 번역은 '십계명')이라는 표현을 분명하게 언급하고 있지만, 최소한 12개 이상 되는 가르침 가운데 어느 것을 10개로 정리해 확정해야 하는가의 문제가 생기게 된다. 이러한 점에서 십계명에서 10이라는 숫자가 교회의 역사를 통해 확고한 지위를 갖게 되었지만, 계명 모음집에서는 그 의미가 이차적이라고 주장하는 콜린스(Collins)의 주장은 타당성이 있다.[5]

더 나아가 보통 새로운 계약 체결의 내용을 담고 있는 것으로 알려져 있는 출애굽기 34장의 10개 혹은 12개의 가르침은 출애굽기 20장과 신명기 5장에 있는 10개의 가르침과 분명하게 다르다는 사실도 알 수 있다. 그래서 드라이버(Driver)는 "가장 큰 어려움은 하나를 명령했는데, 다른 하나가 실행되었다는 점이다"라고 흥미롭게 출애굽기 20장, 34장, 신명기 5장의 십계명의 차이를 표현한다.[6]

위에서 볼 수 있듯이, 학자들이 보통 출애굽기 34장에 있는 십계명을 '제의적 십계명'(ritual decalogue)으로 부르는 이유는 여기에 있는 십계명이 주로 제의나 농사 잔치(절기)에서 야웨 한 분만을 바르게 섬기는 것과 관련있기 때문이다.[7] 그래서 학자들은 일반적으로 출애굽기 34장의 십계명을 '제의적 십계명,' 출애굽기 20장과 신명기 5장의 십계명을 '윤리적 십

5　R. F. Collins, "Ten Commandments," ABD 6, 383.
6　S. R. Driver, *An Introduction to the Literature of the Old Testament*(Edinburgh: T. & T. Clark, 1913), 39-40.
7　T. E. Fretheim, *Exodus: Interpretation*(Louisville: John Knox Press, 1991), 308-309.

계명'(ethical decalogue)으로 구분 지어 부른다.[8]

그러나 윤리와 제의를 이분법적으로 구분하는 것은 구약의 종교를 잘못 이해하는 것이다. 이스라엘 종교의 전승의 초기 단계부터 윤리와 제사는 이미 결합되어 존재하고 있었던 것으로 보는 것이 더 설득력 있다.[9] 패트릭(Patrick)은 출애굽기 20장의 십계명이 엘로힘이라는 신명(神名)을 사용하고, 출애굽기 34장의 십계명이 야웨라는 신명을 사용한다는 점에서, 출애굽기 20장은 '엘로힘 문서,' 출애굽기 34장은 '야웨 문서'에서 기인한 것으로 본다.[10]

레위기 19장에도 일반적으로 알려진 십계명과 같은 내용을 담고 있는 구절들이 나온다.

① "너희 각 사람은 부모를 경외하고"(3절)
② "나의 안식일을 지키라"(3, 30절)
③ "너희는 헛된 것들에게로 향하지 말며 너희를 위하여 신상들을 부어 만들지 말라"(4절)
④ "너희는 도둑질하지 말며"(11절)
⑤ "너희는 내 이름으로 거짓 맹세함으로 네 하나님의 이름을 욕되게 하지 말라"(12절)
⑥ "너희는 재판할 때에 불의를 행하지 말며"(15, 35절)
⑦ "네 이웃의 피를 흘려 이익을 도모하지 말라"(16절)
⑧ "네 딸을 더럽혀 창녀가 되게 하지 말라"(29절)
⑨ "너는 네 이웃을 억압하지 말며 착취하지 말며 품꾼의 삯을 아침까지 밤새도록 네게 두지 말라"(13절)

8   J. I. Durham, *Exodus*, WBC 3(Waco: Word Books, 1987), 458.
9   B. S. Childs, *Exodus*, OTL(London: SCM Press, 1974), 396, 605.
10 D. Patrick, *Old Testament Law*(London: SCM Press, 1986), 35-36.

레위기 19장에 나오는 십계명의 가르침은 "너는 이스라엘 자손의 온 회중에게 말하여 이르라 너희는 거룩하라 이는 나 여호와 너희 하나님이 거룩함이니라"(19:3)라는 성결법전의 기본 가르침인 일상생활에서의 거룩함의 차원에서 펼쳐지고 있다. 이것은 출애굽기 34장이 제의의 차원에서 십계명을 선포하는 것과 차원이 다르다. 이러한 사실은 이스라엘 백성이 십계명을 단지 윤리와 도덕과 교리의 차원에서 획일적으로 이해한 것이 아니라, 여러 다양한 문맥과 배경에서 이해하고 있었다는 사실을 보여준다.

이러한 본문 사이의 차이가 본문이 위치한 어떠한 삶의 자리(Sitz im Leben)에서 생기게 되었는지, 네 본문이 서로 어떠한 영향을 주고받았는지, 또한 어떠한 이유에서 현재 형태의 십계명의 모습을 갖추게 되었는지에 대해 질문할 수 있다. 십계명과 관련된 이러한 문제는 결국 양식사, 전승사, 편집사의 문제고, 십계명에 대한 바른 이해는 이러한 주석 방법, 특별히 역사비평 방법에 대한 이해를 선결 조건으로 한다.

2. 십계명: 10개의 말씀인가, 10개의 계명인가?

십계명은 이집트에서 해방된 이스라엘 백성의 지도자 모세가 시내 산에 올라가 하나님께 율법과 계명을 받은 사건에 근거하고, 교회의 역사를 통해 다른 계명과는 확연하게 다른 월등한 지위를 갖게 되었다. 이러한 지위 획득은 '10개의 말씀'을 '10개의 계명'으로 번역하는 과정에서 더욱 확고하게 된다.[11]

그렇다면 통상 십계명으로 불리는 이 가르침이 하나님께로부터 주어질 때, 포괄적인 의미에서 하나님의 말씀과 가르침의 의미를 지녔었는지, 아

---

11 우리말 '십계명'의 번역의 문제를 위해서는, 정중호, "18세기 이전 중국과 한국의 십계명 번역과 해석의 역사," 「구약논단」 50 (2013), 318-348과 이효림, "십계명(출 20:1-17)의 중(中)·한(韓) 성서 비교 연구," 「구약논단」 73 (2019) 248-272를 참조하라.

니면 애초부터 계명의 의미를 가졌던 것인지, 또는 율법 조항인지 따져볼 필요가 있다. 더 나아가 십계명이 이집트에서 해방된 이스라엘 백성이 하나님의 거룩한 백성으로서 지켜야 할 계명과 가르침인지, 아니면 넓은 의미에서 이스라엘 백성과 인류 전체를 향한 계명과 가르침인지를 파악하기 위해서는 십계명에 해당하는 히브리 표현 '10개의 말씀'에서 '말씀'이 가지고 있는 의미를 살펴봐야 한다.

십계명은 하나님을 믿는 신앙인이 반드시 지켜야 하는 계명임이 틀림없지만, 계명(誡命)이 가지고 있는 사전적 의미로서 '종교에서 반드시 지켜야 할 조건'[12]으로만 여긴다면, 십계명이 노예의 삶에서 구원받은 자유로운 백성을 위한 가르침으로서 본래 가지고 있는 역동적이고 생동감 있는 복음으로서의 의미를 잃어버리고, 단지 사람의 행위를 판단하고 규정하는 의미로서의 이미지를 각인시킬 위험이 있다. 십계명에서 계명은 무엇보다 '하나님의 말씀'이라는 맥락에서 이해해야 한다.[13]

실제로 교회의 역사를 통해 볼 때, 지금부터 500년 전 종교개혁자들은 십계명의 의미를 신앙 양심의 기초로 삼았다. 대표적으로 마르틴 루터의 『교리문답서』나 개혁교회의 『하이델베르크 교리문답서』는 십계명의 가르침에 따라 자신의 양심과 행위를 살피도록 신앙인들의 삶을 도왔다.

그러나 시간이 지나며 신앙인의 삶을 지도하는 하나님의 말씀이 계명으로 인식되고 점차 결의론(決疑論)적으로 활용되면서 신앙인들의 삶을 억죄고 구속하는 역기능을 하기도 한 것이 십계명의 역사가 가지고 있는 어두운 면이다.[14] 이것은 십계명에서 계명의 상위 개념인 말씀의 차원을 잊었기 때문이다.

---

[12] 국립국어원 『표준국어대사전』의 정의(https://stdict.korean.go.kr/search/searchView.do?word_no=393120&searchKeywordTo=3).
[13] 클라우스 베스테르만, 『구약신학 입문』(*Theologie des Alten Testaments in Grundzügen*), 박문재 역 (서울: 크리스챤다이제스트, 2005), 226-227.
[14] 볼프 외, 『그러니, 십계명은 자유의 계명이다』, 31-38.

십계명이라는 '열 가지 말씀'에 해당하는 히브리어 '아세레트 하드바림'(עֲשֶׂרֶת הַדְּבָרִים)에서 '말씀'에 해당하는 '다바르'(דָּבָר)는 기본적으로 말과 사건의 두 의미를 지닌다. 다시 말해 히브리어는 하나님의 말씀과 하나님이 행하시는 일이나 사건 사이에는 어떠한 분리도 없다는 사실을 표현한다. 이러한 차원에서 창세기 1장에서 하나님이 말씀으로 창조하신 사건을 이해할 수 있다.

비록 창세기 1장에서 말씀하신다고 할 때 히브리 동사는 '아마르'(אָמַר)이지만, 하나님이 말씀하시는 순간 그 말씀이 현실화되는 것이다.[15] 이처럼 일차적으로 히브리어 '다바르'에는 법적인 의미가 없다.[16] 실제로 십계명의 본문을 살펴보면 단지 단편적인 계명들로만 모인 것이 아니라, 그 계명들을 지키도록 동기를 부여하는 동기절(출 20:11)과 축복을 약속하는 일종의 설교(출 20:6, 12)의 내용도 있다.

> 나를 사랑하고 **내 계명**(מִצְוֺתָי)을 지키는 자에게는 천 대까지 **은혜**를 베푸느니라(출 20:6).

> 이는 엿새 동안에 나 여호와가 하늘과 땅과 바다와 그 가운데 모든 것을 만들고 일곱째 날에 쉬었음이라 그러므로 나 여호와가 안식일을 복되게 하여 그 날을 거룩하게 하였느니라(출 20:11).

> 네 부모를 공경하라 그리하면 네 하나님 여호와가 네게 준 땅에서 네 생명이 길리라(출 20:12).

---

[15] 일반적으로 동사 '아마르'가 말씀의 내용에 초점을 맞추는 반면, '다바르'는 주로 말하는 행위를 가리킨다. G. Gerleman, "דָּבָר *dābār* word," TLOT 1, 327을 보라.

[16] G. Gerleman, "דָּבָר *dābār* word," 331.

이처럼 십계명의 본문이 단지 계명의 내용으로만 이뤄져 있지 않고 그 계명을 지키도록 동기를 유발하는 동기절과 설교의 내용이 있다는 차원에서, '10개의 말씀'에서 '말씀'은 넓은 의미에서의 이집트에서 해방된 이스라엘 백성을 위한 하나님의 가르침을 가리킨다. 그래서 신앙생활에서 일반적으로 십계명이라고 부르고 이 책에서도 십계명이라는 전통적인 호칭을 사용할지라도, 십계명은 단순한 계명의 모음이 아니라 하나님의 말씀과 가르침이라는 넓은 뜻을 염두에 두고 십계명이라는 표현을 사용하고 이해해야 한다.

하지만 여전히 많은 학자가 특히 신명기 이후에 나오는 '다바르'의 복수형 '드바림'(הַדְּבָרִים)이 단지 중립적인 차원에서의 '말씀'이 아니라, '계명'을 가리키는 전문 용어로 사용된다고 주장한다. 모든 경우에 그러하듯이 '드바림'이 속한 문맥 안에서 십계명이나 구체적인 개별 규정이나, 더 나아가 모세의 전체 율법을 가리킬 수 있다는 것이다.[17]

이처럼 '10개의 말씀'에서 '말씀'을 계명으로 이해하는 것은 전통적이고 일반적인 이해 방식이다. 또한, 앞에서 살펴봤듯이 출애굽기 20:6은 6절 앞에 있는 가르침을 분명하게 하나님의 계명, 곧 '내 계명'(מִצְוֹתָי)으로 인식하고 있다. 그리고 출애굽기 24장에서 하나님이 모세에게 십계명 돌판을 주시겠다고 말씀하실 때, 그 돌판에는 분명히 율법과 계명(הַתּוֹרָה וְהַמִּצְוָה)을 기록하실 것이라고 하셨다.[18]

> 여호와께서 모세에게 이르시되 너는 산에 올라 내게로 와서 거기 있으라 네가 그들을 가르치도록 내가 율법과 계명을 친히 기록한 돌판을 네게 주리라 (출 24:12).

---

[17] 자세한 논의를 위해서는 W. H. Schmidt, "דבר dābhar; דָּבָר dābhār," TDOT III, 116-118을 보라.
[18] 김지찬, 『데칼로그: 십계명, 어떻게 이해할 것인가』 (서울: 생명의말씀사, 2016), 36 이하의 논의를 보라.

그러나 분명한 사실은, 출애굽기 20:1의 서문에서 하나님이 '이 모든 말씀'(כָּל־הַדְּבָרִים הָאֵלֶּה)을 말씀하신다고 할 때, 그 말씀은 계명과 함께 가르침의 의미를 분명하게 내포하고 있다는 점이다. 문자적으로 '계명'에 해당하는 낱말은 '다바르'보다 '미츠바'(מִצְוָה)에 해당하고,[19] 실제로 출애굽기 20:6이 '내 계명,' 곧 하나님의 계명이라고 명시할 때, 이것은 동기절과 설교체의 말을 제외한 가장 원시적인 형태로서의 계명 자체만 가리키는 것으로 볼 수 있다. 정확하게 말해 이른바 십계명을 소개하는 본문은 '말씀'이라는 상위 개념 아래 '계명'을 포함하고 있는 것으로 보아야 한다.

이것은 유대교 전승에서 유대인들이 십계명의 구절들을 하나님의 가르침으로 인식했다는 데에서도 확증된다. 개신교, 가톨릭, 동방정교회가 십계명의 서언으로 여기는 출애굽기 20:2의 말씀을 유대교 공동체는 첫째 계명, 엄밀하게 말해 첫째 가르침으로 여기고 있는 것이다.

> 나는 너를 애굽 땅, 종 되었던 집에서 인도하여 낸 네 하나님 여호와니라 (출 20:2).

이 구절은 행위를 요구하는 법적인 계명이 아니다. 십계명을 계명들의 모음집으로 보더라도, 이 구절은 계명을 제정한 주체를 소개하는 문구, 야웨의 자기소개 양식에 해당해 십계명을 선포하시는 하나님의 권위를 드러낸다. 이러한 사실은 '10개의 말씀'을 단순한 계명의 차원이 아니라 하나님의 가르침과 교훈의 빛에서 그 계명을 이해해야 한다는 사실을 보여준다.

또한, 십계명은 사람에게 단지 맹목적인 실천과 순종을 요구하는 것이 아니라, 계명을 시행하기 이전에 하나님의 구원의 은총, 율법 이전의 선행

---

19 '미츠바'에 대해서는 B. Levin and H. Ringgren, "מִצְוָה *miṣwâ* command(ment), duty," TDOT VIII, 505-514를 보라.

은총을 기억하고 감사하며 실천해야 한다는 것을 뜻한다. 차일즈(Childs)가 바르게 지적하고 있듯이, "이스라엘은 계명을 행함으로써 하나님의 백성이 되는 것이 아니다. 이스라엘은 선택을 받았고 구속되었기 때문에 하나님의 은혜에 대한 적절한 응답으로서 하나님의 율법을 받는"[20] 것이다.

하나님의 구원의 은총에 감격하지 못한 사람에게 십계명은 무거운 짐에 불과하다. 반대로 이집트 노예의 집에서 파라오와 싸우시며 이스라엘 백성을 구원하신 하나님께 감사하는 사람은 기쁘고 감사한 마음으로 십계명을 지킬 수 있다.

십계명을 10개의 말씀(가르침)으로 이해할 것인가, 아니면 10개의 계명으로 이해할 것인가의 문제는 단지 이 문제에 머무르지 않고, '구약은 무엇인가,' 더 구체적으로 '구약은 율법인가 복음인가'라는 질문에 답하게 한다.

구약신학은 구약 전체가 하나님에 대해 어떤 메시지를 제공해주는지 요약하고 고찰하는가에 대해 다루는 학문이다.[21] 그런데 특별히 기독교신학에서 구약신학이 제기하는 질문은 정경에서 구약의 지위, 다시 말해 구약과 신약의 관계에 대한 질문이다. 전체 성경에서 구약이 어떠한 지위를 가지고 있고 신약과 어떠한 관계에 있는가에 대해 어떻게 대답하느냐에 따라, 사람이나 공동체의 신학적 입장이 가늠된다. 그래서 많은 구약신학자가 구약과 신약의 관계에 대해 여러 장을 할애해 서술하고 있다.[22]

두 책의 관계에 대해 가장 일반적인 입장이 구약은 율법, 신약은 복음이라는 것이다. 구약의 하나님은 전쟁과 심판을 사랑하시는 잔인한 하나님

---

20 브레바드 S. 차일즈, 『구약신학』(*Old Testament Theology in a Canonical Context*), 박문재 역 (서울: 크리스챤다이제스트, 1997), 80.
21 베스터만, 『구약신학 입문』, 9.
22 베스터만, 『구약신학 입문』, 279-296; G. F. 하젤, 『현대구약신학의 동향』(*Old Testament Theology*), 이군호 역 (서울: 대한기독교출판사, 1984), 73-87; 이경숙, "구약성서와 신약성서의 연속과 단절 - 기독교와 유대교의 문화적 소통을 위하여 -," 「구약논단」 31 (2009), 155-173.

이고, 신약의 하나님은 은혜와 사랑으로 가득 찬 하나님이라는 입장이다. 심지어 오늘날에도 기원후 1세기의 마르시온(Marcion)처럼 구약의 율법, 더 나아가 구약 자체를 폐기해야 한다고 주장하는 사람도 있다. 비록 구약의 폐기까지는 주장하지 않더라도 극단적으로 신약 중심적인 사고는 반영지주의적 사고에 해당한다.

구약은 예수님의 성경이다. 나사렛에서 예수님이 가장 먼저 설교하신 내용이 레위기 25장의 희년에 근거한 이사야 61장의 말씀이었다(눅 4:16-19). 바울이 모든 성경이 하나님의 영감으로 기록되었다고 말할 때의 성경은 구약성경이다(딤후 3:16). 예수님과 바울이 활동하던 당시에 신약성경은 존재하지 않았다. 예수님은 구약의 율법을 없애기 위해서가 아니라 완성하러 오셨다. 일점일획도 없어지지 않고 다 이루실 것이라고 말씀하셨다(마 5:17-20).

그래서 구약을 단지 예수 그리스도를 예표하는 그림자, 신약이라는 원형에 대한 모형, 약속과 성취라는 도식에서의 약속, 율법과 복음이라는 틀에서의 율법, 창조와 완성에서의 창조로만 보는 것은 구약성경을 바르게 이해하는 것이 아니다.[23] 구약성경은 구약 시대에 하나님의 창조와 구원의 구체적인 역사를 담고 있다.

구약은 단지 미래를 위한 약속과 허상이 아니다. 구약성경의 중요성을 부인하는 것은 신약성경을 강조하는 것과 같은 일이 아니라, 삼위일체 하나님의 위격을 이루는 성부 하나님의 사역을 부인하는 일이다. 구약성경의 모든 본문에서 그리스도에 대한 가르침을 찾으려는 시도는 "그리스도를 가장 귀한 분으로 만들려는 열심이 그를 독단적으로 구약성서에 강요하는 잘못을 범하게 될 것"이라고 존 브라이트(John Bright)는 경고한다.[24]

---

23 구약성경을 이해하는 여러 해석학의 모델을 위해서는 박동현, 『구약학 개관』 (서울: 장로회신학대학교출판부, 2010), 132-136; 클라우스 베스터만 편집, 『구약 해석학』(*Essays on Old Testament Hermeneutics*), 박문재 역 (서울: 크리스챤다이제스트, 1995)을 보라.
24 존 브라이트, 『하나님의 나라』(*The Kingdom of God*), 김인환 역 (서울: 컨콜디아사, 1996), 9.

율법을 단지 자구적인 의미에서 법으로 이해하게 된 데에는 여러 이유가 있다. 이것은 무엇보다 율법에 해당하는 히브리 낱말 '토라'(תּוֹרָה)의 의미를 바르게 이해하지 못하기 때문이다. '토라'는 '율법'을 뜻하기 이전에, 가르침과 방향을 가리킴이라는 뜻을 가지고 있다. '가르치다'와 '가리키다'는 뜻을 가진 동사 '야라'(ירה)에서 온 명사다. 토라는 하나님의 백성에게 삶에 대한 가르침을 주고 길을 잃은 백성에게 방향을 제시해 준다.

> 내 눈을 열어서 **주의 율법**에서(מִתּוֹרָתֶךָ) 놀라운 것을 보게 하소서 나는 땅에서 나그네가 되었사오니 **주의 계명**들을(מִצְוֹתֶיךָ) 내게 숨기지 마소서 (시 119:18-19).

시편 119편에서 시인은 야웨께 자신의 눈을 열어 야웨의 놀라운 율법을 보기 원하고, 자신은 땅 없는 나그네이므로 야웨의 계명을 숨기지 말아 달라고 기도한다. 야웨의 '율법'과 '계명'은 이처럼 단지 율법 조항으로서가 아니라 백성의 삶을 하나님 안에서 건강하고 풍요롭게 하기 위한 하나님의 가르침을 전제로 한다. 실제로 유대인들이 번역한 성경(JPS TANAKH)은 시편 119:18에 있는 '토라'를 'teaching'(가르침)으로 옮기고 있다 (Open my eyes, that I may perceive the wonders of Your teaching).

따라서 히브리 낱말 '토라'를, 심지어 '계명'조차 단지 법조항이라는 좁은 의미로 이해하면, 그 낱말이 본래 가지고 있는 뜻을 잃어버리게 된다. 이것은 십계명에도 그대로 적용되는 것으로, 십계명은 하나님의 구원 은총을 받은 백성들이 기꺼이 순종해 즐겁게 자발적으로 지키는 하나님의 말씀이자 가르침이지, 하나님에 대한 사랑과 은총의 마음 없이(사 29:13; 렘 12:2) 심판이나 처벌에 따른 두려움으로 지켜야 하는 당위적인 법이 아니다.

십계명의 짜임새가 하나님의 해방 은총을 표현하는 복음으로 시작하는 사실이 단지 십계명뿐 아니라 구약이 가지고 있는 복음으로서의 의미를 나타낸다. 실제로 새예루살렘성경(New Jerusalem Bible)과 프랑스어 성경인 루이스공(Louis Segond)과 에큐메니컬성경(TOB)은 십계명을 10개의 말씀(the Ten Words, *les dix paroles*)으로 번역한다.

토라를 단순하게 율법으로만 좁게 이해하게 된 데에는 구약이 법에 대해 가지고 있는 여러 차원의 이해, 곧 실정법, 도덕법, 판례법 등을 구분하지 않고, 이 모든 것을 법이라는 이름 아래 묶어 통칭해 이해하기 때문이다. 사실 일반적으로 법(토라)이라는 이름 아래 불리는 법은 '미쉬파트'(משפט), '호크'(חק), '미츠바'(מצוה) 등이다. 이것들은 각각 사법 절차에서 나온 법의 결정, 통치자의 결정, 제한된 상황에서 유효한 계명 등 서로 다른 상황에서 나온 각기 다른 법의 성격을 가지고 있다.

따라서 이러한 법 가운데에는 제의법 등과 같이 시대나 상황에 따라 폐기될 수 있는 법도 있는 반면, 시간을 초월해 지켜야 하는 도덕법과 계명도 존재한다. 부모를 공경하라는 가르침은 예나 오늘이나 변하지 않는다. 이러한 차원에서 계명과 율법은 분명히 다른 차원을 가지고 있다. 율법은 인간의 제도와 결부되어 있고, 법제도의 맥락에서 전승되었으며, 공동체 형태에 의존해 가변적이지만, 계명은 그렇지 않다.

따라서 오경에 있는 십계명에 처벌 규정이 없는 것은 율법과 다른 측면을 보여준다. 그러나 이러한 다양한 종류의 법을 '법'(νόμος)이라는 하나의 낱말로 이해하고 번역하면서, 구약의 모든 법을 시대와 장소와 문화와 상관없이 지켜야 하는 법으로 오해하기 시작했다.[25]

이처럼 십계명을 가르침과 계명으로 보는 관점에서 개신교 전통(루터교회 제외, 동방정교회 포함), 가톨릭교회(루터교회 포함), 유대교 전통에서 십계명의 내용과 순서를 달리하는 이유를 충분히 이해할 수 있다.[26]

---

25 베스터만, 『구약신학 입문』, 229-233.
26 박준서, 『십계명 새로보기』, 24; 박요한, 『십계명』 (서울: 가톨릭대학교출판부, 2002), 16도 보라.

계명(출 20장) \ 전통	개신교전통 (루터교회 제외) 동방정교회	가톨릭교회 루터교회	유대교 전통
나는 … 너의 하나님 여호와라(2절)	서언	서언	1
너는 … 다른 신들을 네게 있지 말지니라(3절)	1	1	2
우상을 만들지 말라(4-6절)	2		
여호와의 이름을 망령되게 일컫지 말라(7절)	3	2	3
안식일을 지키라(1-11절)	4	3	4
부모를 공경하라(12절)	5	4	5
살인하지 말라(13절)	6	5	6
간음하지 말라(14절)	7	6	7
도둑질하지 말라(15절)	8	7	8
거짓 증거하지 말라(16절)	9	8	9
이웃의 집을 탐내지 말라(17절 전반)	10	9	10
이웃의 아내를 … 탐내지 말라(17절 후반)		10	

다음 단락에서는 십계명을 십계명이 기록된 역사 배경에 따라 해석하기 위해, 양식사, 전승사, 편집사의 방법을 소개하고, 이 방법을 십계명 본문에 적용할 것이다.

제2장

양식사와 십계명

사람이 자신이 밝히고자 하는 뜻을 효율적으로 전달하기 위해서 먼저 자신의 의사를 전달하는 방식을 선택한다. 의사를 구체적으로 분명하게 전달하기 위해서는 산문의 형식을 선택할 것이고, 비유적이고 은유적이고 상징적으로 전달하기 위해서는 시문을 선택할 것이다. 그래서 성경의 본문뿐 아니라 일반 문학, 더 기본적으로 사람이 하는 말과 글을 제대로 이해하기 위해서는 그 말과 글이 지닌 형식을 이해해야 한다.

양식사(Formgeschichte, Gattungsgeschichte, Form Criticism, 양식비평)는 사람의 말과 글은 특정한 양식과 형식으로 표현된다는 사실을 전제로 해서 하나의 작품을 바르게 해석하기 위해 그 작품이 가지고 있는 양식을 분석하는 것에서부터 시작한다. 이것은 십계명에 대한 이해에서도 마찬가지다. 십계명 본문이 가지고 있는 문학 양식이 법인지, 가르침인지, 아니면 계약인지, 또한 십계명을 산출한 상황은 어디에 있었는지를 분석해야만 십계명이 주는 가르침을 바르게 이해할 수 있다.

하나의 본문을 잘못 이해하는 것은 그 본문이 지닌 양식을 제대로 파악하지 못하는 데에서 비롯한다. 산문은 산문으로, 시문은 시문으로 읽고 해석해야 하는 것이 기본인데, 사실을 보도하는 보도문을 비유로 읽거나, 은유와 상징을 담고 있는 시문을 문자적으로 해석하는 데에서부터 심각한 오해가 발생한다.

가장 대표적인 오류는 율법을 알레고리적으로(allegorically) 해석하는 것이다. 기원후 1세기의 유대인 철학자 필로(Philo)는 레위기 11장에 나오는 정결한 짐승과 부정한 짐승의 문제를 은유적으로 해석했는데, 하나님이 이스라엘 백성에게 돼지고기를 먹지 못하게 하신 것은 돼지고기가 맛있어서 사람이 식탐을 가질 수 있는 위험이 있기 때문이라고 해석했다.[1] 이처럼 율법을 자구적으로 해석하지 않고 은유적으로 해석할 때 생각하지 못한 해석의 오류를 범하게 된다.

이러한 오류는 상징과 시를 문자적으로 해석하는 데에서도 온다. 요한계시록 7:4에 있는 144,000의 숫자를 문자적으로 해석하거나, 젖 뗀 어린아이가 독사의 굴에 손을 넣어도 해 됨도 없고 상함도 없을 것이라는 이사야 11:8-9의 말씀을 이상적인 평화의 나라에 대한 상징으로 읽지 않고 문자적으로 읽을 때 벌어질 위험은 생각만 해도 끔찍하다.

이러한 어처구니없는 해석의 실수는 아주 기본적이고 단순한 사실, 산문은 산문으로, 시문은 시문으로 여겨 해석해야 한다는 사실을 망각하는 데에서 비롯한다. 이것은 십계명을 바르게 이해하는 데에도 그대로 적용된다. 앞에서도 강조했지만, 십계명의 양식을 가르침, 율법, 아니면 계명 가운데 어느 것으로 여길 것이냐에 따라 십계명은 다르게 해석될 수 있다. 그래서 이 단락에는 먼저 양식사가 가지고 있는 주석 방법을 살펴보고 이러한 양식사에 따라 십계명을 고찰하도록 하겠다.

---

[1] Douglas W. Kennard, *Biblical Covenantalism, Volume one: Biblical Covenantalism in Torah: Judaism, Covenant Nomism, and Atonement* (Oregon: Wipf & Stock Pub, 2015), 272. 알레고리 성경 해석에 대해서는, E. Tsalampouni, "Origen's Figural Reading of the Scripture: The Process from the Literal to the Spiritual,"「Canon & Culture」15 (2014), 5-30.; 조재천, "알렉산드리아의 필로의 성경 주해 저술들과 알레고리의 성격,"「Canon & Culture」15 (2014), 85-108; 김정우, "다시 보는 알레고리적 성경 해석학,"「Canon & Culture」16 (2014), 5-40; 송창현, "사해 두루마리에 나타난 알레고리 해석,"「Canon & Culture」16 (2014), 71-104 등을 보라.

1. 양식사의 전제

구약성경 주석의 중요한 방법론으로서 양식사는 다음과 같은 몇 가지 전제를 가지고 있다.

첫째, 특정한 삶의 자리(Sitz im Leben)는 특정한 공식 어구를 가지고 있다는 전제다.

여기에서 '삶의 자리'는 사람이 살아가는 사회와 공동체의 환경, 예를 들어 시장, 학교, 장례식, 결혼식, 성전, 가정 등을 말하지, 구체적인 역사적 배경이나 역사의 연대를 말하지 않는다. 첫째 전제에서 중요한 것은 특정한 삶의 자리에서만 사용할 수 있는 특정한 어구들이 있다는 점이다. 성경 본문을 산출한 특정한 삶의 자리를 확인할 수 있다면, 그러한 성경 본문을 낳은 의도와 배경과 본문의 뜻을 보다 정확하게 파악할 수 있다.

특정한 삶의 자리에서만 말할 수 있는 특정 어구란 무엇인가?

예를 들어 시장에서만 사용할 수 있는 말이 있다.

'이 물건의 값이 얼마입니까?'

'값을 깎아 주세요.'

이러한 말은 교회의 삶의 자리에서는 사용할 수 없다. 결혼식에서 사용할 수 있는 축하 인사인 '축하합니다'를 장례식장에서 사용해서는 안 된다. '애도합니다'라는 장례식의 공식 어구를 결혼식장에서 사용할 수 없다. 사람이 아무 말을 아무 장소와 아무 상황에서 사용할 수 없는 것은 사람의 말이 사람의 존재와 사고방식을 결정하는 중요한 요소이기 때문이다.

사람의 말은 단순한 의사소통의 도구가 아니라 사회의 틀을 이루는 기초다. 종교 문헌에 해당하는 구약성경 본문을 낳은 삶의 자리는 주로 성전, 제의(예배), 가정(신 6:10-11), 언약 갱신 축제(수 24:1-28), 장례식, 학교, 궁정, 성읍의 재판소, 법정(미 6:1-5; 렘 2:1-4:4) 등이다.

그렇다면 십계명의 삶의 자리는 어디에서 찾을 수 있는가?

일반적으로 십계명을 연구하는 학자들은 십계명을 산출한 삶의 자리는 이스라엘 백성이 드리는 예배로 추정한다. 십계명은 신앙공동체의 케리그마(Kerygma)로서 그 존재가 유지되어 왔다는 것이다.[2] 구체적으로 십계명의 삶의 자리로 초막절과 같은 제의 축제를 생각할 수 있다(신 31:10-13).

모빙켈(Mowinckel)은 신년 제의 축제와 야웨 등극제, 언약 갱신 축제에서 십계명이 생기게 되었다고 주장한다.[3] 시편 50편과 81편은 십계명이 제의 축제 때 하나님의 의지를 총괄하는 것으로 선포된 것으로 언급한다.[4] 이러한 관점에서 볼 때, 십계명은 단지 사람의 행위를 규정하는 계명을 넘어, 예배의 자리에서 하나님과 사람(1-4계명), 사람과 사람과의 올바른 관계(5-10계명)를 규정하는 넓은 의미에서의 윤리적 가르침으로 볼 수 있다.

그러나 게르쉬텐베르거(Gerstenberger)는 십계명의 문학 양식을 지혜문학에서 찾고, 십계명의 삶의 자리를 초기 이스라엘의 가족이나 지파로 본다. 예를 들어 부모 공경에 대한 가르침은 잠언 23:22에서, 거짓 증거를 금지하는 가르침은 잠언 24:28에서, 이웃의 집을 탐내지 말라는 가르침은 잠언 24:15에서 나온다.[5]

이처럼 특정한 문학을 낳은 삶의 자리에 대한 양식사의 연구를 통해, 십계명은 사람의 사회적이고 역사적인 상황과 상관없이 하늘에서부터 떨어진 법이 아니라, 이스라엘 백성이 하나님과 맺은 언약의 배경과 언약을 갱신하는 축제 등의 구체적인 배경을 가지고 있다는 구체적이고 역동적인 의미를 갖게 되었다.

둘째, 문학 양식, 장르, 형식(form, genre, Gattung)은 문서가 기록되기 이전에 상황과 의도와 목적이 서로 다른 특정한 삶의 자리에서 구전을 통해

---

2 노희원, 『최근의 십계명 연구』 (서울: 도서출판 은성, 1996), 6.
3 S. Mowinckel, *Le Décalogue* (Paris: Felix Alcan, 1927).
4 발터 침멀리, 『구약신학』(*Grundriss der alttestamentlichen Theologie*), 김정준 역 (서울: 한국신학연구소, 1979), 143.
5 E. Gerstenberger, "Covenant and Commandment," *JBL* 84 (1965), 39-51.

형성되었다는 전제다.

이러한 구전 전승(oral tradition)은 이전의 자료비평(source criticism)의 문서가설의 한계를 극복하고자 하는 중요한 양식사의 개념이다. 보통 자료비평가들은 성서 본문의 기록 연대에 관심을 기울여 구전 전승과 기록 전승이 마친 단계의 최종 기록을 강조하는 가운데, 일반적으로 본문이 기록된 본문의 늦은 연대를 주장하는 경향이 있다.

그러나 양식사가들은 성서 본문이 기록되기 전에 사람의 입으로 본문이 전해지고, 기록된 문서가 전해지는 과정에 관심을 기울임으로써 성경의 고대성을 주장할 수 있게 되었다. 이러한 양식사는 입으로 전해 내려오는 전래동화를 기록한 그림(Grimm) 형제의 민속 문학 연구에서 영향을 받았고, 구약성경의 계약 문서나 저주문 등이 구약 주변 세계의 문학과 가지고 있는 공통점에서 그 방법론은 착안점을 얻게 되었다.

어떠한 본문이 형성되기 이전에 존재한 구두 전승은 단지 양식사가와 전승사가의 학문 가설이 아니다. 예레미야 8:8은 하나님의 말씀과 계시를 글로 기록해 문자 안에 가두는 것에 대한 일종의 거부감을 예레미야 당시 많은 사람이 가지고 있었던 점을 암시한다. 이것을 통해 예레미야 당시에도 아직 기록문화가 완전하게 정착되지 않은 사실을 추측할 수 있다. 구전 문화와 기록 문화 사이의 갈등을 반영하는 것이다.[6]

> 너희가 어찌 우리는 지혜가 있고 우리에게는 여호와의 율법이 있다 말하겠느냐 참으로 서기관의 거짓의 붓이 거짓되게 하였나니(렘 8:8).

이러한 입장은 바울 시대까지도 이어지고 있는데, "그가 또한 우리를 새 언약의 일꾼 되기에 만족하게 하셨으니 **율법** 조문으로 하지 아니하고

---

6 더 자세한 내용을 위해서는 윌리엄 슈니더윈드, 『성경은 어떻게 책이 되었을까?』(*How the Bible Became a Book: the Textualization of Ancient Israel*), 박정연 역 (서울: 에코리브로, 2006)를 보라.

오직 **영**으로 함이니 **율법** 조문은 죽이는 것이요 **영**은 살리는 것이니라"
(고후 3:6)라는 말씀이 이러한 문자(율법)와 영의 긴장을 보여준다.

셋째, 양식(형식)은 내용과 밀접하게 연결되어 있다는 전제다.

많은 사람이 형식과 내용 사이에 불필요한 논쟁을 벌이는 경우가 있다. 예를 들어 예배의 내용이 중요하지 형식이 중요하지 않다거나, 예배의 내용은 형식을 무시하고서는 가능하지 않다는 등의 논쟁이 그러하다.

이미 근대 철학자 임마누엘 칸트(I. Kant)는 『순수이성비판』(*Kritik der reinen Vernunft*, 1781)에서 '형식 없는 내용은 맹목적이고 내용 없는 형식은 공허하다'라는 명제를 통해 형식과 내용이 불가분리의 관계에 있는 사실을 정확하게 보여줬다. 이것을 성서 주석에 적용하면, 본문의 내용을 바르게 파악하기 위해서는 본문의 양식과 형식을 바르게 파악하는 것이 무엇보다 필수적이라는 것이다.

양식사의 한계를 극복하고자 하는 수사비평에서는 아예 '형식-내용'(form-content)이라는 표현을 사용함으로써, 본문에 대한 구조 분석의 중요성을 강조한다.[7]

2. 양식의 종류와 양식 요소

성서 문학의 양식을 산문과 시문으로 일단 나누어서 살펴볼 때, 산문으로 된 문학 양식에는 대부분 율법과 이야기가 있다. 주로 오경에 나오는 율법은 조건법(casuistic law)과 정언법/필연법(apodictic law)의 양식으로 기술된다.[8] 예를 들어 레위기 18장과 20장에는 근친상간을 비롯한 성 금지 조

---

[7] 대표적으로 필리스 트리블, 『수사비평: 역사, 방법론, 요나서』(*Rhetorical Criticism: Context, Method, and the Book of Jonah*), 유연희 역 (고양: 한국기독교연구소, 2007).

[8] A. Alt, "The Origins of Israelite Law," *Essays on Old Testament History and Religion*, tr. R. A. Wilson (New York: Doubleday, 1968), 101-171.

항이 나타나고 있는데, 같은 법이 18장에서는 필연법, 20장에서는 조건법의 양식으로 나타난다. 십계명을 법의 차원에서 살펴볼 때, 절대법과 필연법으로 제정되고 있다.

예언서에서 산문은 주로 소명 보도문(사 6장; 렘 1장; 출 3장), 환상 보도문, 상징 행위 보도문 등처럼 사건을 진술하는 데 주로 사용되고, 서술자의 인칭에 따라 1인칭 보도문과 3인칭 보도문이 있다. 시문은 주로 시편, 격언, 예언 등에서 나타난다. 시편에 있는 찬양시, 공동체/개인 탄원시, 감사시, 제왕시 등이 바로 양식사에 따라 분류한 시편의 범주다.[9]

예언에서 예언자가 선포하는 심판 예언과 구원 예언이 주로 시문 형식으로 선포된다. 특별히 예언서에서 심판 예언은 '죄 지적' 이후에 '심판 선언'이 나오는데 이러한 죄를 지적하는 것과 심판을 선언하는 것 사이에는 접속사 '그러므로'가 기계적으로 나온다.

이처럼 예언의 죄 지적과 심판 선언 양식이 보여주는 메시지는 하나님의 심판에는 이유와 전제가 있다는 것이다. 그러나 다른 한 편, 구원 예고에는 인간의 선행에 따른 하나님의 구원이라는 도식이 나타나지 않는다. 따라서 양식사의 관찰을 통해 볼 때 이미 구약의 예언서에서도 하나님의 구원은 무조건적인 은총의 역사인 것을 알 수 있다.[10]

양식을 알아차리도록 하는 가장 작은 단위의 형식을 '양식 요소'(Formel, formula)라고 하는데, 대표적으로 '사자 전언 양식'(Botenformel, messenger formula), '저주 양식'(신 27:15 이하), '축복 양식'(창 24:60; 27:29; 민 24:4-9), '야웨의 자기소개 양식,' '야웨 인지 양식,' '계약 체결 양식'(covenant formula) 등이 있다.

예언 양식에서 나타나는 사자 전언 양식은 '야웨께서 이렇게 말씀하셨다'(כֹּה אָמַר יְהוָה)로서 예언자가 선포하는 말씀이 예언자의 말이 아니라 하나

---

[9] 시편의 양식을 위해서는 C. Westermann, *Praise and Lament in the Psalms*, tr. by Keith R. Crim and Richard N. Soulen (Atlanta: John Knox Press, 1981)을 보라.
[10] 클라우스 베스터만, 『구약신학 입문』, 184-185.

님의 말씀이라는 말씀의 권위를 드러내며, 동시에 하나님의 말씀을 선포하는 예언자는 단지 하나님의 말씀을 전달하는 심부름꾼에 불과하다는 예언자의 자의식을 드러낸다.

야웨의 자기소개 양식은 '나는 야웨다'(אֲנִי יְהוָה)로서 '나는 야웨다'의 짧은 형태(short form)와 이러한 짧은 형태에 '너/너희/그/그들을 이집트에서 구원해 낸'이나 '너/너희/그/그들을 거룩하게 하는' 등과 같은 부가적 표현이 붙는 긴 형태(long form)가 있다.

이것은 구약에서 주로 레위기와 에스겔 등 제사장 문서에 나오는 제사장의 표현으로서 율법의 단락에 나타날 때는 율법의 제정자로서 하나님의 권위를 드러냄으로써 하나님의 가르침과 율법을 엄중하게 지킬 것을 요구하는 기능을 한다(레 19:2, 3, 4, 10, 12, 14, 16, 18, 25, 28, 30, 31, 32, 34, 36, 37절). 야웨의 자기소개 양식은 십계명의 서문의 가장 첫머리에서 십계명을 선포하신 분이 바로 야웨이심을 강조한다.

'내가 야웨임을 알게 하겠다'(וִידַעְתֶּם אֲשֶׁר אֲנִי יְהוָה; 출 6:7; 7:5, 17; 8:22 등)라는 야웨 인지 양식은 하나님의 권위를 무시하는 사람들에게 하나님의 권위를 드러낼 것이라는 뜻을 보여준다.

다음으로 계약 체결 양식은 '나는 너(희)에게 하나님이 되고, 너(희)는 나에게 백성이 될 것이다'(레 26:12 등)로서, 하나님과 백성 사이에 약속을 맺어 하나님은 백성 사이에는 서로에 대한 권리와 의무가 있음을 보여준다. 사실 하나님은 자족적인 존재로서 사람을 비롯한 타자와 언약을 맺으실 필요가 없는 자유로운 분이시다. 하나님에게 순종하는 사람에게는 복을 주시고, 불순종하는 사람에게는 벌을 내리시면 된다. 이러한 점에서 하나님이 사람을 비롯한 피조물과 언약을 맺으신다는 것 자체가 자신의 자유를 제한하시는 하나님의 자기 비하와 은총을 드러낸다.[11]

---

[11] 존 칼빈, 『칼빈의 십계명 강해』(John Calvin's Sermons on the Ten Commandments), 김광남 역 (서울: 비전북, 2011), 45-46; 위르겐 몰트만, 『오시는 하나님: 기독교적 종말론』(Das Kommen Gottes: Christliche Eschatologie), 김균진 역 (서울: 대한기독교서회, 1997);

십계명도 시내 산 단락에서 하나님과 백성이 계약을 체결하는 흐름에서 나온다. 하나님이 백성을 이집트에서 해방시키신 다음에 하나님의 거룩한 백성으로 훈련시키기 위한 가르침으로 주어진 것이 십계명이다. 그런데 이러한 종교 언약은 구약 주변 세계에서도 기원전 14세기 히타이트 조약과 기원전 7세기 에살핫돈 조약(VTE; Vassal-Treaties of Esarhaddon) 등 외교 조약의 형태로 나타난다. 이스라엘 백성은 구약 주변 세계에서 주군과 봉신 사이에 맺은 외교 조약을 알고 있었지만, 백성의 참된 주군은 이방 제국의 임금이 아니라 야웨 하나님이라는 것을 천명한다.[12]

이처럼 십계명의 양식을 하나님과 이스라엘이 맺은 계약의 관점에서 볼 때, 구약 주변 세계에서 찾을 수 있는 외교 조약의 언어에서 그 의미를 보다 구체적으로 파악할 수 있다. 다른 한 편, 십계명의 양식을 가르침에서 찾는다면, 이집트의 지혜문학인 슈루파크의 가르침에 나타나는 병행되는 사상에서도 고찰할 수 있다.[13] 이처럼 유구한 역사가 있는 십계명 본문을 다양한 양식과 삶의 자리에서 살펴본다면, 십계명을 보다 입체적으로 이해할 수 있을 것이다.

양식사의 방법으로 본문을 해석할 때 성서를 읽는 순서는 다음과 같다.

첫째, 독자는 먼저 본문의 짜임새를 분석한다. 앞에서 말한 것처럼 짜임새(형식)가 내용을 결정하기 때문이다.

둘째, 해석자는 그 본문이 옷을 입고 있는 양식을 규정하고, 본문 안에 여러 양식이 있지 않은지 양식의 변화를 관찰한다.

셋째, 주석가는 본문을 낳은 삶의 자리를 추정한다.

위르겐 몰트만, 『창조 안에 계신 하느님』(Gott in der Sschoepfung), 김균진 역 (서울: 한국신학연구소, 1999); 볼프하르트 판넨베르크, 『판넨베르크 조직신학 2』(Systematische Theologie: Gesamtausgabe 2), 신준호, 안희철 옮김(서울: 새물결플러스, 2017), 29-126 등을 보라.

12 김선종, "성결법전의 계약신학," 「Canon & Culture」 8 (2014), 195-222; 김선종, "에스겔의 계약신학," 「Canon & Culture」 9 (2015), 107-132.

13 조철수, "십계명 5-10계명과 '슈루파크의 가르침,'" 「구약논단」 4 (1998), 41-70.

넷째, 특정한 양식으로 본문을 기록한 저자와 본문의 의도와 목적과 기능을 살펴봄으로써, 성경 본문이 기록된 과거의 메시지와 그 메시지가 기능하는 오늘날의 의미를 파악한다.

3. 양식사의 장점과 한계

양식사는 여러 가지 장점을 가진다.

첫째, 양식사는 성경이 기록되기 이전에 장구한 구전 단계가 있다는 사실을 밝힘으로써, 자료비평이 성경의 연대를 지나치게 후대로 여기는 태도를 수정한다. 이것은 십계명에 대한 이해를 높이는 데에도 기여하는데, 자료비평의 관점에서 십계명의 기록 연대를 늦은 시대로 잡을지라도, 십계명의 기원은 고대에 있음을 알 수 있다.

둘째, 양식사는 최종적으로 글로 기록된 문학 형식의 배후에 있는 사회와 문화의 상황을 밝혀줌으로써 본문의 형식과 내용 사이에 있는 역동적 관계를 바르게 보여준다.

셋째, 성경을 수많은 사람이 오랜 시간을 통해 입에서 입으로 전해 내려온 공동체의 유산으로 규정함으로써 자료비평이 주장하는 저자 개념을 보다 폭넓은 의미의 저자 개념으로 정의하게 되었다. 자료비평의 단순한 저자 개념에 따르면 성경은 하나님께 영감을 받은 일부 종교 천재들이 기록한 글에 해당한다. 나머지 사람들은 종교 천재들이 기록한 글을 그저 읽고 배우면 될 뿐이다. 그러나 양식사가 전제하는 저자 개념에 따르면 성경은 단지 소수의 사람이 기록한 거룩한 책이 아니라, 수많은 사람이 성경의 전승에 참여한 공동체의 작품이다. 성경에는 이처럼 종교 천재와 일반인의 수고와 노력이 담겨 있다는 사실을 보여준다.

넷째, 양식사를 통해 문학 양식에 따라 본문을 바르게 해석할 수 있다. 이것은 양식사가 기여한 가장 단순하지만, 가장 중요한 기여 가운데 하나다. 산문과 운문의 문학 양식에 따라 본문을 구분하고, 이에 따라 문자적 의미와 비유적 의미를 파악하도록 하게 한 것이 양식사가 가져온 가장 기초적이며 중요한 성서 해석의 태도다. 십계명의 양식을 율법, 계약, 지혜의 가르침의 측면에서 살펴봄으로써, 십계명을 산출한 예배나 축제나 가정이라는 삶의 자리에서 가지고 있는 기능과 의미를 바르게 파악할 수 있다.[14]

그러나 양식사가 가지고 있는 한계 또한 분명히 존재한다.

첫째, 성서 주석가마다 양식을 분류하는 방식이 다른 경우가 있다. 이는 성경의 본문이 다양하지만, 그러한 다양한 본문의 종류를 구분하는 장르는 제한적이기 때문이다.

둘째, 성서의 문학 장르의 발전을 추적하기 어렵다. 성경이 구두 전승과 기록 전승의 과정에 따라 최종 본문이 산출된 것은 인정할 수 있지만, 그러한 구체적인 과정을 밝히는 것은 쉽지 않다. 양식사가 가지고 있는 또 하나의 한계는 본문을 낳은 삶의 자리를 결정하기 어렵다는 것이고, 인간의 복잡다단한 삶을 몇 개의 한정된 삶의 자리로 분류할 수 없다는 점이다. 물론 성경이 종교 문헌인 것은 사실이다. 그러나 지혜문학과 같은 성경은 세상에서 살아가는 사람들의 다양한 삶의 모습을 보여준다.

셋째, 오늘날 현대인이 살아가는 삶의 자리는 수천 년 전 이스라엘 백성이 경험한 삶과는 비교할 수 없을 정도로 복잡하다는 점을 부인할 수 없다. 따라서 만약 성서해석자가 본문을 단지 몇 가지 삶의 정황의 범주에 한정시켜 해석한다면, 성서 본문이 가지고 있는 본문의 독특성에 소홀할 위험을 갖는다.

양식사가 가지고 있는 이러한 한계점들로부터 앞으로 편집비평, 사회학적 비평, 수사학적 비평 방법이 생겨나게 된다.[15]

---

14 노희원, 『최근의 십계명 연구』, 51-71.
15 제임스 마일렌버그, "양식비평학과 그 극복," 『신학사상』 84 (1994), 177-205.

제3장

전승사와 십계명

1. 전승사와 전승사의 전제

전승사(Überlieferungsgeschichte, Traditionsgeschichte, Tradition History)는 구약성경 본문에 기술된 이야기나 법이 구두 전승과 기록 전승의 역사를 거쳐 최종 본문으로 형성되는 과정의 역사를 말한다. 전승사도 양식사와 마찬가지로 성경의 형성 과정에는 구두 전승(oral tradition)이 있었다는 것을 전제로 한다(출 12:24-27; 신 4:9-10; 렘 36:6, 32 등). 대표적인 학자로는 스칸디나비아 학파의 나이버그(H. S. Nyberg), 웁살라 학파의 엥그넬(Ivan Engnell), 독일의 폰 라트(von Rad)와 노트(M. Noth) 등이 있다.

이 가운데 특별히 폰 라트는 구약성경은 오랜 시간을 통해 많은 전승을 통해 형성되었기 때문에, 구약성경에서 하나의 중심(Mitte)을 찾는 것은 불가능하다고 주장한다.[1] 구약성경을 창조, 계약, 약속 등의 하나의 개념으로 묶을 때, 구약성경이 가지고 있는 다양한 종교 전승을 획일화할 위험이 있다는 것이다.

실제로 구약성경은 여러 종교 전통으로 이뤄져 있다. 대표적으로 제사장 전승, 예언자 전승, 지혜 전승, 묵시 전승, 서기관 전승, 왕조 전승, 율법 전승 등이다. 이러한 전승을 형성한 전승가들은 그들이 속해 있는 종교

---

[1] 벤 C. 올렌버거, 엘머 A. 마르텐스, G. F. 하젤 엮음, 『20세기 구약신학의 주요 인물들』 (*Flowering of Old Testament Theology: a Reader in Twentieth-Century Old Testament Theology*, 1930-1990), 강성열 역 (서울: 크리스챤다이제스트, 2000), 166.

전승의 입장에서 하나님을 이해했고, 다른 종교 전승과 다른 종교적인 입장을 견지한다. 제사장은 하나님이 세상을 질서 있게 창조하셨다는 사실을 전제하고 있기 때문에, 일반적으로 세상에 대해 긍정적인 입장을 가지고 있다.

제사장은 이스라엘 종교의 기득권층에 속한 사람으로서 제사를 집전하고, 백성을 축복하며, 백성에게 율법을 가르치는 일을 수행했다.[2] 반면 예언자들은 주로 사회 정의에 관심이 있었기 때문에, 이스라엘에 하나님의 정의와 공의를 실현하는 데에 주된 관심을 보였다. 그래서 예언자들이 주로 하는 일은 임금과 제사장 등을 비롯한 종교와 사회와 국가의 기득권층의 잘못을 지적하고 그들에게 바른 길을 제시하는 것이었다. 그래서 예언자들이 왕실이나 제사장 그룹과 많은 갈등을 빚는 모습을 예언서에서 쉽게 발견할 수 있다.[3]

지혜가들은 제사장이나 예언자에 비해 세상의 질서에 많은 관심을 보인다. 물론 이들은 궁극적으로 지혜의 근원이 하나님 경외에 있다고 말하지만(잠 1:7 등), 다른 종교 전승보다 세상에서의 행복과 성공에 많은 관심을 기울이고 있고, 따라서 세상에 긍정적이다.

성경은 십자가의 고난과 섬김과 희생만 말하지 않고, 하나님의 백성이 누릴 행복과 성공에 대해서도 말한다. 물론 신명기와 잠언 등이 견지하는 전통 지혜에 반대해 현실에서 일어나는 부조리와 모순의 문제를 다루는 지혜서인 욥기와 전도서도 있지만, 이 책들 역시 다른 전승에 비해 인간의 삶이 가지고 있는 희로애락의 문제에 보다 많은 관심을 기울이고 있다.

묵시가들은 주로 고난과 박해의 상황에서 오직 하나님께만 희망을 두고 고난의 종말을 꿈꾸고 살아간 사람들이다. 묵시 사상은 현실에서 변혁을 꿈꾸었던 후기 예언자들이 종말론적으로 하나님의 개입을 꿈꾼 것에서 비

---

[2] 제사장과 오늘날 목회자의 관련에 대해서는 이영미, "구약의 제사장과 현대의 목회자," 「신학사상」 160 (2013), 9-42를 보라.
[3] 김선종, "예언자와 목회자," 「신학이해」 45 (2013), 73-96.

롯했거나, 지혜 전승에서 비롯했거나, 아니면 이방의 종교 상황에서 수입되었다는 등의 많은 가설이 존재한다.[4]

이처럼 전승사가들은 구약성경을 형성한 전승의 다양성을 강조해,[5] 성경이 최종적으로 완성되기까지 있었던 여러 전승 사이의 역동성을 설득력 있게 보여준다. 서로 다른 종교 전승들은 때로는 갈등을 빚기도 했고, 때로는 서로에게 영향을 끼치기도 했다.

아모스는 1-2장에서 열방의 서너 가지 죄를 반복해서 말하는데, '서너 가지'라는 수 격언은 지혜자들이 즐겨 사용한 표현으로 예언자 아모스가 지혜 전승의 영향을 받은 것으로 추정할 수 있다. 실제로 아모스가 지혜자들이 활동한 장소로 알려진 드고아 출신이라는 사실이 아모스가 지혜 전승의 영향을 받았을 것이라는 가설을 설득력 있게 만든다(암 1:1 참조, 삼하 14:2 등).

예수 그리스도의 하나님 나라 운동을 바르게 이해하기 위해서도 전승사적 접근은 필수적이다. 예수님의 가르침의 핵심은 하나님 나라고, 이러한 하나님 나라를 선포하기 위해 예수님은 비유를 사용하시는데, 이 비유가 바로 지혜 전승에 속한다.[6] 또한, 예수님과 바울은 하나님 나라를 종말론의 관점에서 선포하셨는데, 이것은 묵시 전승에 해당한다. 마가복음 13장은 소묵시록으로 불리고, 바울이 종말 때 일어날 휴거는 묵시 사상을 반영한다.

---

4 폴 핸슨, 『묵시문학의 기원』(*The Dawn of Apocalyptic*), 이무용, 김지은 역 (서울: 크리스챤다이제스트, 1996); 존 J. 콜린스, 『묵시문학적 상상력: 유다 묵시문학 입문』(*Apocalyptic Imagination: an Introduction to Jewish Apocalyptic Literature*), 박요한 역 (서울: 가톨릭출판사, 2006); 스티븐 L. 쿡, 『묵시문학』(*The Apocalyptic Literature*), 차준희 역 (서울: 대한기독교서회, 2015); 이윤경, 『제2성전 시대의 묵시문학과 사상』(서울: CLC, 2019) 등을 보라.

5 폴 D. 핸슨, 『성서의 갈등구조: 신학적 해석』(*The Diversity of Scripture*), 이재원 역 (서울: 한국신학연구소, 1986). 이 책의 원제는 *The Diversity of Scripture*로 '성서의 다양성'으로 옮기는 것이 저자의 의도를 더 정확하게 드러낸다.

6 천사무엘, 『지혜전승과 지혜문학: 지혜문학의 눈으로 다시 보는 성서』 (서울: 동연, 2009), 101-143.

또한, 구약과 신약의 중간기에는 수많은 묵시 문헌들이 나오는데, 이러한 묵시 사상을 이해해야만 예수님이 선포하신 하나님 나라를 바르게 이해할 수 있다. 그리고 예수님은 바리새파와 사두개파 등 당시 유대교 종파에 속한 유대인들과 율법 논쟁을 벌이셨는데, 이것은 예수님이 구약의 율법 전승을 철저하게 숙지하고 계셨다는 사실을 보여준다. 예수님은 하나님 나라를 선포하시기 위해 자신의 성경이었던 구약성경의 전승을 종합적으로 활용하신 사실을 알 수 있다.

2. 전승사의 관심

전승사가 관심을 기울이는 내용은 세 가지다.

첫째, 전승을 수용하고 전달하는 전승의 담지자와 전승이 전달되는 과정과 역사다.

이러한 점에서 양식사와 마찬가지로 전승사도 문헌비평이 정의하는 저자와는 다른 저자 개념을 가지고 있다. 전승사가 말하는 저자는 단지 본문을 최종적으로 기록한 사람이 아니라 오랜 시간 동안 이어 내려온 전승을 수집하고 편집한 개인이나 공동체를 말한다. 앞에서 말한 제사장, 예언자, 서기관, 지혜자 그룹 등이 대표적이다.

위의 양식사에서도 말한 것처럼 공동체 저자로서 전승가를 이해하는 것이 오늘날 신앙을 위해서도 중요하다. 성서의 신앙은 몇몇 개인이 받아 전달하는 것이 아니라, 신앙 공동체가 그 역할을 감당한다는 사실에 중요성이 있다.

예를 들어 폰 라트는 그동안 구약에 나타나는 예언자들이 일반인들과는 비교할 수 없는 뛰어난 영성을 소유해 하나님과 매우 밀접한 관계에 있었고, 그래서 하나님의 계시를 받을 수 있었다는 전통적인 예언자 이해에 대해 전승사의 관점에서 이의를 제기한다. 폰 라트는 구약의 예언자들이 하나님께 직접 계시를 받은 사람이라기보다 철저히 예언 전승을 훈련받은 사람들로 정의하며, 이렇게 예언자를 정의할 때라야 예언서에 나타나는 병행 구문들을 바르고 합리적으로 이해할 수 있다고 주장한다.[7]

둘째, 전승사는 전승을 받아 전한 전승의 장소에 주의를 기울이고, 전승이 가지고 있는 정치, 사회, 종교의 역동성에 관심을 갖는데, 이것들은 양식사의 '삶의 자리'에 해당한다.

종교 전승은 그냥 하늘에서 떨어진 것이 아니라 구체적인 역사와 사회 상황, 지역에서 형성된다. 구약성경의 전승을 형성한 대표적인 장소는 야곱 전승을 산출한 벧엘, 언약 갱신 축제(신 27-31장; 수 24장; 삿 9장 등)의 주요 배경이 된 세겜, 대부분의 시편의 배경이 되는 시온/예루살렘, 시편 24편과 출애굽 주제와 모세 계약 전승을 낳은 북이스라엘 등이다.

전승의 자리는 성서 본문의 메시지를 이해하기 위해 필수적이다. 예를 들어 예레미야는 아나돗 출신 제사장으로서(렘 1:1) 아나돗에는 솔로몬에 의해 축출된 몰락한 제사장들이 살고 있었다. 따라서 예레미야가 예루살렘에 대한 특별한 거부감을 보이는 성전 설교(렘 7, 26장)를 행한 것과 아나돗 사람들이 그러한 예레미야에게 큰 반감을 가지고 있었던 것을 쉽게 이해할 수 있다.

미가는 모레셋 출신 빈농, 주변부 예언자로서(미 1:1) 미가서 전체를 통해 예루살렘의 타락한 제사장과 예언자를 비난하는 것을 어렵지 않게 볼 수 있다.[8] 이와 달리 이사야는 예루살렘 성전에 대해 우호적인 태도를 보이는데, 이사야가 하나님의 부르심을 받은 곳도 바로 성전이다(사 6장).[9] 또한, 위에서 언급한 것처럼 드고아 출신 아모스가 지혜문학의 표현인 '서

---

[7] 게르하르트 폰 라트, 『예언자들의 메시지』(*Die Botschaft der Propheten*), 김광남 역 (고양: 비전북, 2011).

[8] 김선종, "경건한 자가 끊어졌고(미 7:1-7)," 「성서마당」 112 (2014), 43-62.

[9] 이사야 6장이 말하는 성전의 정체에 대한 여러 논쟁을 이해서는 김상래, "이사야 6장의 '이상의 현장'(visionary locale)은 어디인가?: 1절의 헤칼/성전을 중심으로," 「구약논단」 25 (2007), 30-47을 보라.

너 가지'라는 수 격언을 자신의 예언에 활용한 것이 이러한 전승의 자리가 가지고 있는 중요성을 보여준다.

셋째, 전승사가들은 전승의 주제와 흐름에 관심을 기울인다.

폰 라트는 신명기 6:20-24, 26:5후-9, 여호수아 24:2후-13을 이스라엘 역사를 요약하는 작은 역사 신조(*credo*)로 여기고, 이 역사 신조에 이스라엘 역사의 주요 전승이 기록되어 있다고 주장한다. 이 역사 신조에 시내 산 전승(출 19장-민 10장)이 언급되고 있지 않은 문제에 대해 폰 라트는 후대에 출애굽 전승과 시내 산 전승이 결합되었다고 주장한다.[10]

이스라엘 역사를 요약하는 구약의 본문에서 시내 산을 언급하는 최초의 본문은 느헤미야 9:13이다. 그러나 이러한 입장은 오늘날 대부분의 학자가 거부한다. 작은 역사 신조가 확대되어 육경을 형성했다는 가설보다, 작은 역사 신조는 육경에 기술되어 있는 역사의 요약본으로 보는 것이 훨씬 설득력이 있기 때문이다.

폰 라트가 출애굽 전승과 시내 산 전승의 후대 결합을 주장하는 반면, 노트는 출애굽, 정착지로 인도, 족장에게 한 약속, 광야 인도, 시내 산에서의 계시가 오경 이야기의 핵심이며, 사사 시대에 완성되었다고 주장한다. 이미 시내 산 전승도 이스라엘의 고대 전승 안에 포함시켰다고 주장함으로써 폰 라트와는 다른 견해를 보여준다.[11]

---

10 G. von Rad, *The Problem of the Hexateuch and Other Essays* (London: SCM Press, 1984).
11 M. Noth, *A History of Pentateuchal Traditions* (En10:55:57glewood Cliffs, N.J.: Prentice-Hall, 1972).

3. 전승사의 주석 방법

전승사 방법에 따라 본문을 주석하는 순서는 다음과 같다.

첫째, 병행 본문이 있는 경우에는 본문들을 비교해 관찰한다.

둘째, 병행 본문 사이에서 주제와 내용과 표현이 변하지 않은 불변 요소와 그것들이 변화한 가변 요소를 파악함으로써 전승이 변화된 이유를 관찰한다. 이때 전승을 유지하거나 변형시킨 전달자의 관심사와 동기를 파악한다.

셋째, 구약 주변 세계 문헌에 비슷한 내용이 나오는 경우에 구약 본문과 비교해 배경을 탐구한다. 아래에서는 이야기, 율법, 역사 서술, 예언에서 각각 병행 본문을 비교하고 분석해 보도록 하겠다.

1) 병행 본문 비교, 분석

(1) 이야기의 예

구약성경에는 하나의 이야기가 반복되어 나오는 경우들이 있다. 창조 이야기도 창세기 1:1-2:4전과 2:4후-25에 두 번 나타난다. 남편이 아내를 누이로 속인 이야기도 창세기 12:10-20, 20:1-18, 26:6-11에 세 번이나 나온다. 여기에서 변하지 않는 요소는 남편이 아내를 누이로 속였다는 내용이다.

그러나 본문을 자세히 들여다보면, 상당히 많은 부분에서 중요한 차이를 발견할 수 있다. 여러 차이 가운데 신학적으로 문제가 되는 부분을 중심으로 살펴보자.

창세기 12:10-20

¹⁰그 땅에 기근이 들었으므로 아브람이 애굽에 거류하려고 그리로 내려갔으니 이는 그 땅에 기근이 심하였음이라 ¹¹그가 애굽에 가까이 이르렀을 때에 그의 아내 사래에게 말하되 내가 알기에 그대는 아리따운 여인이라 ¹²애굽 사람이 그대를 볼 때에 이르기를 이는 그의 아내라 하여 나는 죽이고 그대는 살리리니 ¹³원하건대 그대는 나의 누이라 하라 그러면 내가 그대로 말미암아 안전하고 내 목숨이 그대로 말미암아 보존되리라 하니라 ¹⁴아브람이 애굽에 이르렀을 때에 애굽 사람들이 그 여인이 심히 아리따움을 보았고 ¹⁵바로의 고관들도 그를 보고 바로 앞에서 칭찬하므로 그 여인을 바로의 궁으로 이끌어들인지라 ¹⁶이에 바로가 그로 말미암아 아브람을 후대하므로 아브람이 양과 소와 노비와 암수 나귀와 낙타를 얻었더라 ¹⁷여호와께서 아브람의 아내 사래의 일로 바로와 그 집에 큰 재앙을 내리신지라 ¹⁸바로가 아브람을 불러서 이르되 네가 어찌하여 나에게 이렇게 행하였느냐 네가 어찌하여 그를 네 아내라고 내게 말하지 아니하였느냐 ¹⁹네가 어찌 그를 누이라 하여 내가 그를 데려다가 아내를 삼게 하였느냐 네 아내가 여기 있으니 이제 데려가라 하고 ²⁰바로가 사람들에게 그의 일을 명하매 그들이 그와 함께 그의 아내와 그의 모든 소유를 보내었더라

창세기 20:1-18

¹아브라함이 거기서 네게브 땅으로 옮겨가 가데스와 술 사이 그랄에 거류하며 ²그의 아내 사라를 자기 누이라 하였으므로 그랄 왕 아비멜렉이 사람을 보내어 사라를 데려갔더니 ³그 밤에 하나님이 아비멜렉에게 현몽하시고 그에게 이르시되 네가 데려간 이 여인으로 말미암아 네가 죽으리니 그는 남편이 있는 여자임이라 ⁴아비멜렉이 그 여인을 가까이 하지 아니하였으므로 그가 대답하되 주여 주께서 의로운 백성도 멸하시나이까 ⁵그가 나에게 이는 내 누이라고 하지 아니하였나이까 그 여인도 그는 내 오라비라 하였사오니 나는 온전한 마음과 깨끗한 손으로 이렇게 하였나이다 ⁶하나님이 꿈에 또 그에게 이르시되 네가 온전한 마음으로 이렇게 한 줄을 나도 알았으므로 너를 막아 내게 범죄하지 아니하게 하였나니 여인에게 가까이 하지 못하게 함이 이 때문이니라 ⁷이제 그 사람의 아내를 돌려보내라 그는 선지자라 그가 너를 위하여 기도하리니 네가 살려니와 네가 돌려보내지 아니하면 너와 네게 속한 자가 다 반드시 죽을 줄 알지니라 ⁸아비멜렉이 그 날 아침에 일찍이 일어나 모든 종들을 불러 그 모든 일을 말하여 들려 주니 그들이 심히 두려워하였더라 ⁹아비멜렉이 아브라함을 불러서 그에게 이르되 네가 어찌하여 우리에게 이렇게 하느냐 내가 무슨 죄를 네게 범하였기에 네가 나와 내 나라가 큰 죄에 빠질 뻔하게 하였느냐 네가 합당하지 아니한 일을 내게 행하였도다 하고 ¹⁰아비멜렉이 또 아브라함에게 이르되 네가 무슨 뜻으로 이렇게 하였느냐 ¹¹아브라함이 이르되 이 곳에서는 하나님을 두려워함이 없으니 내 아내로 말미암아 사람들이 나를 죽일까 생각하였음이요 ¹²또 그는 정말로 나의 이복 누이로서 내 아내가 되었음이니라 ¹³하나님이 나를 내 아버지의 집을 떠나 두루 다니게 하실 때에 내가 아내에게 말하기를 이 후로 우리의 가는 곳마다 그대는 나를 그대의 오라비라 하라 이것이 그대가 내게 베풀 은혜라 하였었노라 ¹⁴아비멜렉이 양과 소와 종들을 이끌어 아브라함에게 주고 그의 아내 사라도 그에게 돌려보내고 ¹⁵아브라함에게 이르되 내 땅이 네 앞에 있으니 네가 보기에 좋은 대로 거주하라 하고 ¹⁶사라에게 이르되 내가 은 천 개를 네 오라비에게 주어서 그것으로 너와 함께 한 여러 사람 앞에서 네 수치를 가리게 하였노니 네 일이 다 해결되었느니라 ¹⁷아브라함이 하나님께 기도하매 하나님이 아비멜렉과 그의 아내와 여종을 치료하사 출산하게 하셨으니 ¹⁸여호와께서 이왕에 아브라함의 아내 사라의 일로 아비멜렉의 집의 모든 태를 닫으셨음이더라

창세기 12:10-20이 진술하는 아브람과 사래의 이야기를 보면, 아브람은 이집트 사람들을 두려워해서 자기 아내 사래를 누이로 속인다. 그리고 아브람은 자신의 목숨을 보존하기 위해 사래에게 자기가 거짓말하는 것을 용납해 달라고 부탁한다.

본문을 보면 아브람과 사래가 실제로 누이였다는 말은 나오지 않는다. 그래서 본문을 읽는 독자들은 창세기 12:1-9에서 하나님의 부르심에 순종한 믿음의 조상 아브람이 자신이 살기 위해 아내를 누이로 속이는 비열한 모습에 놀라지 않을 수 없다.

문제는 이러한 아브람의 거짓말과 비열함뿐 아니라 믿음의 어머니 사래의 순결함에 대해서도 본문은 침묵하고 있다는 점이다. 이집트 사람들은 사래를 파라오의 궁으로 이끌어 들이고, 파라오는 사래를 아내로 삼는다. 12:19에 나오는 히브리 동사 '라카흐'(לָקַח)는 '아내로 삼다'(take a wife)는 뜻을 가지고 있어,[12] 파라오와 사래가 법적인 부부가 되었다고 이해할 수 있다. 파라오와 사래 사이에 어떠한 일이 있었는지 본문을 통해서는 자세한 내용을 알 수 없다.

창세기 12장이 지닌 이러한 문제에 대해 20장은 분명한 해답을 준다.

첫째, 창세기 20:12은 사라가 정말로 아브라함의 이복누이라고 밝힌다. 따라서 창세기 12장에서 목숨을 부지하기 위해 아내를 누이로 속인 아브람의 비윤리적인 모습은 어느 정도 해결된다. 여기에서 어느 정도 해결된다고 말하는 이유는, 비록 사라가 실제로 아브라함의 이복누이라고 하더라도 또다시 20장에서 자기 아내를 그랄 임금 아비멜렉에게 빼앗긴 것이 명쾌하게 해결되지는 않기 때문이다.

둘째, 창세기 20장은 12장에서 의문시된 문제인 파라오와 사래 사이에 한밤중에 어떤 일이 벌어졌는가에 대해 분명한 해답을 준다. 12장과 달리 20장에서는 사라를 데려간 그날 밤에 하나님이 꿈에서 아비멜렉에게 나타

---

12 BDB, 544; HALOT, 534.

나셔서 사라는 남편이 있는 여자라는 사실을 말씀하신다. 그래서 둘 사이에는 아무 일이 없었다고 20:6에서 분명하게 말한다. 그래서 많은 전승사가는 아브라함이 사라를 누이로 속인 이야기는 두 번 일어난 것이 아니라 이집트와 그랄 땅을 배경으로 전승되던 이야기가 오경에 들어오게 되었고, 그러는 가운데 창세기 20장은 12장의 주석 역할을 한다고 생각한다.

이러한 생각이 터무니없지 않은 것은 창세기 26장에서 아브라함의 아들 이삭이 자기 아내 리브가를 그랄의 블레셋 임금 아비멜렉에게 누이로 속인 이야기가 다시 나오기 때문이다. 창세기 20장과 26장에서 그랄의 배경과 아비멜렉 임금이 동일한 것에서 독자들은 누이를 아내로 속이는 이야기가 이번에는 주인공이 이삭과 리브가로 전승되어 내려온 것이라고 충분히 생각할 수 있다. 이러한 전승사의 문제는 이미 고대 교부들과 유대인들과 기독교인들에게 많은 흥미를 불러 일으켰다.[13]

(2) 율법의 예(출 23:10-11; 레 25:1-7; 신 15:1-11)

다음으로 율법의 전승사에 대해 살펴보자. 오경에는 출애굽기의 계약법전(출 20:22-23:33), 레위기의 성결법전(레 17-26장), 신명기의 신명기법전(신 12-26장)이 존재한다. 세 법전에 율법이 하나만 있는 경우도 있고, 노예 해방법(출 21:1-11; 레 25:8-55; 신 15:12-18)[14]이나 안식년 법(출 23:10-11; 레 25:1-7; 신 15:1-11)처럼 같은 내용의 법이 세 법전에 모두 있는 경우도 있다.[15]

그런데 문제는 이러한 법들이 병행하지만 구체적인 법의 내용에서 차이가 나는 경우다. 오경의 법이 실정법으로 기능할 경우 만약 하나의 사안에

---

13 M. Arnold, G. Dahan et A. Noblesse-Rocher (eds.), *La sœur-épouse(Genèse 12, 10-20)*, Lectio divina 237 (Paris: Cerf, 2010).
14 전정진, "출애굽기 21장 2-11절과 신명기 15장 12-18절에 나타난 종의 방면 법," 「구약논단」 35 (2010), 54-73.
15 율법의 병행 본문을 위해서는 G. Lasserre, *Synopse des lois du Pentateuque*, SVT 59 (Leiden: Brill, 1994)를 보라.

대해 서로 다르게 규정하는 법이 존재한다면, 어떠한 법을 기준으로 삶에 적용할 것인가의 문제가 발생한다. 예를 들어 보통 안식년 규정으로 부르는 7년법을 살펴보자.

출애굽기 23:10-11	레위기 25:1-7
¹⁰너는 여섯 해 동안은 너의 땅(אַרְצֶךָ)에 파종하여 그 소산(תְּבוּאָתָהּ)을 거두고 ¹¹일곱째 해에는 갈지 말고 묵혀두어서 (תִּשְׁמְטֶנָּה וּנְטַשְׁתָּהּ) 네 백성의 가난한 자들이 먹게 하라 그 남은 것은 들짐승이 먹으리라 네 포도원과 감람원도 그리할지니라	¹여호와께서 시내 산에서 모세에게 말씀하여 이르시되 ²이스라엘 자손에게 말하여 이르라 너희는 내가 너희에게 주는 땅에 들어간 후에 그 땅(הָאָרֶץ)으로 여호와 앞에 안식하게 하라 ³너는 육 년 동안 그 밭(שָׂדֶךָ)에 파종하며 육 년 동안 그 포도원(כַּרְמֶךָ)을 가꾸어 그 소출(תְּבוּאָתָהּ)을 거둘 것이나 ⁴일곱째 해에는 그 땅이 쉬어 안식하게 할지니 여호와께 대한 안식이라 너는 그 밭에 파종하거나 포도원을 가꾸지 말며 ⁵네가 거둔 후에 자라난 것을 거두지 말고 가꾸지 아니한 포도나무가 맺은 열매를 거두지 말라 이는 땅의 안식년임이니라 ⁶안식년의 소출은 너희가 먹을 것이니 너와 네 남종과 네 여종과 네 품꾼과 너와 함께 거류하는 자들과 ⁷네 가축과 네 땅에 있는 들짐승들이 다 그 소출로 먹을 것을 삼을지니라

출애굽기의 안식년 규정에 따르면, 6년 동안 경작하고 7년째 해에는 땅을 갈지 말고 묵혀두어서 이스라엘 백성의 가난한 사람과 남은 것을 들짐승이 먹도록 한다. 당연히 이것은 7년째 해에 부자와 집짐승은 굶어야 한다는 것을 말하기 위한 것이 아니다. 계약법전이 관심을 기울이는 것은 안식년의 수혜를 누리는 우선순위에 대한 것으로 사회의 약자에 대한 배려다.

이에 비해 레위기의 관심사는 안식년의 신학에 있다는 사실을 쉽게 발견할 수 있다.

첫째, 출애굽기의 안식년 규정이 이스라엘 백성의 '네 땅'에서 벌어지는 일이라면, 레위기의 안식년 규정은 이스라엘의 '그 땅'으로 일반화한다. 이것은 마치 출애굽기에서는 안식년을 가정마다 자기 땅에서 다른 해에 개별적으로 지켜도 된다면, 레위기에서는 이스라엘의 모든 백성이 같은 한 해에 모든 땅에서 안식년을 준수해야 한다는 것을 말하는 것으로 보인다.

둘째, 출애굽기의 안식년 규정이 '갈다'와 '묵히다'라는 농사와 관련된 동사를 사용하는 데 비해, 레위기의 안식년 규정은 '야웨를 위한 안식'과 '땅을 위한 안식'이라는 신학의 차원을 드러낸다.

셋째, 안식년을 누리는 수혜자의 차원에서도 큰 차이가 있는데, 출애굽기와 달리 레위기에서는 안식년의 수혜자가 완전수 일곱 수혜자로 나타나면서, 이스라엘 백성과 이방인, 사람과 짐승의 울타리를 해체한다.

레위기에서는 사람이 먹고 남은 것을 짐승이 먹는 것이 아니라 짐승과 사람이 동일한 지위를 가지고 안식년을 누린다. 출애굽기의 안식년 본문이 레위기 안식년 본문의 대본(Vorlage)이 된 것은 쉽게 알 수 있다. 레위기 25:3에 나오는 '그 소출'에서 '그'에 해당하는 히브리어 인칭 대명 접미사는 3인칭 여성형이다. 그렇다면 '그'가 가리키는 것은 '소출' 바로 앞에 있는 낱말이어야 한다.

그러나 문제는 '소출' 바로 앞에 있는 포도원, 그 앞에 있는 밭은 남성형 명사라는 점에 있다. '소출'에 붙어 있는 '그'가 가리키는 명사는 포도원과 밭 앞에 있는 여성형 명사 '땅'에 해당한다. 이것은 레위기의 기록자가 출애굽기를 앞에 놓고 기록한 흔적을 보여준다.

그렇다면 신명기 15:1-11[16]의 안식년 규정은 어떠한가?

---

[16] ¹매 칠 년 끝에는 면제(שְׁמִטָּה)하라 ²면제의 규례는 이러하니라 그의 이웃에게 꾸어준 모든 채주는 그것을 면제하고 그의 이웃에게나 그 형제에게 독촉하지 말지니 이는 여호와를 위하여 면제를 선포하였음이라 ³이방인에게는 네가 독촉하려니와 네 형제에게 꾸어준 것은 네 손에서 면제하라 ⁴⁻⁵네가 만일 네 하나님 여호와의 말씀만 듣고 내가 오늘 네게 내리는 그 명령을 다 지켜 행하면 네 하나님 여호와께서 네게 기업으로 주신 땅에서 네가 반드시 복을 받으리니 너희 중에 가난한 자가 없으리라 ⁶네 하나님 여호와께서 네게 허락하신 대로 네게 복을 주시리니 네가 여러 나라에 꾸어 줄지라도 너는 꾸지 아니

11개의 구절 가운데 안식년 규정에 해당하는 본문은 1-3절에 불과하고, 4-11절은 안식년 규정을 지키도록 하는 모세의 설교에 해당한다. 또한, 레위기의 안식년 규정이 이스라엘 백성과 이방인을 차별하지 않는 것과 달리 신명기에서는 이방인에게서는 빚을 면제해 주지 않아도 되는데, 이것은 이스라엘 땅에서 사는 이방인이 일부러 면제년 가까이에 상업의 빚을 지고 갚지 않는 문제를 막기 위한 것으로 보인다.

또한, 출애굽기와 레위기의 안식년 규정은 땅 농사와 관련된 농촌을 배경으로 하고 있다면, 신명기는 상업과 화폐 경제와 관련된 도시 배경을 암시하고 있다.[17] 더 나아가 신명기 15:6은 외국과의 무역도 암시한다.

이러한 세 본문의 차이에서 신명기가 말하는 빚이 농사에서 발생한 빚이라고 세 본문을 조화시키려는 시도가 있을 수 있지만,[18] 문제는 본문이 그러한 사실을 명시하지 않는다는 데 있다.

병행 본문에 나타나는 차이를 조화시키려는 시도 가운데 때때로 성경이 본래 가지고 있는 의미를 파괴하는 경우가 나타나는데, 본문에 사람의 뜻을 투영하는 해석은 바람직하지 않다. 하지만 분명한 사실은, 신명기 15장에 나오는 '면제'에 해당하는 히브리 낱말 '쉐미타'(שְׁמִטָּה)가 현대 히브리어에서 '안식년'을 뜻하는데, 이 명사는 출애굽기 23:11의 '갈다'라는 동

하겠고 네가 여러 나라를 통치할지라도 너는 통치를 당하지 아니하리라 [7]네 하나님 여호와께서 네게 주신 땅 어느 성읍에서든지 가난한 형제가 너와 함께 거주하거든 그 가난한 형제에게 네 마음을 완악하게 하지 말며 네 손을 움켜 쥐지 말고 [8]반드시 네 손을 그에게 펴서 그에게 필요한 대로 쓸 것을 넉넉히 꾸어주라 [9]삼가 너는 마음에 악한 생각을 품지 말라 곧 이르기를 일곱째 해 면제년이 가까이 왔다 하고 네 궁핍한 형제를 악한 눈으로 바라보며 아무것도 주지 아니하면 그가 너를 여호와께 호소하리니 그것이 네게 죄가 되리라 [10]너는 반드시 그에게 줄 것이요, 줄 때에는 아끼는 마음을 품지 말 것이니라 이로 말미암아 네 하나님 여호와께서 네가 하는 모든 일과 네 손이 닿는 모든 일에 네게 복을 주시리라 [11]땅에는 언제든지 가난한 자가 그치지 아니하겠으므로 내가 네게 명령하여 이르노니 너는 반드시 네 땅 안에 네 형제 중 곤란한 자와 궁핍한 자에게 네 손을 펼지니라(신 15:1-11).

17 로날드 클레멘츠, 『신명기』(*Deuteronomy*), 정석규 역(서울: 한들, 2002), 142-146.
18 C. J. H. Wright, *God's People in God's Land: Family, Land and Property in the Old Testament* (Grand Rapids: Eerdmans, 1990), 142-151.

사 '샤마트'(שמט)에서 왔다는 사실이다.

따라서 출애굽기 23장의 안식년 규정을 레위기와 신명기가 그들이 처한 전승의 자리인 농촌과 성읍에서 자신들의 상황에 맞게 이전 전승을 수용하고 발전시킨 것으로 이해할 수 있다.[19]

(3) 역사 서술의 예(삼상 17장; 삼하 21:19; 대상 20:5): 다윗과 골리앗

이러한 전승의 차이로 말미암은 서로 다른 기록은 역사서에서도 흔하게 나타난다. 신명기 역사서와 역대기 역사서에 나오는 서로 다른 역사 서술이 그러하다. 대표적으로 골리앗을 죽인 사람의 정체에 대한 서로 다른 전승이 이어져 내려오고 있다.

사무엘상 17장에서 블레셋 장수 골리앗을 죽인 사람은 다윗으로 많은 신앙인이 알고 있다. 그런데 문제는 사무엘하 21:19은 골리앗을 죽인 사람을 엘하난으로 밝히고 있다는 점이다.

> 또 곱에서 블레셋 사람과 전쟁이 일어났다. 그 때에는 베들레헴 사람인 야레오르김의 아들 **엘하난**이 가드 사람 골리앗을 죽였는데, 골리앗의 창자루는 베틀 앞다리같이 굵었다(삼하 21:19, 새번역).

> 또 다시 블레셋 사람과 곱에서 전쟁할 때에 베들레헴 사람 야레오르김의 아들 **엘하난**은 가드 **골리앗**의 아우 라흐미를 죽였는데 그 자의 창 자루는 베틀 채 같았더라(삼하 21:19, 개역개정).

---

19 세 본문의 관계에 대한 더 자세한 내용을 위해서는 아래의 글을 보라. Sun-Jong Kim, "Les enjeux théologiques des bénéficiaires de l'année sabbatique(Lev 25,6-7)," *ZAW* 122 (2010), 33-43; "The Group Identity of the Human Beneficiaries in the Sabbatical Year (Lev 25:6)," *VT* 61 (2011), 71-81; 김선종, "토라! 율법인가, 이야기인가?: 레위기 25장의 안식년 규정을 중심으로,"「신학논단」 64 (2011), 7-22; "성결법전의 민간신앙,"「구약논단」 41 (2011), 158-180; "면제년의 땅(신 15:1-11),"「장신논단」 44 (2012), 13-32.

개역개정은 엘하난이 죽인 사람은 골리앗의 아우 라흐미라고 번역하고 있지만, '의 아우 라흐미'를 작은 글자로 표시한다. 이것은 마소라 본문에는 없는 것으로, 골리앗을 죽인 사람은 다윗이라는 사무엘상 17장의 진술과 충돌하기 때문이다. 반면 새번역은 엘하난이 골리앗을 죽인 것이라는 마소라 본문을 그대로 반영하여 번역하고 있다.

이처럼 사무엘상 17장과 사무엘하 21장이 골리앗을 죽인 사람에 대해 다르게 보도하고 있기 때문에, 두 본문을 알고 있었을 것으로 추정되는 역대상 20:5은 엘하난이 죽인 사람은 골리앗의 아우 라흐미라고 기록하고 있다. 개역개정의 번역도 역대상 본문에서 두 상이점을 해결하려고 시도한 것으로 생각할 수 있다.

> 다시 블레셋 사람들과 전쟁할 때에 야일의 아들 **엘하난**이 가드 사람 **골리앗의 아우 라흐미**를 죽였는데 이 사람의 창자루는 베틀채 같았더라 (대상 20:5).

그렇다면 골리앗을 죽인 사람은 다윗인가, 엘하난인가?
어떻게 이렇게 서로 다른 기록이 내려오고 있는가?
스톨츠(Stolz)는 골리앗을 실제로 죽인 사람은 엘하난으로, 나중에 다윗 임금의 업적을 확대하기 위해 장수 다윗에게 그 업적이 돌려졌다고 생각한다.[20] 그에 따르면 두 가지 전승이 내려오다가 나중에 다윗에게 그 공적을 돌리고, 더 나중에 역대기 사가는 충돌하는 두 기록을 분명하게 정리한 것으로 보인다. 물론 다윗과 엘하난을 같은 사람으로 보는 주석가들이 많이 있지만, 해결하기에 여전히 어려운 문제로 남아 있는 것이 사실이다.

---

[20] F. Stolz, *Das erste und zweite Samuels*, ZBK AT 9 (Zürich: Theologischer Verlag, 1981), 283. A. A. Anderson, *2 Samuel*, WBC 11 (Dallas: Word Books, 1989), 255에서 재인용. 다윗과 엘하난을 동일시하는 등의 다른 여러 입장을 위해서는 이 부분을 보라.

(4) 예언의 예(왕하 9장과 호 1:4의 예후; 창세기와 호 12:3-4의 야곱 전승)

역사의 기록이나 내용이 서로 다르게 나오는 경우는 역사서와 예언서에도 나타난다. 야곱에 대한 이야기는 창세기에 주로 나온다. 그러나 호세아 12장은 야곱의 삶을 단 몇 구절에 요약하고 있는데, 문제는 창세기가 보도하지 않는 야곱 전승에 대해 언급하고 있다는 점이다.

> 야곱은 모태에서 그의 형의 발뒤꿈치를 잡았고 또 힘으로는 하나님과 겨루되 천사와 겨루어 이기고 울며 그에게 간구하였으며 하나님은 벧엘에서 그를 만나셨고 거기에서 우리에게 말씀하셨나니(호 12:3-4).

위에서 볼 수 있듯이, 호세아 12:4은 야곱이 천사와 겨루어 이기고 울며 그에게 간구했다고 말한다. 그러나 이 내용은 창세기가 전하는 야곱 이야기에는 나오지 않는다. 이것은 곧 창세기가 간직하고 있는 야곱 전승과 호세아가 전수받은 야곱 전승이 서로 독립적으로 존재하고 있었던 것으로 생각할 수 있다.

호세아 12:3-5은 야곱의 탄생(창 25장), 천사와 싸움(창 32장), 에서와 상봉(창 33장), 하나님이 야곱을 벧엘에서 만나심(창 35장), 하나님이 모세에게 나타나심(출 3장) 등에 대한 야곱 전승과 출애굽기에 나타난 사건의 순서를 따르고 있다. 호세아는 이러한 광범위한 전승을 단 세 절에서 함축적으로 묘사하고 있다.[21]

호세아가 역사서와 다른 전승을 보존하는 경우도 있다. 열왕기하 9장은 예후를 엘리사에게 기름 부음 받은 사람으로 아합 왕조를 끝장낸 장수로 평가한다. 히브리어에서 기름 부음을 받은 사람, 곧 메시아는 하나님의 일을 하기 위해 하나님의 사람으로 성별된 사람을 뜻한다. 열왕기하에서 예

---

21 김선종, "호세아의 야곱 전승 - 호 12:3-5의 성서 내 해석 -," 「신학이해」 50 (2016), 7-30.

후는 바알을 따르는 바알의 제사장들과 예언자들을 제거하는 야웨 종교의 영웅으로 그려진다. 그런데 호세아는 열왕기하 9장의 평가와 달리 이스르엘에서 사람들을 죽인 살인자로 평가하고 있다.

> 주님께서 호세아에게 말씀하셨다. 그의 이름을 이스르엘이라고 하여라. 이제 곧 내가 예후의 집을 심판하겠다. 그가 이스르엘에서 살육한 죄를 물어서 이스라엘 왕조를 없애겠다(호 1:4, 새번역).

호세아가 말하는 예후가 사람들을 살육한 것이 아합 가문 이외의 사람을 뜻한다고 볼 수 없는 것은 나중에 호세아서를 아람어로 번역한 타르굼 호세아에서는 열왕기하 9-10장과 호세아 1장이 예후에 대해 서로 다르게 묘사한 것을 절충해 종합적으로 번역하고 있는 점에서 그러하다.

> 그리고 야훼께서 그에게 말씀하셨다. 그들의 이름을 '므바드라야'로 불러라. 왜냐하면, 그들이 바알을 섬겼기 때문에 예후가 이즈르알 골짜기에서 그들을 죽여 쏟은 우상 숭배자들의 피를 내가 여전히 잠시 동안 심판할 것이기 때문이다. 그들은 벧엘의 송아지들을 좇아 우상 숭배하는 것으로 돌아갔다. 따라서 나는 예후의 집 위에 있는 무고한 피를 생각할 것이다. 그리고 나는 이스라엘 집으로부터 왕정을 폐할 것이다.[22]

곧 "예후가 하나님의 뜻에 따라 우상 숭배자들을 처단했지만(열왕기), 후에 그와 그 후손 역시 바알을 섬겼다(호세아)는 타르굼의 번역은 상이한 두 해석을 조화시키기 위한 종합적 해석에 해당한다."[23]

---

22 김선종, "타르굼 호세아 1장의 번역 기법," 「성경원문연구」 26 (2010), 55의 사역.
23 김선종, "타르굼 호세아 1장의 번역 기법," 64.

2) 전승이 변화된 이유 관찰

이처럼 율법과 이야기와 예언에서 서로 다른 전승이 나타난다면, 성서 독자들은 이러한 상이한 전승에서 어떻게 성서의 통일성 있는 메시지를 이끌어 낼 수 있는가?

먼저 독자는 상이한 전승에서 공통된 불변의 요소와 전승들이 변화한 요소를 끄집어내야 한다. 그런데 전승사는 단지 전승 사이의 불변의 요소와 가변적 요소를 구분해 내는 데에서 멈추지 않는다. 전승이 전달되고 보존되는 과정에서 전승을 유지하거나 변형시킨 전승가의 관심사와 동기를 파악하는 데까지 나아가야 한다.

앞에서 예로 든 오경 이야기의 아브라함과 사라, 이삭과 리브가의 이야기에서 공통된 주제는 남편이 아내를 누이로 속이는 주제다. 반면에 변한 요소는 실제 이복누이였다는 사실을 밝히거나 밝히지 않은 점, 아내를 빼앗은 이방의 권력자와 아내 사이에 어떠한 일도 벌어지지 않았다고 명시하거나 모호하게 남겨놓는 점 등이다. 전승이 변화된 이유는 믿음의 조상 아브라함의 도덕성과 사라의 순결함을 증명하기 위한 것으로 볼 수 있다. 다음으로 율법의 안식년 규정의 예에서 변하지 않는 주제는 7년법이고, 변한 요소는 농촌과 성읍의 배경, 안식년의 수혜자 등이다.

오늘날 독자들은 성서 전승가들이 자신들이 위치한 전승의 자리에서 하나님의 메시지를 구체화하기 위해 노력을 기울인 사실을 알 수 있다.[24] 역사서와 예언서에서는 골리앗을 죽인 사람의 정체가 다르고, 야곱의 일생에서 기록되지 않은 부분들이 창세기와 호세아에 나타나고, 예후에 대한 평가가 열왕기하와 호세아서에서 다르게 나타난다. 역사 기록이 다른 경우, 역대기가 두 본문 사이에 나타나는 문제점을 해결했고, 후대의 번역본

---

24 버나드 M. 레빈슨, 『신명기와 법 혁신의 해석학』(*Deuteronomy and the Hermeneutics of Legal Innovation*), 이영미 역 (오산: 한신대학교출판부, 2009).

역시 한 인물에 대한 상이한 평가를 종합한 사실을 알 수 있다.

이러한 전승사를 통해 후대의 성서 독자들은 성경이 기록된 문자 배후에 있는 사건을 다각적이고 입체적으로 바라보도록 노력해야 한다는 사실을 알 수 있다.

앞에서 든 예 이외에 또 다른 대표적인 예를 든다면 오경과 예언서에서 서로 다르게 평가하는 광야 전승이다. 출애굽기와 민수기에서 광야는 그 야말로 백성이 하나님께 원망하는 부정적인 장소다.[25] 그러나 예언자 호세아와 예레미야는 광야가 하나님과 이스라엘이 신혼 시절을 보낸 곳으로 평가하고 있다(호 2:14-17; 렘 2:2-4).

이처럼 광야 시대를 신혼 시절로 묘사하는 본문은 오경 어디에서도 발견할 수 없다. 그렇다면 호세아와 예레미야의 평가는 아마도 예언자의 종교적 상상력에서 비롯한 창조적인 역사 해석이거나, 아니면 호세아가 창세기가 보존하고 있지 않은 야곱 전승을 보유한 것처럼, 예언자들이 오경과 다른 광야 전승을 전수 받은 것으로 추정할 수 있다.

3) 구약 주변 세계 문헌과 비교

전승사가 갖는 또 다른 방법론의 특징은 성서 안에서의 전승의 기원과 흐름에 대한 연구를 넘어, 성서의 본문을 구약 주변 세계의 문헌, 곧 구약 주변 세계의 역사, 문학, 법에 견주어 연구하는 점에 있다. 양식사와 전승사가 자료비평을 극복한 점이 바로 구약성경은 늦은 시대에 기록된 것이 아니라 오랜 전승을 담고 있다는 사실을 밝힌 것인데, 이러한 주장을 뒷받침한 것이 바로 구약 주변 세계에 나오는 병행하는 본문들이 있다는 점이다.

---

25 D. Frankel, *The Murmuring Stories of the Priestly School: A Retrieval of Ancient Sacerdotal Lore*, SVT 89(Leiden – Boston – Köln: Brill, 2002).

예를 들어 아브라함이 이복누이와 결혼한 것이라고 말한 창세기 20장의 결혼 풍습은 실제로 누지(Nuzi) 문헌에 나오는 것으로[26] 일부 학자들은 창세기 20장의 본문이 고대의 관습을 반영하는 것으로 주장하기도 한다. 안식년과 희년법도 단지 구약성경에만 나오는 법이 아니라 구약 주변 세계에서 흔하게 발견할 수 있는 법이다.[27]

십계명 또한 수메르의 함무라비 법전이나 이집트의 슈루파크의 가르침과 병행하는 내용을 담고 있다.[28] 따라서 십계명이 구약 주변 세계의 법전이나 교훈과 가지고 있는 공통점과 함께 이 문헌들과 다른 차이점을 파악한다면 십계명이 인류 문명에 대해 가지고 있는 보편성과 함께 구약의 십계명만이 가지고 있는 특수성을 바르게 파악하는 데 도움이 될 것이다.[29]

구약의 법과 이야기가 구약 주변 세계의 문학과 관련이 있다는 사실은 구약성경의 기원이 문헌비평에 따른 판단보다 훨씬 고대에 있다는 점을 밝히는 데에 기여했다. 그러나 구약성경의 연대를 주변 세계에 의존해 입증하려는 태도는 이른바 '바벨-비벨(Babel-Bibel) 논쟁'을 낳게 되었다. 이것은 일종의 범바벨론주의(Pan-Babylonianism)에 대한 논쟁과 비판인데, 이 논쟁은 성경 대부분이 바벨론 포로기와 그 이후에 기록된 것으로 보아 성경의 내용을 바벨론 문화의 관점에서 바라보는 이스라엘 종교사의 태도에 대한 논쟁과 비판이다.[30]

---

26 누지 문서에 대해서는, M. A. Morrison, "Nuzi," ABD 4, 1156-1162; M. P. Maidman, *Nuzi Texts and Their Uses as Historical Evidence*(Atlanta: Society of Biblical Literature, 2010) 등을 보라.
27 김선종, "레위기 25장의 형성: 안식년과 희년의 연속성과 불연속성," 「장신논단」 40 (2011), 96-117.
28 조철수, "계명 5-10계명과 '슈루파크의 가르침,'" 41-70.
29 구약 주변 세계의 문헌을 위해서는 대표적으로 오토 카이저(O. Kaiser) 등이 편집해 현재 9권까지 나온 *Texte aus der Umwelt des Alten Testaments*와 제임스 B. 프리처드 편, 『고대 근동 문학 선집』(*The Ancient Near East: An Anthology of Texts & Pictures*), 강승일 외 역 (서울: CLC, 2016) 등을 참조할 수 있다.
30 범바벨론주의와 범이집트주의를 위해서는 U. Bianchi, *The History of Religions*(Leiden: Brill, 1975), 107-109를 보라.

이러한 신학과 종교의 태도에 맞서 구약 주변 세계의 종교와 구별되는 구약의 종교를 강조하는 신학과 성서 고고학이 나타나게 되었는데, 1950년대의 성서신학 운동이 대표적이다.

4. 십계명의 전승사

구약성경에 최소한 네 번 나오는 십계명 본문을 전승사 방법을 활용해 주석하면, 가르침과 메시지를 보다 입체적으로 파악할 수 있다. 십계명은 단지 오경에만 나올 뿐 아니라, 예언서와 시편을 비롯한 성문서에서도 정신을 찾을 수 있어서 구약성경 전체에서 십계명의 전승사적 흐름을 찾아볼 수 있다.

오경에서 십계명이 출애굽기 20장, 34장, 레위기 19장, 신명기 5장에 나올 때, 벨하우젠(Wellhausen)은 출애굽기 34장에 나오는 십계명 본문이 출애굽기 20장의 본문보다 앞선다고 주장한다.[31] 출애굽기 34장에 나오는 계명은 농경 생활을 배경으로 하고 출애굽기 20장과 달리 바른 제사에 대한 내용을 담고 있는 것으로, 이스라엘 백성의 구체적인 삶에서 거행하는 제사와 관련되어 있다는 점에서 그렇게 해석한다.

그리고 일반적으로 출애굽기 20장의 십계명이 신명기 5장이 제시하는 십계명보다 이른 시대를 반영하는 것으로 보인다. 특별히 열째 계명에서 출애굽기에서 이웃의 아내가 이웃의 집 뒤에 놓여 있는 것을 신명기가 뒤바꾼다는 점에서 후대에 고양된 여성에 대한 인권 사상이 반영된 것으로 볼 수 있다(신 21:10-14; 22:13-19; 24:1-5; 25:2-10 등).[32] 법이 기록되고 활용되는 시대의 변화에 따라 법의 전승이 변화하는 것을 살펴볼 수 있다.

---

[31] 김이곤, 『출애굽기의 신학』(서울: 한국신학연구소, 2000), 209.
[32] 에드워드 J. 우드, 『신명기』(*Deuteronomy*), 틴데일 구약주석 시리즈 5, 김정훈 역 (서울: CLC, 2016), 172.

그러나 전체적인 법전의 순서와 각 구절의 전승사는 구분해 별개로 분석해야 한다. 예를 들어 출애굽기의 안식일 규정에는 창조와 관련된 제사장 신학이 반영되고 있는 점에서 그러하다.[33] 일반적인 문헌 가설에 따르면, 제사장 법전의 창조에 관한 본문은 신명기의 안식일 규정에 나오는 이스라엘을 해방하신 하나님에 대한 진술보다 후대를 반영하는 것으로 여긴다.

십계명은 특별히 호세아와 예레미야에도 가르침이 나타나는데(호 4:2; 렘 7:9), 예언자들은 백성들의 비윤리적인 삶의 태도를 공격하고 회개를 요청하기 위해 십계명을 언급한다. 역사비평가들은 일반적으로 이들 예언자 시대에 십계명이 기록된 법 문서로 존재했는가에 대해서는 의심하지만, 십계명의 윤리적 가르침이 백성들에게 일반적인 윤리적 척도로서의 가르침이었을 것을 쉽게 예상할 수 있다. 십계명의 가르침은 단지 구약성경뿐 아니라 구약 주변 세계의 율법에서도 그에 상응하는 법과 가르침을 발견할 수 있는데, 함무라비 법전과 슈루파크의 가르침 등이 그러하다.

법의 내용의 측면에서만 아니라 십계명이 오경에서 차지하는 신학과 문학의 위치 또한 구약 주변 세계의 조약문서에 비추어 이해할 수 있다.[34] 십계명은 이스라엘 백성이 하나님의 인도 아래 이집트에서 해방을 얻어 새로운 백성으로서의 삶의 가르침으로서의 의미를 가지고 있는데, 이것은 하나님과 백성의 계약 체결에서 백성이 지켜야 할 조항의 형식을 띠고 있다. 이러한 점에서 십계명은 아래와 같이 고대 히타이트 조약과 앗수르의 에살핫돈 조약에 견주어 이해할 수 있다.

첫째, 구약 주변 세계의 조약문서에 나오는 서문처럼 십계명은 계약을 맺는 주체로서 하나님을 이스라엘의 야웨 하나님으로 밝힌다.

---

33 노희원, 『최근의 십계명 연구』, 46.
34 노희원, 『최근의 십계명 연구』, 6.

둘째, 역사 배경으로서 십계명의 서문에서 하나님이 이스라엘 백성을 이집트의 노예에서 해방해 주신 은총의 역사를 서술한다.

셋째, 조약 규정으로서 십계명의 첫째부터 열째까지의 말씀이 하나님의 은총과 해방을 맛본 하나님의 백성이 보답으로서 지켜야 할 행동 규정이다.

넷째, 상벌 규정이 나오는데, 삼사 대에 걸친 징벌과 천 대에 걸친 하나님의 은혜가 여기에 해당한다.

다섯째, 조약문을 보관하고 정기적으로 낭독해야 하는데—비록 십계명 본문에는 이 사항이 나오지 않지만—십계명 돌판을 궤 속에 넣고(출 25:16), 칠 년마다 율법서를 읽게 한다(신 31:10-13).[35]

이스라엘의 정치 지도자들과 역사가들이 자신을 둘러싼 강대국인 히타이트나 앗수르나 바벨론의 외교 조약을 제대로 숙지하고 있었을 것을 예상할 수 있다. 그러나 그들은 그러한 외교 조약을 그대로 답습하지 않았다. 이스라엘 백성에게 주군은 주변 제국의 제왕이 아니었다. 이스라엘의 참되고 유일하신 주군은 야웨 하나님이시라는 고백을 십계명을 비롯한 법전에서 분명하게 선언하고 있다.

5. 평가

전승사의 약점은 무엇보다 구두 전승과 문서 전승의 발전 단계를 구별하기 어렵다는 점이다. 또한, 기록 이전의 구두 전승 단계를 입증하기 어렵다는 점에도 한계가 있고, 구약성경이나 구약 주변 세계 문헌에서 병행 본문이 나타나지 않는 경우 전승사를 추적하기 쉽지 않다는 약점을 가지고 있다.

---

35 더 자세한 내용을 위해서는 권오현, 『십계명 연구』, 105-108을 보라.

그러나 전승사는 이스라엘 백성이 이해한 자신들의 역사와 신학을 파악하게 하는 데 도움을 준다. 성경 안에 여러 전승이 있고 하나의 종교 전승에 대한 다른 전승이 존재할 경우에, 그러한 전승의 차이는 전승가들이 자신들의 역사에 대해 가지고 있는 비판과 반성을 드러내는 점에서 이스라엘의 역사를 입체적으로 파악하는 데 도움을 준다. 이것은 십계명 연구에서도 마찬가지다.

제4장

편집사와 십계명

편집사 또는 편집비평(Redaktionsgeschichte, Redaction Criticism)은 성경을 마지막으로 편집한 최종 편집자(final redactor)의 편집 흔적을 간파해 그의 신학 의도를 파악하는 해석 방법이다.

최종 편집자가 수행한 기능에 대해 주석가들은 보통 두 가지로 이해한다.

첫째, 전통적인 입장에 서 있는 주석가들은 최종 편집자를 자신이 전해 받은 자료를 수집해 모아 놓은 사람을 가리키는 것으로 정의한다. 이러한 측면에서는 편집자의 역할을 소극적으로 평가한다.

둘째, 반면에 최근에는 최종 편집자를 단지 이전의 자료와 전승을 전해 받은 사람이 아니라 전해 받은 자료를 수정하고 정리해 배열한 창조자로 여긴다. 이렇게 이해할 경우에 최종 편집자는 최종 본문의 신학 방향에 큰 영향을 끼친 사람으로 평가할 수 있다.

1. 편집사의 전제

편집사의 주석 방법은 다음과 같은 전제를 가지고 있다.

첫째, 성서 본문이 성장하는 역사 가운데 계속된 개정이 있다는 것이다. 이것은 역사비평의 일반적인 가설로서 본문은 처음부터 현재의 모습을 갖춘 것이 아니라 원시적인 형태에서 공동체의 신학에 따라 서서히 최종 모습을 갖추게 되었다는 전제다.

둘째, 이러한 편집의 역사에는 복잡하고 정교한 다시 쓰기(rewriting) 작업이 존재하고 있다는 전제다. 이러한 과정은 편집자가 전수한 본문을 편집자가 처하고 있는 새로운 사회와 종교 상황에 접합시키기 위한 데에서 나온다.

셋째, 이러한 편집자는 자료비평이 뜻하는 저자와는 다른 개념으로서의 저자를 가리킨다는 전제다. 기존의 저자 개념은 본문을 기록한 주체로서, 또한 개인으로서의 저자에 관심을 기울인다면, 편집자는 이전의 자료를 수집하고 편집한 사람으로서 새로운 의미의 저자를 뜻한다.

넷째, 이러한 점에서 자료비평이 문서의 자료층, 양식사는 전승 과정의 초기, 전승사는 최초 양식과 최종 편집 사이의 발전 과정에 집중하고, 편집사는 본문의 최종 형태에 관심을 기울인다는 전제다.

2. 편집사의 배경

편집사 연구가 시작하게 된 데에는 다음과 같은 배경이 있다.

첫째, 자료비평과 양식비평이 성서 본문을 지나치게 원자적으로 분석한 연구가 낳은 문제다. 이러한 입장과 달리 편집사는 성경의 최종 본문 형태에 관심을 기울임으로써 본문을 전체적이고 종합적으로 바라보게 한다.

둘째, 오래되어 본래적으로 여겨진 본문만 중요시하던 자료비평과 양식비평의 태도에 반대해 편집사는 최종 본문(final text)과 최종 본문의 형성과 형태에 관심을 가지게 되었다. 이러한 성경의 최종 본문이야말로 오늘날 독자들이 지니고 있는 본문이라는 점에서 과거와 현재 본문의 접점이 된다.

이러한 편집사를 사경, 오경, 육경 연구에 적용하면, 폰 라트(G. von Rad)는 육경의 최종 편집자가 J가 기본틀을 형성한 작은 역사 신조와 E, D, P

전승을 결합했다고 주장하였고, 반면에 노트는 P 기자가 다섯 주제를 묶고 편집했다고 주장했다.[1]

그런데 이러한 편집사의 기원은 신약 복음서 형성에 대한 막센(W. Marxen)의 '마가 가설'(1956년, 독일어 초판)에 있다. 막센에 따르면 최초의 복음서는 가장 짧은 복음서인 마가복음이고, 마가복음에 기초해 마태복음과 누가복음이 예수님의 어록 자료(Q)를 추가했고, 마지막으로 가장 신학적인 복음서인 요한복음이 기록되었다는 것이다.[2] 사복음서의 대조를 통해 오늘날 독자들은 복음서의 개정과 다시 쓰기 작업을 확인할 수 있다.

3. 편집 요소와 기술

구약성경에는 편집자들이 성경을 배열하고 편집한 기술이 나타나는데, 편집자들은 성경을 임의대로 편집한 것이 아니라, 일정한 법칙과 편집 요소에 따라 성경을 편집한 것을 확인할 수 있다.

첫째, 편집자들은 연결 구절을 가지고 본문을 편집한다.

대표적으로 학개에서 '다리오 왕 이년'이라는 표현이 학개의 예언을 하나로 연결해 편집하고 있음을 알 수 있다(학 1:1-15; 2:1-9, 10-19; 2:20-23). 독자는 이러한 연결 구절을 통해 학개의 짜임새를 구분할 수 있다.

둘째, 해석적 첨가(창 6:5-8+8:20-22; 전 12:13-14)와 해설(삼상 9:9)의 편집 요소가 있다.

창세기 6:5-8과 8:20-22은 각각 노아의 홍수 사건이 일어날 수밖에 없는 이유와 하나님이 다시는 생물을 멸하지 않으시겠다고 말씀하신 이유를 최종 편집자가 설명한다.

---

1 제3장의 각주 10과 11을 보라.
2 Willi Marxsen, *Mark the Evangelist: Studies on the Redaction History of the Gospel*(Nashville: Abingdon Press, 1969).

다음으로 전도서 12:13-14은 분명한 해석적 첨가임을 알 수 있다. 왜냐하면, 이미 전도서 12:12에서 전도서의 모든 말이 다 끝난 것으로 보이기 때문이다. 새번역이 이러한 사실을 제대로 반영해 번역한다.

> ¹³할 말은 다 하였다. 결론은 이것이다. 하나님을 두려워하여라. 그분이 주신 계명을 지켜라. 이것이 바로 사람이 해야 할 의무다. ¹⁴하나님은 모든 행위를 심판하신다. 선한 것이든 악한 것이든 모든 은밀한 일을 다 심판하신다(전 12:13-14, 새번역).

계속해서 사무엘상 9:9은 최종 편집자의 해설에 해당한다. 개역개정과 새번역은 아예 이 본문을 괄호 안에 넣음으로써 후대의 편집 구문임을 보여준다.

> ⁹(옛적에 이스라엘에서 사람들이 하나님께 물으려고 할 때에는, 선견자에게 가자고 말하였다. 오늘날 우리가 '예언자'라고 하는 이들을 옛적에는 '선견자'라고 불렀다.)

이 구절에 따르면 최종 편집자 시대에 이스라엘 사람들이 '예언자'(נָבִיא)라고 부르는 사람을 사울과 다윗 시대에는 '선견자'(רֹאֶה)라고 불렀다는 것이다. 따라서 비록 본문이 당시 사용되던 낱말인 '선견자'라는 말을 사용하고 있지만, 최종 편집자 당시 이 낱말을 모르는 사람들을 위해 해설 구문을 첨가하고 있는 것이다. 사무엘상 9:9 본문은 사건 당시와 기록 당시의 간격을 보여주는 중요한 본문이다.

셋째, 명백하게 삽입된 편집 요소를 발견할 수 있다.

예를 들어 예언서에서 편집된 표제들로서 이사야 1:1과 2:1, 예레미야 1:1을 들 수 있다. 이사야 1:1과 2:1을 견주어 보자.

> 유다 왕 웃시야와 요담과 아하스와 히스기야 시대에 아모스의 아들 이사야가 유다와 예루살렘에 관하여 본 계시라(사 1:1).

> 아모스의 아들 이사야가 받은 바 유다와 예루살렘에 관한 말씀이라(사 2:1).

여기에서 보면 이사야 2:1에 이사야의 표제가 나오는데, 얼핏 보기에는 이미 1:1에서 표제가 나오기 때문에 불필요해 보인다.[3] 이처럼 서로 다른 표제가 나타나는 것은 기원전 8세기 이사야 당시에 독립적으로 존재하던 단락들을 함께 묶기 위한 최종 편집자의 편집 기법으로 볼 수 있다.[4]

넷째, 원래 자료에 변화를 주는 편집 요소로서, 이사야 16:13-14의 예를 들 수 있다.

이사야 16:1-12에서 이사야는 모압을 위해 탄식하시는 하나님의 말씀을 전하고 있다. 그런데 16장 마지막에 부가된 13-14절은 이러한 이전 예언을 반대로 뒤바꾸고 있다. 이것은 모압에 대한 이스라엘 백성이나 예언자의 시각이 시대에 따라 바뀐 사실을 보여준다.

> [13]이것이 전에 주님께서 모압을 두고 하신 말씀이다. [14]그러나 이제 주님께서 다시 이렇게 말씀하신다. 삼 년 기한으로 머슴살이를 하게 된 머슴이 그 햇수를 세듯이, 이제 내가 삼 년을 센다. 삼 년 안에 모압의 영화가 그 큰 무리와 함께 모두 능욕을 당할 것이며, 남은 사람이라야 얼마 되지 않아, 보잘 것이 없을 것이다(사 16:13-14, 새번역).

---

3 J. D. H. Watts, *Isaiah 1-33*, WBC 24(Waco: Word Books, 1985), 28.
4 H. Wildberger, *Isaiah 1-12: A Commentary*, trans. T. H. Trapp(Minneapolis: Fortress Press, 1991), 87.

다섯째, 본문을 배열하는 편집 기술이다.

신명기 역사서 가운데 특별히 사사기를 보면, 이스라엘 백성의 죄, 하나님의 심판으로서 이방 민족의 억압, 백성의 회개로서 부르짖음, 부르짖음에 대한 하나님의 응답으로서 구원이라는 흐름이 사사기의 대부분 본문에 흐른다. 대표적으로 사사기 2:11-19의 예를 들 수 있다. 이에 비해 사사기 13-16장에 있는 삼손 이야기의 경우에는 이야기가 확대되면서 이러한 전형적인 흐름의 틀을 벗어나고 있는 사실을 확인할 수 있다.

예언서의 경우에는 일반적으로 이스라엘 백성에 대한 심판 선언 다음에 고난에 빠진 백성에게 구원을 신탁하는 내용이 뒤따른다. 그리고 이스라엘 백성의 구원 신탁 앞에는 보통 이방에 대한 심판 선언이 나오는데, 이를 원묵시문학 구조라고 한다(schéma protoapocalyptique). 예를 들어 에스겔 1-24장에는 이스라엘 백성에 대한 심판 선언이 나오고, 에스겔 33-39장에는 구원 신탁이 나오는데, 그 사이 에스겔 25-32장에는 이방에 대한 심판 선언을 삽입함으로써, 이스라엘을 구원하기 위해서는 그 이전에 반드시 이방을 심판해야 한다는 도식을 드러낸다.

여섯째, 재연(Wiederaufnahme) 기법이다.

출애굽기 6:10-13과 6:26-30, 레위기 7:16-18과 19:5-8, 신명기 27:2, 4, 27:3, 8 등에서 발견할 수 있는 편집 기술이다. 여기에서는 레위기 7:16-18과 레위기 19:5-8의 예를 보자.

레위기 7:16-18(제사장 문서 [P])	레위기 19:5-8(성결법전 [H])
¹⁶그러나 그의 예물의 제물이 서원이나 자원하는 것이면 그 제물을 드린 날에 먹을 것이요 그 남은 것은 이튿날에도 먹되 ¹⁷그 제물의 고기가 셋째 날까지 남았으면 불사를지니 ¹⁸만일 그 화목제물의 고기를 셋째 날에 조금이라도 먹으면 그 제사는 기쁘게 받아들여지지 않을 것이라 드린 자에게도 예물답게 되지 못하고 도리어 가증한 것이 될 것이며 그것을 먹는 자는 그 죄를 짊어지리라	⁵너희는 화목제물을 여호와께 드릴 때에 기쁘게 받으시도록 드리고 ⁶그 제물은 드리는 날과 이튿날에 먹고 셋째 날까지 남았거든 불사르라 ⁷셋째 날에 조금이라도 먹으면 가증한 것이 되어 기쁘게 받으심이 되지 못하고 ⁸그것을 먹는 자는 여호와의 성물을 더럽힘으로 말미암아 죄를 담당하리니 그가 그의 백성 중에서 끊어지리라

성결법전(레 17-26장)에 속한 레위기 19:5-8은 제사장 문서(P)에 있는 레위기 7:16-18의 화목제 규정을 거의 그대로 복사해 붙인다.

성결법전 저자는 왜 앞에 있는 규정을, 특히 다섯 제사 규정 가운데 특별히 화목제 규정을 레위기 19장에서 그대로 사용하고 있는가?

이것은 레위기 19장이 지니고 있는 신학의 메시지의 차원에서 살펴볼 수 있다. 레위기 19장은 십계명, 이웃 사랑, 장애인 보호, 부모 경외, 어르신 존중 등에 대한 가르침을 담고 있다. 이러한 차원에서 레위기 19:5-8은 가족과 이웃이 함께 제물을 나누어 먹는 화목제의 규정을 소개하고, 특별히 그 규정 가운데에서도 남은 제물을 다 소비하라는 규정을 가져옴으로써, 결국 모든 잉여 제물을 이웃과 함께 나누어 먹으라는 분배의 가치를 전해 준다.

이러한 점에서 레위기 7:16-18이 다섯 가지 제사법을 병렬적으로 소개하고 있다면, 레위기 19장에서는 특별히 화목제 규정을 사회의 약자를 사랑하고 보호하는 맥락에서 인용함으로써, 잉여 자산에 대한 분배의 가치를 더욱 강조하는 기능을 한다.[5]

4. 편집사의 예

이 단락에서는 편집사 방법의 구체적인 예를 듦으로써 오늘날 독자들이 성경을 편집사의 관점을 볼 때 어떠한 해석상의 유익을 얻을 수 있는지에 대해 살펴보겠다. 구약성경이 구성된 4분법에 따라, 오경, 역사서, 시가서, 예언서의 예를 들어보자.

---

[5] 강은희, "레위 19,5-8: 거룩함의 역설," 「신학전망」 184 (2014), 2-32; 김선종, "하나님과 사람과 땅의 교향악: 성결법전의 신학과 설교," 「Canon & Culture」 13 (2019), 177-203.

첫째, 레위기와 민수기에 대한 제사장의 편집을 들 수 있다.

레위기와 민수기 각각의 책의 첫 구절(레 1:1; 민 1:1)과 마지막 구절(레 27:34; 민 36:13)을 보면 거의 같은 내용으로 이뤄져 있다.

여호와께서 회막에서 모세를 부르시고 그에게 **말씀하여 이르시되**(레 1:1).

이스라엘 자손이 애굽 땅에서 나온 후 둘째 해 둘째 달 첫째 날에 **여호와께서** 시내 광야 **회막에서 모세에게 말씀하여 이르시되**(민 1:1).

이것은 여호와께서 시내 산에서 **이스라엘 자손을 위하여 모세에게 명령하신 계명**이니라(레 27:34).

이는 여리고 맞은편 요단 가 모압 평지에서 **여호와께서 모세를 통하여 이스라엘 자손에게 명령하신 계명**과 규례니라(민 36:13).

이것은 제사장 계열의 편집자가 오경, 특별히 시내 산 단락(출 19장-민 10장) 안에서 비록 레위기와 민수기가 같은 신학의 경향을 가지고 있지만, 독자들이 이 두 개의 책을 별개의 책으로 읽게 만들기 위한 편집 장치를 마련한 것으로 이해할 수 있다. 이것은 민수기 마지막 구절과 신명기 첫 구절도 마찬가지다(민 36:13; 신 1:1).

이 글에서 다루는 십계명의 경우 최근의 많은 학자는 포로기의 신명기 편집자가 출애굽기 20장을 현재의 위치에 놓은 것으로 본다.[6] 우상 제작과 숭배를 금지하는 십계명의 둘째 계명에 나오는 '새긴 우상'(פסל)과 '형

---

6 대표적으로 E. W. Nicholson, "The Decalogue as the Direct Address of God," *VT* 27 (1977), 422-433.

상'(תְּמוּנָה)이라는 낱말이 함께 나오는 곳은 신명기가 유일한 것도 이러한 가설을 설득력 있게 한다(신 4:16, 23, 25).[7]

둘째, 이른바 신명기 역사서(DH: Deuteronomistic History)에 대한 편집이다.

노트의 가설에 따르면, 신명기는 오경의 결론이 아니라 신명기 역사서의 서론 노릇을 한다.[8] 따라서 노트는 창세기에서 민수기까지를 사경(Tetrateuch)이라는 큰 덩어리로 묶는다. 신명기는 여호수아, 사사기, 사무엘상하, 열왕기상하로 이뤄진 역사서의 머리글로서 신명기 역사서의 사관을 형성한다는 것이 그의 가설이다. 신명기가 제시하는 가장 기본적인 신학은 두 가지 길의 신학으로서 하나님께 순종하면 복을 받고, 하나님께 불순종하면 벌을 받는다는 행위 화복 관계, 인과응보 사상에 기초한 신학이다. 인생과 역사에는 복과 화라는 두 가지 길밖에 없다는 것이다(신 28장; 30:15-19).

> [15]보라 내가 오늘 **생명과 복과 사망과 화**를 네 앞에 두었나니 [16]곧 내가 오늘 네게 명령하여 네 하나님 여호와를 사랑하고 그 모든 길로 행하며 그의 명령과 규례와 법도를 지키라 하는 것이라 그리하면 네가 생존하며 번성할 것이요 또 네 하나님 여호와께서 네가 가서 차지할 땅에서 네게 복을 주실 것임이니라 [17]그러나 네가 만일 마음을 돌이켜 듣지 아니하고 유혹을 받아 다른 신들에게 절하고 그를 섬기면 [18]내가 오늘 너희에게 선언하노니 너희가 반드시 망할 것이라 너희가 요단을 건너가서 차지할 땅에서 너희의 날이 길지 못할 것이니라 [19]내가 오늘 하늘과 땅을 불러 너희에게 증거를 삼노라 내가 **생명과 사망과 복과 저주**를 네 앞에 두었은즉 너와 네 자손이 살기 위하여 생명을 택하고(신 30:15-19).

---

7 J. Blenkinnsopp, *The Pentateuch: An Introduction to the First Five Books of the Bible* (New York: Doubleday, 1992), 207.

8 M. Noth, *The Deuteronomistic History*, JSOTS 15 (Sheffield: JSOT Press, 1991).

이러한 신명기의 사관에 따라 신명기 역사서는 이스라엘 백성이 하나님의 은총으로 이집트에서 해방을 얻고 하나님이 약속하신 가나안 땅에 들어갔지만, 시간이 지나며 하나님을 떠나 이방의 신을 섬기게 된 불순종을 저질러, 바벨론 제국에 멸망하게 되었다는 역사 서술을 한다는 것이 노트의 가설이다. 오늘날 노트의 가설이 많은 비판을 받는 것이 사실이고, 역사서 구성에 대한 여러 가설이 존재하지만 신명기 역사서와 역대기 역사서의 편집에 대한 가설의 초석을 놓은 것은 부인할 수 없다.

셋째, 신명기 역사서에 대한 역대기 역사서의 편집과 에스라-느헤미야서에 대한 역대기 역사서의 편집이다.

비록 역대상하만이 가지고 있는 사료가 있고, 또 신명기 역사서보다 본래적인 자료가 역대상하에 있는 것도 사실이지만, 일반적으로 역대기 역사가가 신명기 역사서를 사료로 가지고 있었던 것으로 보인다.[9]

신명기 역사서에 대한 역대기 역사서의 편집은 편집사에서 전형적인 편집 과정을 보여준다.[10] 서로 다른 전승이 존재하고, 후대의 전승이 앞의 전승을 알고 있는 경우 첨가, 삭제, 개정의 과정이 나타난다. 대표적인 첨가의 경우 역대기 역사서가 신명기 역사서에 없는 자료를 추가하는 경우로, 역대기 역사서는 포로기 이후 예배 공동체로서의 이스라엘을 부각시키기 위해 노력한다. 역대상 25장에 나타나는 찬양대, 역대상 22-29장에서 성전 예배와 성전 건축을 준비하는 것을 묘사하는 본문은 신명기 역사서에는 나오지 않는다.

최종 편집자가 자신이 가지고 있던 사료를 삭제하는 이유는 자신의 신학에 적합하지 않거나 부담 되는 내용을 지우고 싶은 경우다. 역대기 역사

---

9 신명기 역사서와 역대기 역사서의 병행 본문을 위해서는 이종록, 『사무엘. 열왕기와 역대기 본문대조』(서울: 한국장로교출판사, 1995); 황선우, 『역대기 평행본문 대조집』(서울: CLC, 2012)을 보라.
10 김영진, "역대기 사가의 역사 기술방식," 「신학논단」 43 (2006), 7-32; 김윤이, "역대기 역사서의 편집층 연구," 「구약논단」 22 (2006), 80-97.

서는 바벨론 포로지에서 귀환한 이스라엘 백성에게 제의 공동체로서의 청사진을 제공하려는 것을 목적으로 하고 있고, 다윗과 솔로몬이 이스라엘 역사에서 이러한 제의 공동체의 이상을 실현한 임금으로 여긴다. 따라서 신명기 역사서에 나타나는 다윗의 어두운 면은 삭제하는데, 다윗이 밧세바와 간음을 한 사건과 사울의 박해로 도망 다니는 다윗의 모습은 보도하지 않는다.

또한, 역대기 역사서는 원자료로서의 신명기 역사서를 자신의 신학에 따라 재배열하는 개정 작업을 한다. 대표적으로 사무엘하에서는 다윗이 블레셋에 승리한 다음에(삼하 5장) 언약궤를 다윗성으로 옮기는 것(삼하 6장)으로 서술하지만, 역대상에서는 다윗이 언약궤를 옮긴 뒤(대상 13장)에 블레셋에 승리했다고 사건의 순서를 뒤바꾼다(대상 14장). 신명기 역사서가 실제 사건을 서술하는 데 관심을 기울이는 반면, 역대기 역사서는 다윗이 신앙적으로 훌륭한 일을 했기 때문에 하나님이 전쟁에서 승리하게 하셨다는 신학 해설을 가한 것으로 이해할 수 있다.

역대기 역사서와 에스라서에 두 번 반복되는 고레스의 칙령(대하 36:22-23; 스 1:1-4)에도 편집 과정이 작용된 것으로 보인다. 기독교의 성경에서는 역대상하 다음에 에스라-느헤미야가 나오지만, 본래 히브리 성서에는 역대상하가 가장 마지막 책이다.

아래에서 살펴보겠지만, 이것은 구약성경의 배열에도 편집자의 신학이 작용한 것으로서 히브리 성서의 3분법에 따르면 역대상하는 아마도 구약성경의 정경화 과정의 마지막 단계에서 구약의 가장 마지막 위치에 놓이게 된 것으로 보인다. 바벨론 포로기 이후 페르시아 시대라는 늦은 시대에 기록되었고, 신명기 역사와 중복되는 내용이 많아 가장 마지막에 위치하게 된 것이다. 그러나 기원전 3세기경부터 번역되기 시작된 70인역에서는 역대상하를 역사서로 인식해 열왕기상하 다음에 놓게 되었다.

따라서 기독교 성경의 순서에 따르면 마치 에스라 1:1-4이 역대하 36:22-23에 있는 고레스 칙령을 다시 반복한 것으로 보이지만, 사실 히브리 성서의 마지막 책인 역대하가 고레스 칙령을 성경의 가장 마지막에 배열함으로써 구약성경을 희망으로 마치게 하는 편집 의도를 나타낸다.

이러한 편집 작업은 지혜서에 해당하는 잠언 25:1에 분명하게 나타난다. 이 구절은 '이것도 솔로몬의 잠언이요 유다 왕 히스기야의 신하들이 편집(עתק, ἐκγράφω)한 것이니라'고 말함으로써 후대의 임금이 선왕의 지혜의 가르침을 편집한 사실을 분명하게 보여준다.

예언서에서도 편집 작업을 찾아볼 수 있다. 대표적으로 예레미야서에 대한 신명기 사가의 편집이다.[11] 예레미야 52장과 열왕기하 25장은 거의 같은 내용으로 이뤄져 있는 것은 두 책 사이의 깊은 관련성을 보여준다.

예레미야 36장과 37장은 각각 말씀의 수난과 예언자의 수난이라는 주제를 보여준다. 예레미야 36장에서 엘리야김 임금은 신하들이 가져온 말씀의 두루마리를 한 장 한 장 찢어 화로에 불태운다. 37장과 38장은 예언자 예레미야가 웅덩이와 구덩이에 갇히게 된 사실을 보도함으로써 예레미야의 수난을 보여준다. 이것은 곧 말씀의 운명과 예언자의 운명이 같다는 것으로, 이러한 교훈은 편집자의 성경 배열에 따라 얻을 수 있는 편집사에 따른 교훈이다.[12]

호세아 1:1은 예언자 호세아의 활동과 상관없는 시대의 배경을 보여준다. 기원전 8세기 여로보암 시대(786-746년)에 북이스라엘에서 활동한 호세아의 표제에 남유다의 임금 웃시야, 요담, 아하스, 히스기야를 언급하는 것이 이상하다. 그런데 더 이해하기 힘든 점은 여로보암보다 후대 임금인 히스기야(715-687년) 임금을 언급한다는 점이다. 이것은 북이스라엘에서 활동하고 하나님의 말씀을 선포한 예언자 호세아의 가르침을 북이스라엘이 멸망한

---

11 W. Thiel, *Die deuteronomistische Redaktion von Jeremia 1-25*, WMANT 41(Neukirchen-Vluyn: Neukirchener Verlag, 1973); W. Thiel, *Die deuteronomistische Redaktion von Jeremia 26-45*, WMANT 52(Neukirchen-Vluyn: Neukirchener Verlag, 1981); M. Weinfeld, *Deuteronomy and the Deuteronomic School*(Oxford: Clarendon Press, 1983).

12 김선종, "예언자와 목회자," 79-81.

다음에 남유다에서도 자신들의 교훈으로 받아들이고, 남유다 임금 히스기야 시대에 호세아의 신탁을 편집한 것으로 이해할 수 있다.

이러한 편집 과정은 구약성경 전체에도 나타난다. 히브리 성경의 구성은 오경, 예언서, 성문서로 이뤄지는데, 우리말 '율법'에 해당하는 히브리 낱말 '토라'가 오경 전체에 해당하고, 예언서의 처음과 마지막에 나타나며, 성문서의 처음에 나타남으로써 아래의 표에서 볼 수 있는 것처럼 히브리 성서 전체의 얼개를 이루고 있다. 기원전 3세기경부터 번역되기 시작한 70인역 성경은 과거(오경, 역사서), 현재(시가서), 미래(예언서)의 관점에 따라 히브리 성서를 재구성하고 있으며, 이러한 구약성경의 4분법은 신약성경의 짜임새의 모델로서 작용하고 있는 것으로 볼 수 있다.[13]

5. 평가

편집사의 방법은 이전의 자료비평, 양식사, 전승사와 달리 최종 본문을 중요시함으로써 공시적 방법의 길을 열어 놓았다. 이전의 역사비평 방법이 성서 본문을 원자적으로 분석하는 것에 주된 관심을 기울여 성서 본문을 세분화해 고찰한다면, 편집사는 최종 본문의 전체적인 윤곽을 보게 한 장점이 있다. 그러나 편집의 대상이 된 대본(Vorlage)이나 병행 본문이 없을 경우 편집사를 재구성하기 어려운 한계를 가지고 있다.

아래에서는 이러한 편집사의 방법을 활용해 십계명의 가르침을 살펴보게 될 것이다. 연구의 대상은 2인칭 단수와 복수의 문제, 출애굽기 20장과 신명기 5장이 각각 계약 법전과 신명기법전에서 차지하는 자리,[14] 하나님이 세상을 창조하시고 백성을 구원하셨기 때문에 안식일을 지켜야 한다는

---

[13] 김선종, "말라기의 마지막 부분에 나타난 모세와 엘리야,"「장신논단」45 (2013), 13-35.
[14] W. H. C. Propp, *Exodus 19-40*, AB 2A(New York: Doubleday, 2006), 305-308.

안식일 준수에 대한 부가절과 부모를 공경하면 땅에서 장수하리라는 동기절 등의 편집 구문 등이 편집사의 관점에서 십계명을 고찰하는 방식에 해당한다.[15]

유대교 성경(히브리어 성경)			기독교 성경(70인역의 책 배열을 따름)		
율법서		예언자 모세 (신 34:10)	율법서	예언자 모세 (신 34:10)	구약
예언서	전기	'모세가 네게 명령한 모든 율법'(수 1:7) '율법책'(수 1:8)	역사서	'모세가 네게 명령한 모든 율법'(수 1:7) '율법책'(수 1:8)	
			시문서	'야훼의 율법'(시 1:2)	
	후기	너희가 기억할 모세의 율법, 너희에게 보낼 예언자 엘리야 (말 3:22-24[4:4-6])	예언서	너희가 기억할 모세의 율법, 너희에게 보낼 예언자 엘리야 (말 3:22-24[4:4-6])	
성문서		'야훼의 율법'(시 1:2)			
			복음서	새 일리야인 세례자 요한 (마 11:13-14 등), 변화산 위의 모세와 엘리야(마 17:2 등)	신약
			사도행전		
			서신서		
			요한계시록	"내가 진실로 속히 오리라" (계 22:20).	

---

15 노희원, "십계명의 편집사적 연구," 「구약논단」 1 (1995), 111-153.

제5장

십계명의 특징

1. 형벌 조항 결여

십계명이 단지 율법이나 계명이 아니라 넓은 의미에서 가르침의 뜻을 가지고 있다는 사실을 이미 앞에서 살펴보았다. 법을 어길 때 부가하는 형벌 조항을 수반하지 않는 법은 사실상 법의 기능을 할 수 없다. 구약성경의 십계명도 형벌 조항을 가지고 있지 않은데, 이러한 차원에서 십계명을 단지 율법으로 보기는 어렵다.

물론 십계명을 어긴다고 해서 처벌을 받지 않는 것은 아니다. 십계명을 담고 있는 본문 이외에 분명하게 처벌 조항이 나와 있다. 특히 십계명을 어길 때는 사형을 요구한다. 사형에 처할 죄목은 아래와 같다.[1]

① 우상 숭배(출 22:20; 레 20:1-5; 신 17:2-7)
② 무당(출 22:18)
③ 점치며 이적을 행함(레 20:27)
④ 다른 신을 좇게 하는 사람(신 13:1-5; 18:20)
⑤ 하나님의 이름을 모독(레 24:14-16, 23)
⑥ 안식일(출 31:14; 민 15:32-36)

---

1 김창대, "구약윤리 방법론 모색을 위한 사례연구: 사형 제도," 「구약논단」 41 (2011), 119.

⑦ 부모를 치거나 저주하는 죄(출 21:15, 17)

⑧ 살인(창 9:6; 출 21:12; 레 24:17-22; 민 35:16-21)

⑨ 간음(레 20:10-12; 신 22:20-25)

⑩ 제사장 딸의 음행(레 21:9)

⑪ 수간(출 22:19)

⑫ 근친상간(레 20:11-12, 14, 19-21)

⑬ 동성애(레 20:13)

⑭ 거짓 증거(신 19:16)

⑮ 법정 모독(신 17:8-13)

⑯ 사람 납치(출 21:16)

문제는 성경의 이야기 본문에서 십계명을 어긴 경우에 율법이 명한 대로 처벌을 하지 않은 경우가 많이 나온다는 점이다. 다윗은 밧세바와 간음하고 그의 남편 우리아를 죽였지만, 사형 당하지 않는다. 요한복음 8:1-11에서도 현장에서 간음하다 잡힌 여성을 예수님은 그냥 보내주신다. 따라서 비록 십계명을 어길 경우에 처벌 조항이 율법 본문에 있다고 할지라도, 이러한 처벌이 문자 그대로 실행되었다고 보기 어렵다. 사형 언도의 경우에, 구형 자체보다는 반드시 죽음으로 심판을 받게 될 것이라는 데 역점이 있는 것으로 보인다.[2]

십계명에 없는 처벌 조항이 율법에 나타나는 경우도 있고, 이야기에 나오는 경우도 있다. 예를 들어 안식일을 어긴 경우 돌로 쳐죽여야 한다는 이야기다(민 15:32-36).

---

2 오민수, "오경의 간음 금지 규례로 살펴 본 여성권과 그 사회-역사적 의의," 「구약논단」 74 (2019), 175.

> ³²이스라엘 자손이 광야에 거류할 때에 안식일에 어떤 사람이 나무하는 것을 발견한지라 ³³그 나무하는 자를 발견한 자들이 그를 모세와 아론과 온 회중 앞으로 끌어왔으나 ³⁴**어떻게 처치할는지 지시하심을 받지 못한 고로** 가두었더니 ³⁵여호와께서 모세에게 이르시되 그 사람을 반드시 죽일지니 온 회중이 진영 밖에서 돌로 그를 칠지니라 ³⁶온 회중이 곧 그를 진영 밖으로 끌어내고 돌로 그를 쳐죽여서 여호와께서 모세에게 명령하신 대로 하니라

여기에서 문제는 민수기 앞의 출애굽기에서 이미 십계명이 나타나고 있지만, 민수기가 보도하는 이야기에서는 안식일에 나무하는 사람을 본 이스라엘 사람들이 안식일 계명을 어긴 사람을 어떻게 처치할지 지시하심을 받지 못했다고 말하는 점이다. 이에 대해 새번역은 "그에게 어떻게 해야 한다는 명확한 설명이 없었기 때문에"로, 공동개정은 "그러나 이런 사람을 어떻게 다스려야 할지, 그 전례가 없었으므로"로 번역한다.

이 말은 곧 이스라엘 사람들은 안식일 계명은 알고 있었지만, 십계명 안에는 계명을 어길 때 처리하는 처벌 조항이 없었고, 또한 안식일에 하지 말아야 할 일들이 구체적으로 어떤 일에 해당하는지에 대한 분명한 언급이 없었기에 안식일 계명을 어기더라도 어떻게 할 수 없었다는 사실을 보여준다.

결론적으로 비록 십계명이 처음에는 이스라엘 백성이 하나님의 백성으로서 살아갈 가르침으로 작용했지만, 궁극적으로 사람의 행위를 강제하는 기능을 했음을 확인할 수 있다. 이러한 점에서 십계명은 율법과 계명과 가르침의 차원을 포괄한다.

2. 시간을 초월하는 원리인가, 하나님과 백성의 계약 체결의 기초인가?

다음으로 십계명이 지닌 의미에 대해 생각해 보아야 할 사항은 십계명이 시간과 공간을 초월하는 인류의 보편적인 윤리인가, 아니면 이스라엘의 야웨 하나님과 이스라엘 백성이 특별히 맺은 계약 체결의 구성물인가에 대한 문제다. 이 문제는 위에서 살펴본 것처럼 십계명이 보편적이고 일반적인 윤리에 대한 가르침인가, 아니면 이스라엘 사회 유지를 위한 실정법으로서의 기능을 가지고 있는가의 문제와도 관련된다.

십계명이 함무라비 법전이나 슈루파크의 가르침 등 구약 주변 세계의 법이나 지혜문학과 병행하는 내용을 가지고 있고 인간을 향한 보편 윤리로서의 기능을 가지고 있는 것은 부인할 수 없다. 그러나 분명한 사실은 십계명이 하나님과 이스라엘 백성이 맺은 계약 체결의 문맥에서 나타난다는 사실이다. 이러한 점에서 십계명은 단지 부모에 대한 효나, 도둑질을 금지하는 등의 일반 윤리를 넘어, 하나님과 백성 사이의 계약 관계를 유지하기 위한 기초를 마련하는 기능을 하는 것으로 이해해야 한다.[3]

십계명이 인류의 보편 윤리의 가치를 지닌다고 말하는 것은 십계명이 어떠한 종교와 윤리도 초월하는 윤리적 가르침으로서의 지위를 지니고 있다고 말하는 것이다.

그러나 여기에서 조심해야 할 사실은 하나님과 이스라엘 백성이 맺은 계약은 윤리를 초월한다는 사실이다.[4] 윤리를 '사람으로서 마땅히 행하거나 지켜야 할 도리'로 정의할 때(『표준국어대사전』), 이러한 개념의 윤리에는 굳이 하나님이 사람의 삶에 개입하실 필요가 없다. 이른바 도덕적 질서와 우주적 질서의 관계의 문제다.[5] '신이 옳은 것을 명령하는가, 신이 명령

---

3 김이곤, 『출애굽기의 신학』, 210-212.
4 김용규, 『데칼로그』, 29.
5 이경재, 『욥과 케 보이』(서울: 대한기독교서회, 2009), 41-62.

하기에 옳은가?'라는 윤리와 도덕에 대한 철학과 윤리학의 논의가 표현하듯이, 사람이 마땅히 지켜야 할 도리로서의 윤리적 가르침은 굳이 하나님의 명령을 요구하지 않기 때문이다.

사람의 양심이 사람이 지켜야 할 도리를 규정할 수도 있다. 반면에 계약에는 하나님과 백성이 상호적으로 맺는 약속의 의미가 있다. 이러한 점에서 계약의 기초로서의 십계명에는 백성을 하나님의 백성으로 삼고자 하시는 하나님의 약속과 의지가 들어 있다.

3. 십계명의 금지 명령

십계명을 이루는 10개의 계명 가운데 제3계명과 제4계명을 제외한 여덟 개의 계명이 금지 명령으로 이뤄져 있다(1-3, 6-10계명). 참고로 "구약성경에 나타난 율법은 십계명을 포함해 613개인데, '~을 하라'라는 강제 조목이 248개, '~을 하지 말라'는 금계가 365개"로 되어 있다.[6]

금지 조항의 존재 이유와 기능에 대해 월터 카이저(Walter C. Kaiser)는 율법 조항을 진술하기 쉽고 사람의 마음에 있는 악에 대처하는 데 효과적이라고 주장한다.[7] 그런데 금지 조항은 이러한 효율성의 문제를 넘어, 보다 신학적인 목적을 가지고 있다. 금지 조항이 가지고 있는 의미와 동기를 바르게 이해하지 않으면, 십계명을 비롯한 구약성경의 일반 금지 명령이 마치 하나님이 사람의 자유를 제한하고 생활을 규제하기 위한 것으로 오해할 수 있다.

---

[6] S. W. Baron, *A Social and Religious History of the Jews*, vol. 2(New York: Columbia University Press, 1952), 80. 김용규, 『데칼로그』, 26, 각주 11에서 재인용.

[7] 월터 카이저, 『구약성경윤리』(*Toward Old Testament Ethics*), 홍용표 역 (서울: 생명의말씀사, 1990), 100.

그러나 금지 명령의 목적은 이와 반대다. 구약성경에 있는 금지 명령에 대한 해석 가운데 베스터만(Westermann)의 해석이 가장 설득력 있어 보인다. 그의 말을 직접 들어보자.

> 계명들의 대다수는 부정하는 것이다. 어떤 계명(예를 들어 부모에 관한 계명)이 긍정 및 부정 형태 둘로 생겨날 때, 부정적인 것—금령—이 항상 긍정적인 것보다 더 오래된 것이다. 이것은 초기의 정착 생활 형태에서 공동체 속에서의 개인의 행위는 불변하는 삶의 구조들과 공동체의 구조(관습: "사람은 이러저러한 것을 하지 않는다") 그리고 하나님과의 삶 속에 굳게 뿌리를 박고 있어서 일반적으로 하나님의 특별한 가르침을 필요로 하지 않는다는 사실에 토대를 둔다.[8]

베스터만의 주장을 이해하기 더 쉽게 풀이하면, 하나님이 사람에게 처음 계명을 주실 때 한정된 몇 가지의 부정 명령을 우선적으로 주셨다는 것이다. 이것은 곧 사람이 하지 말아야 할 것 몇 가지를 제외하고는 많은 경우에 사람에게 자유를 주셨다는 말이다.

금지하는 행위 이외에는 사람의 자유의지에 따라 행동할 수 있다. 따라서 십계명에서 두 계명을 제외한 여덟 계명이 금지 명령으로 이뤄져 있는 사실은 십계명이 사람의 행위를 단순히 규제하기 위한 것이 아니라, 이 부정 명령이 말하는 최소한의 금지하는 행위 이외에는 수많은 자유를 백성에게 주시기 원하신다는 것으로 이해할 수 있다. 이러한 차원에서도 십계명은 단순한 율법이 아니라, 사람에게 자유를 주시기 위한 하나님의 복음임을 알 수 있다.

---

8 베스터만, 『구약신학 입문』, 41.

4. 십계명의 수신인

어느 법이든 법을 제정한 제정자와 법을 받는 수신자를 먼저 이해하는 것이 법의 내용과 기능과 목적을 이해하는 데 필수적이다.

먼저 십계명을 제정하신 분은 이스라엘 백성을 이집트에서 해방하신 하나님이시다. 구약 주변 세계에서처럼 일반 임금이 아니다. 따라서 하나님이 만드신 법을 함부로 고치거나 없앨 수 없다.

다음으로 십계명의 수신인은 이스라엘 백성 가운데 성인 남성이다. 이처럼 법이 대상으로 하는 수신자를 특정하지 않고 일반인으로 생각할 때, 그 법을 자의적으로 이해할 위험이 따른다. 예를 들어 십계명의 제5계명인 부모를 공경하라는 가르침이 그러하다. 보통 부모를 공경하라는 가르침을 어린이나 청소년에게 적용해 부모의 말씀에 순종해야 한다는 가르침 정도로 많은 사람이 단순하게 이해한다. 그러나 십계명의 수신인에 어린이와 청소년이 해당하지 않는다는 사실을 기억해야 한다.

십계명은 법적으로, 종교적으로 권리를 가진 성인 남자들을 대상으로 한다. 왜냐하면, 십계명이 금지하는 내용으로서 사람을 죽이는 범죄를 저지를 수 있는 사람, 간음을 저지를 수 있는 사람, 법정에서 거짓 증언을 할 수 있는 사람, 이웃의 집, 특히 이웃의 아내를 탐할 수 있는 사람은 어린이나 청소년이 아니라 성인 가운데에서도 특히 남성에 해당하기 때문이다.[9] 오경에 기록된 율법과 계명의 수신인이 당시 고대 이스라엘의 성인 남성이라는 것은 일반적인 사실이다.

물론 십계명의 수신자가 성인 남성이라고 해서 오늘날도 십계명이 성인 남성에게만 해당한다고 말하는 것은 아니다. 시간이 지나 이스라엘 역사에서도 제2성전 시대에는 율법을 듣는 청중이 확대된다(느 8:2이하).

---

[9] 프랑크 크뤼제만, 『자유의 보존: 사회사적 관점에서 본 십계명의 주제』(*Bewahrung der Freiheit: das Thema des Dekalogs in sozialgeschichtlicher Perspektive*), 이지영 역 (양평: 크리스천 헤럴드, 1999), 36-45.

> ²일곱째 달 초하루에 제사장 에스라가 율법책을 가지고 회중 앞 곧 남자나 여자나 알아들을 만한 모든 사람 앞에 이르러 ³수문 앞 광장에서 새벽부터 정오까지 남자나 여자나 알아들을 만한 모든 사람 앞에서 읽으매 뭇 백성이 그 율법책에 귀를 기울였는데(느 8:2-3).

이처럼 계명과 율법과 가르침의 수신인이 이스라엘 성인 남성에서 여성, 또한 알아들을 만한 모든 사람(공동개정에서는 '아이들에 이르기까지 말귀를 알아들을 만한 사람')에까지 확대되는 것은 윤리의 차원에서도 마찬가지다. 구약성경은 개인 윤리와 공동체 윤리를 구분하지 않는다. 침멀리(Zimmerli)는 공동체와 공동체를 위한 의무에서 분리될 수 있는 개인 윤리는 존재하지 않는다고 주장하며, 십계명 역시 이스라엘 개인과 공동체에 동시에 해당한다고 적절하게 주장한다.[10]

이러한 점에서 십계명은 단지 성인 남성을 수신인으로 삼아 가르침을 실행하는 주체로만 여겨서는 안 되고, 오늘날 여성과 어린이 등 모든 계층이 하나님의 가르침을 수행하는 평등하고 민주적인 가족 공동체, 하나님 나라의 전초 기지를 이뤄야 한다.

---

10 침멀리, 『구약신학』, 177-178.

제6장

십계명에 상응하는 이야기

법은 다채로운 인간 삶의 응집물이다. 법은 자체의 목적을 위해 제정되어 존재하지 않고, 법을 산출하게 한 사건과 인간 삶의 실제 현실을 전제로 한다. 사건은 일회적으로 발생하지만 비슷한 사건이 반복해 일어나며, 그러한 반복하는 사건을 토대로 법은 만들어진다.

법은 변화무상한 세상 속에서 변하지 않는 원리를 찾으려는 이상을 지향한다. 따라서 가능한 한 법을 제정하는 사람은 시간과 공간을 초월해 어디에나 적용할 수 있도록 법을 제정하는 것을 이상적 목표로 삼는다. 그러나 동시에 삶의 배경과 상황이 극심하게 변하게 될 때, 법은 수정되고 변경될 수밖에 없다. 동시에 어떠한 이야기나 사건은 그 배후에 있는 법의 정당성과 법적 판단에 따라 이야기나 사건을 판단할 수 있다.

이러한 점에서 성경의 법이 비록 그 법에 상응하는 이야기가 명시적으로 병렬되어 기록되어 있지 않을 때도, 법에 해당하는 이야기나 사건이 다른 본문에 있지 않은지 살펴보며 읽어야 법의 정신을 보다 구체적이고 입체적으로 이해할 수 있다. 이러한 법과 이야기의 관계에 대해 다음과 같이 한마디로 요약할 수 있다.

> 토라는 율법이자 이야기다. 더 정확히 말하자면, 이야기를 내포한 율법(narrative law)이자 율법을 반영하는 이야기(nomo-narrative)다.[1]

---

[1] 김선종, "토라! 율법인가, 이야기인가?: 레위기 25장의 안식년 규정을 중심으로," 7-22.

십계명 연구에서도 이러한 법과 이야기의 관련 아래에서 계명이나 가르침을 만들게 한 사건이 어떠한 것인지 면밀하게 추적하며 읽고, 그 이전에 십계명 자체가 주어진 이야기의 흐름 가운데에서 십계명을 읽어야 본문이 주는 메시지를 입체적으로 이끌어 낼 수 있다.

　법과 이야기의 유기적 관계에 대해 전문적으로 연구해 온 학자는 카마이클(Carmichael)인데, 그는 십계명을 출애굽기 32장의 아론의 금송아지 사건과 창세기의 창조 이야기에 비추어 이해한다.[2] 그의 논지를 다루기 전에 조금 더 단순하게 십계명의 계명과 이야기의 관계에 대해 논하는 카이저의 입장을 살펴보자.

　카이저는 십계명이 단지 시내 산에서 처음으로 반포된 것이 아니라, 율법이 만들어지기 이전에 하나님의 법이 마음에 새겨져 있다고 주장한다. 그 근거로 그는 십계명의 내용이 창세기에 이야기의 형태로 나타난다는 것이다. 물론 십계명의 계명과 창세기에 나오는 이야기들이 모두 명확하게 일치하지는 않는다고 하더라도, 각각의 본문은 창조 명령을 확대하는 것으로 보인다고 카이저는 주장한다. 카이저가 십계명의 조항에 관련짓는 창세기 본문은 다음과 같다.

　　첫째 계명(창 35:2), 둘째 계명(창 31:30), 셋째 계명(창 24:3), 넷째 계명(창 2:3), 다섯째 계명(창 27:41), 여섯째 계명(창 4 9), 일곱째 계명(창 39:9), 여덟째 계명(창 44:4-7), 아홉째 계명(창 39:17-18), 열째 계명(창 12:18; 20:3).[3]

　율법과 이야기의 관계에 대한 연구를 위해서는, K.-P. Adam, F. Avemarie, and N. Wazana (eds.). *Law and Narrative in the Bible and in Neighbouring Ancient Cultures*, FAT 54(Tübingen: Mohr Siebeck, 2012); A. Bartor, *Reading Law as narrative: A Study in the Casuistic Laws of the Pentateuch*(Atlanta: Society of Biblical Literature, 2010)을 보라.

2　C. M. Carmichael, *Law and Narrative in the Bible*(Ithaca - London: Cornell University Press, 1985), 313-342; 캘럼 카마이클, "오경에서의 율법과 내러티브," 레오 G. 퍼듀 편집, 『히브리 성경 연구』(*The Blackwell Companion to the Hebrew Bible*), 임요한 역 (서울: CLC, 2016), 441-457.

3　카이저, 『구약성경윤리』, 97-98.

그러나 이러한 카이저의 주장은 십계명의 조항에 상응하는 창세기의 이야기를 단순히 나열하는 인상을 주며, 율법과 이야기 사이에 있는 심층적인 관계를 파헤치는 데까지는 나아가지 않는다. 법과 이야기의 상응 관계를 추적하기 전에 독자들이 주목해야 하는 점은 구약 주변 세계의 법과 달리 구약성경의 법은 이야기의 맥락 안에서 제정되고 있다는 사실이다.

예를 들어 출애굽기 20:1-17의 십계명은 이스라엘 백성이 출애굽기 19장에서 시내 산에 도착해서 계약을 체결하는 이야기와 십계명을 받고 무서워 떠는 백성의 이야기를 보도하는 20:18-21 사이에 위치한다. 반면에 신명기 5장의 십계명은 '쉐마 이스라엘'이 나오는 신명기 6장 앞에서 모세의 두 번째 설교를 여는 서론 기능을 한다.

이처럼 십계명은 문맥과 상관없이 갑자기 하늘에서 땅으로 떨어진 계명이 아니라, 하나님과 이스라엘 백성 사이에 맺는 계약과 하나님의 가르침으로서의 의미를 갖는다는 사실을 전제로 해, 독자들은 십계명을 읽어야 한다. 이러한 차원에서 카마이클은 십계명을 특별히 창세기 1-4장에 나오는 하나님의 세상 창조 이야기, 아담과 하와 이야기, 가인과 아벨 이야기의 빛에서 해석한다.[4]

그는 살인하지 말라는 계명을 어긴 첫 사람 가인으로부터 출발해 가인은 단지 살인 금지 계명을 어긴 것뿐만 아니라, 동생을 살해함으로써 생명을 낳은 부모를 공경하는 것을 어긴 것으로 해석한다. 이러한 해석이 가능한 것은 "네 부모를 공경하라 그리하면 네 하나님 여호와가 네게 준 땅에서 네 생명이 길리라"(출 20:12)라고 부모 공경에 대한 축복과 이를 어길 때 발생할 것을 예상할 수 있는 저주 혹은 벌을 가인이 예고하고 있기 때문이다. 카마이클의 말을 직접 들어보자.

---

[4] 아래의 내용은 본 장 각주 2의 카마이클의 논지를 요약한 것이다.

십계명에서 대상이 되는 아들이 듣기를, 부모를 공경하는 것은 하나님이 자신이게 준 "지면(원래 히브리어로 땅이 아닌)"에 오래 지속되는 것이다. 가인이 처한 상황에 초점을 둔다. 즉 가인은 부모가 낳은 것을 파괴했기 때문에 계속해서 지면을 경작할 수 있다. 가인이 부모를 공경하고자 했다면 자기 동생을 살해하는 일을 자제했어야 할 것이다.[5]

법과 이야기 사이에 존재하는 상응 관계를 예리하게 관찰한 카마이클은 부모 공경을 통해 오는 축복을 가인과 아벨 이야기와 아담과 하와 이야기에 연결해 읽음으로써 창세기의 원인론(etiology)에 십계명을 읽는 것이 가능할 뿐만 아니라, 마땅히 그렇게 읽어야 함을 설득력 있게 역설한다. 계속해서 카마이클은 간음 금지도 아담과 하와, 가인과 아벨 이야기에서 이해할 수 있음을 제시한다. 이것을 위해서도 저자의 말을 들어보자.

마찬가지로 간음 금지도 가인의 전기에서 온다. 다시 말하자면, 입법자와 이야기를 전한 자가 함께 인간의 기원에 대해 추측하는 노력이 해결의 핵심이다. 최초 인간의 범죄와 그 결과를 따라, 가인은 자신의 아버지를 모방하고 아내를 취한다. 해설이 특성상 신화적이라는 점은 저자가 이 상황이 불가능하다는 사실을 고려하는 데 관심이 없다는 점에서 볼 수 있다. 어떤 아내도 가인에게 있을 수 없다.[6]

카마이클의 관찰은 매우 도발적이다. 그는 인간이 저지르는 근본적인 죄악인 살인과 간음의 범죄 앞에 부모 경외를 둔 십계명의 순서를 창세기의 원역사에서 그 원시적 연결 고리를 찾고 있다. 또한, 그는 처음으로 하나님 이외의 우상을 섬긴 사건인 출애굽기 32장의 아론의 금송아지 사

---

5 카마이클, "오경에서의 율법과 내러티브," 448.
6 카마이클, "오경에서의 율법과 내러티브," 449.

건을 에덴동산에서 저지른 아담의 범죄, 또한 십계명과 연결한다(출 20:4; 32:1).⁷ 더 나아가 야웨의 이름을 망령되게 '부르지'(히브리 동사는 '들다,' נשא) 말라는 계명도 하나님을 금송아지에 빗대어 부르는 이스라엘 백성의 죄에 연상시킨다.⁸

카마이클은 "아담, 하와 그리고 가인과 아벨 이야기는 신이 처음 인간과 교류한 이야기며, 인간들에 대해 하나님의 도덕률과 법전이 있는 것을 전제한다"⁹라고 주장함으로써, 카이저가 창세기에 산발적으로 흩어져 있는 이야기들에 십계명을 연결하는 단순성을 넘어, 독자들을 시간을 관통하는 계명과 창조 이야기의 간극을 좁히는 데 성공한다.

카마이클이 독자에게 제시하는 흥미로운 관찰은 창조 이야기에서 "하나님이 말씀하셨다"라는 표현이 10번 나온다면(창 1:3, 6, 9, 11, 14, 20, 24, 26, 28, 29), 시내 산에서도 10개의 말씀이 있었다는 점으로, 그는 시내 산에서 하나님의 현현과 창조 이야기에 나오는 하나님의 존재 유비를 유대인의 탈무드 전승을 인용해 제시한다.¹⁰ 이러한 측면에서 십계명은 사람의 구체적인 역사에서 구현해야 하는 하나님의 계명인 동시에 영원불변한 인류 보편의 원리로서 기능할 수 있는 가능성 역시 존재한다.

---

7   Carmichael, *Law and Narrative in the Bible*, 317.
8   Carmichael, *Law and Narrative in the Bible*, 322.
9   카마이클, "오경에서의 율법과 내러티브," 450.
10 Carmichael, *Law and Narrative in the Bible*, 337-338.

제2부

십계명 해설

제1장 서문(출 20:2; 신 5:6): 해방의 은총
제2장 첫째 말씀(출 20:3; 신 5:7): 오직 한 분이신 하나님
제3장 둘째 말씀(출 20:4-6; 신 5:7-10): 우상과 형상 금지
제4장 셋째 말씀(출 20:7; 신 5:11): 야웨의 이름
제5장 넷째 말씀(출 20:8-11; 신 5:12-15): 안식일
제6장 다섯째 말씀(출 20:12; 신 5:16): 부모 공경
제7장 여섯째 말씀(출 20:13; 신 5:17): 살인
제8장 일곱째 말씀(출 20:14; 신 5:18): 간음
제9장 여덟째 말씀(출 20:15; 신 5:19): 도둑질
제10장 아홉째 말씀(출 20:16; 신 5:20) 거짓 증거
제11장 열째 말씀(출 20:17; 신 5;21): 탐욕

제1장

서문(출 20:2; 신 5:6): 해방의 은총

    법조문에는 서문이 있다. 법의 서문은 일반적으로 법의 제정자, 법을 제정한 목적을 밝힌다. 그리스도인들은 출애굽기 20:2과 신명기 5:6을 십계명의 서문으로 여기고, 출애굽기 20:3부터 십계명의 첫째 계명이 시작하는 것으로 본다.

    그러나 십계명을 제정한 주체를 밝히는 출애굽기 20:2을 그저 법조문의 서문 정도로 여기면, 십계명의 메시지를 바르게 이해할 수 없다. 이 서문은 십계명을 제정하신 하나님이 누구시고, 어떤 일을 행하셨는지에 대해 선언해, 이스라엘 백성과 오늘 그리스도인들이 신으로 섬기는 하나님의 속성과 본질을 드러내기 때문이다.

    십계명 서문은 십계명을 주신 하나님이 이스라엘 백성을 이집트에서 구원해 주신 하나님으로 밝힘으로써, 이야기 요소와 법 요소를 연관 짓는다.[1] 유대인들은 그리스도인들이 서문으로 여기는 출애굽기 20:2 말씀을 첫째 계명, 첫째 가르침으로 여긴다. 우리말 개역개정과 새번역은 히브리 문장에 있는 관계절을 반영해 하나의 문장으로 아래와 같이 옮기고 있다.

    나는 너를 애굽 땅, 종 되었던 집에서 인도하여 낸 네 하나님 여호와니라
    (출 20:2, 개역개정).

---

[1] 박요한, 『십계명』 (서울: 가톨릭대학교출판부, 2002), 13.

나는 너희를 이집트 땅 종살이하던 집에서 이끌어 낸 주 너희의 하나님이다(출 20:2, 새번역).

אָנֹכִי יְהוָה אֱלֹהֶיךָ אֲשֶׁר הוֹצֵאתִיךָ מֵאֶרֶץ מִצְרַיִם מִבֵּית עֲבָדִים:

반면에 공동개정은 관계절을 관계절 앞에 있는 주절을 설명하는 방식으로 주절과 분리해 하나의 독립 문장으로 옮긴다.

너희 하느님은 나 야훼다(אָנֹכִי יְהוָה אֱלֹהֶיךָ). 바로 내가 너희를 이집트 땅 종살이하던 집에서 이끌어낸 하느님이다(출 20:2, 공동개정).

1. 나는 야훼, 너의 하나님이다

개역개정과 새번역은 히브리 문장이 가지고 있는 내용과 의미를 번역에서 반영하려고 시도하지만, 이른바 야웨의 자기소개 양식이라는 '나는 야웨다'라는 구문을 제대로 나타내지 못하는 약점을 가지고 있다.

'나는 야웨다'라는 문구는 야웨 하나님이 자기 자신을 소개하는 전형적인 문구로서 침멀리가 이 문구에 대한 본격적인 연구의 대상으로 삼기 시작했다.[2] 이 문구가 법의 단락 안에 나타날 때, 그 법은 사람이 제정한 것이 아니라 하나님이 제정하셨다는 법의 주체를 강조하고, 따라서 그 법을 받는 사람들은 그 법을 사람의 법이 아니라, 하나님의 법으로 존중해서 영원히 지켜야 하고 법에 복종해야 한다는 의미를 지닌다.[3]

---

2   W. Zimmerli, "Ich bin Jahwe," *Geschichte und Altes Testament, Festschrift für A. Alt* (Tübingen: Mohr, 1953), 11-40.
3   에드몽 자콥, 『구약신학』(*Theology of the Old Testament*), 탁문재 역 (서울: 크리스챤다이제스트, 2009), 56-57; 발터 침멀리, 『구약신학』, 147.

따라서 십계명의 첫 문장이 '나는 야웨다'라고 하는 것은 십계명의 기원이 하나님에게 있다고 천명함으로써 말씀의 권위를 강조하는데, 이러한 표현은 구약 주변 세계의 왕조 비문에서도 임금의 권위를 드러내기 위해 매우 일반적으로 나타난다.[4]

기독교 신앙인은 십계명을 제정하신 분이 야웨 하나님이라는 진술을 굳이 말할 필요 없는 당연한 사실로 받아들일 것이다. 그러나 율법의 제정자가 임금이나 서기관 등의 사람이 아니라 하나님이라는 사실을 전제로 하는 것은 구약의 율법을 이해하는 데 무엇보다 중요하다. 그것은 단지 성경에 대한 신앙 고백의 차원에 머무르지 않고, 구약의 법에 대한 본질을 이해하기 위해 필수적이다.

예를 들어 '인류 법문화의 원형'[5]으로 알려지고 있는 기원전 18세기의 함무라비 법전의 경우 비록 함무라비가 선포하는 법이 신들에게 기원하고 있는 것으로 말하기는 하지만,[6] 결국 함무라비 임금이 법을 제정한 것으로 나온다. 그래서 법전의 결언에서는 이후에 즉위하는 임금이 자신의 법을 바꾸지 말 것을 요청한다.

> (xlviii 59-94) 장차 이 나라에 나타날 어떤 왕도 내가 나의 비문에 새긴 정의의 판결을 준수하기를 원하노라. 그는 내가 내린 판결과 내가 언도한 판정을 고치지 않기를 원하며 나의 상을 옮기지 않기를 원하노라(후략).[7]

구약 주변 세계의 법과 달리 구약성경의 법은 임금이나 율법학자 등 사람이 법을 만든 것이 아니라 하나님이 법의 제정자기 때문에, 어떠한 인간

---

4 M. Weinfeld, *Deuteronomy 1-11*, AB 5 (New York: Doubleday, 1991), 284-285.
5 이 표현은 한상수, 『함무라비 법전: 인류 법문화의 원형』(김해: 인제대학교출판부, 2008)에서 따온 것이다.
6 이종근, "함무라비 법과 잠언 8장의 연관성에 대한 고찰: 천상회의를 중심으로," 「구약논단」63 (2017), 190-233.
7 이종근, 『메소포타미아 법의 도덕성과 종교』(서울: 삼육대학교출판부, 2011), 167-168.

권력도 율법을 임의적으로 바꿀 수 없다. 그래서 레위기 19:37 가운데 '나는 야웨다'라는 자기소개 양식이 16번이나 반복되는 이유를 알 수 있다. 법의 제정자가 단순히 사람이 아니라 하나님이라는 사실을 반복해서 강조하는 것이다.[8]

성경의 법은 사람이 제정한 것이 아니라, 하나님이 제정하신 것으로서 사람 마음대로 추가하거나 삭제할 수 없다. 이것은 임금이나 종이나 모두 법 앞에서 평등하다는 사실을 암시한다. 이러한 측면에서 십계명의 첫 문장이 '나는 야웨다'라고 하는 사실은 의미심장하다. 니체(F. W. Nietzsche)는 십계명이 아무 근거 없이 설정되었기 때문에 으히려 해가 된다고 주장하지만, 그의 진술은 십계명에 대한 무지에서 비롯한다.[9]

이러한 야웨의 자기소개 양식에는 단순히 '나는 야웨다'로 나타나는 짧은 형태(short form)와 이 문장에 다른 표현이 붙은 긴 형태(long form)가 있다. 긴 형태에는 '나는 너/너희/그/그들의 야웨다'나 '나는 너/너희/그/그들을 거룩하게 하는 야웨다' 등이 있다. 십계명의 서문은 '나는 너의 야웨다'(אָנֹכִי יְהוָה אֱלֹהֶיךָ)라는 장형에 "너를 애굽 땅, 종 되었던 집에서 인도하여 낸"(אֲשֶׁר הוֹצֵאתִיךָ מֵאֶרֶץ מִצְרַיִם מִבֵּית עֲבָדִים)이라는 부가절이 붙은 것으로 볼 수 있다. 따라서 십계명의 서문을 바르게 이해하기 위해서는 공동개정이 번역한 것처럼 야웨 자기소개 양식과 부가문을 분리해 번역하는 것이 더 낫다. 다만 여기에서 주의해서 관찰해야 할 두 가지 사항이 있다.

첫째, 우리말로 '나는 야웨다'라고 할 때, 히브리어에서는 일반적으로 '아니 야웨'(אֲנִי יְהוָה)이지 십계명 서문에서처럼 '아노키 야웨'가 아니라는 점이다. 히브리어에서 1인칭 대명사는 '아니'(אֲנִי)와 '아노키'(אָנֹכִי)가 있는데, 보통 '아노키'는 운율을 맞추기 위한 시문에서 많이 사용된다. '아니'가 더 일반적인 표현으로, '아니 야웨'라는 표현이 구약에서 약 200회

---

8 김선종, "성결법전의 수사학과 신학,"「구약논단」62 (2016), 192-217.
9 헤르베르트 고르닉 편,『십계명의 현대적 이해』, 13.

나오는 반면, 십계명 서문에서 사용된 '아노키 야웨'는 구약성경에서 11번밖에 나오지 않는다(출 4:11; 20:2, 5; 신 5:6, 9; 시 81:11[한글 10]; 사 43:11; 44:24; 51:15; 호 12:10; 13:4).

둘째, 십계명에 있는 야웨의 자기소개 양식은 '나는 야웨, 너의 하나님이다'로 옮기는 것이 히브리어 어순을 제대로 반영한다는 점에 주목해야 한다. '너희 하느님은 나 야훼다'로 옮긴 공동개정은 히브리어 구문을 바르게 반영하지 못할 뿐 아니라, 술어(네 하나님)를 주어로 여기고 번역한 것이다. 이렇게 번역할 경우에는 앞에서 말한 야웨 자기소개 양식이 법에서 가지고 있는 기능을 바르게 반영하지 못하는 단점을 드러낸다.[10]

셋째, '나 야웨'는 곧 '너의 하나님'(אֱלֹהֶיךָ)이라는 사실이다. 이 표현은 출애굽기의 십계명 본문에서 출애굽기 20:2, 5, 7, 10, 12에 나타난다. 다른 이의 하나님이 아닌, 가르침과 계명을 받는 개개인의 하나님이라는 신앙 고백을 표현한다. 이스라엘과 절대자 하나님의 관계는 사람이 신을 인식론적으로 탐구하는 관계가 아니라, 하나님의 은총으로 맺어진 인격적인 관계다.[11] 계명의 수신인이 이스라엘 공동체가 아니라 '너'로서의 개인인 것은 이스라엘이 하나님의 말씀을 지켜야 하는 동기가 공동의 압력이나 외부의 압박 때문이 아니라, 하나님과의 관계의 내부적인 동기로 말미암는다는 사실을 보여준다.[12]

여기에서 '너'는 앞에서 이미 언급한 것처럼 하나님과 맺는 계약에 참여하는 성인 남성 각각을 가리킨다. 그들은 어린아이로서 부모를 공경해야 하는 것이 아니라, 열 번째 계명에 나오듯이 집과 아내와 남종과 여종과 소와 나귀를 소유한 이스라엘 자유민이다. 물론 앞에서 말한 것처럼 오늘날에는 성인 여성도 포함하는 것으로 봐야 한다. 새번역과 공동개정은 출애굽기 십계명을 받는 수신인을 '너희'로 의역하지만, 히브리 원문은

---

10 박요한, 『십계명』, 22-35.
11 마르틴 부버, 『나와 너』(*Ich und Du*), 김천배 역 (서울: 대한기독교서회, 2017), 26.
12 T. E. Fretheim, *Exodus*, 222.

개역개정이 번역하고 있듯이 2인칭 남성 단수 '너'다.

> 나는 너를 애굽 땅, 종 되었던 집에서 인도하여 낸 네 하나님 여호와니라 (출 20:2).

오경의 율법을 받는 수신인은 이스라엘의 성인 남성으로서, 여기에서 특별히 2인칭 단수로 나오는 것은 이스라엘 백성 각자가 하나님으로부터 직접 말씀을 받고 지켜야 하는 것을 강조하기 위한 것으로 보인다.[13] '너'라는 개인이 '너희'라는 집단에 함몰되지 않는다.

오경에서 율법은 모세나 아론을 통해 주어지지만, 십계명은 백성에게 직접 주어진다는 점에 독특성이 있다. 하나님의 말씀을 듣는 사람이나 읽는 사람은 하나님과 직접 소통하는 것으로 느끼며, 따라서 그 말씀에 응답해야 하는 것이다.[14] 기원후 1세기의 유대인 철학자 필로(Philo)는 한 사람이 율법에 순종하면 온 우주만큼 소중하다는 것을 가르치기 위한 것이라고 2인칭 단수를 사용한 목적을 비유적으로 해석한다.[15]

'나는 너의 하나님'이라는 표현은 더 자세하게 '나는 너의 하나님이 될 것이고, 너(희)는 나의 백성이 될 것이다'라는 계약 체결 양식의 일부로 볼 수 있다. 하나님이 백성에게 하나님이 되시고, 이스라엘은 하나님의 백성이 될 것이라는 말은 그 배후에 계약을 맺기 전에는 서로가 아무 상관이 없었다는 것으로도 이해할 수 있다. 다만 하나님이 이스라엘을 사랑하셔서 선택하신 것이다. 이스라엘에 대한 하나님의 이러한 사랑과 선택은 곧 출애굽 사건으로 이어진다(신 4:37; 10:15 등).

---

[13] P. D. Miller, *Deuteronomy*, Interpretation (Louisville: John Knox Press, 1990), 73.
[14] J. W. Watts, *Reading Law*, The Biblical Seminar 59 (Sheffield: Sheffield Academic Press, 1994), 64.
[15] A. Le Boulluec et P. Sandevoir, *L'Exode*, La Bible d'Alexandrie 2 (Paris: Cerf, 1989), 205.

온누리를 만드시고 사람을 창조하시고 역사를 주관하시는 하나님은 사실 사람과 언약을 맺으실 필요가 없는 분이다. 그냥 명령하시고, 사람이 명령을 따르면 복을 주시고, 따르지 않으면 벌을 내리시면 되는 분이다. 약속을 하고 계약을 맺는다는 것은 자신의 자유를 스스로 포기하는 것을 뜻한다. 따라서 '나는 너의 하나님이다'라는 표현 속에는 하나님이 이스라엘 백성 개개인의 하나님이 되어서 스스로 자유를 이스라엘 백성을 위해 포기하시겠다는 자기 비하와 자기 포기의 뜻이 있다.

하나님은 우주 만물의 하나님이신 동시에, 나와 우리의 하나님이시다. 이러한 계약 체결 양식에는 서술과 당위가 하나로 기능한다. '내가 하나님이다'라는 서술은 '내가 하나님 노릇을 해야 한다'라는 당위를 본질적으로 내포하고 있다. 하나님이 백성에게 하나님이 되신다는 것은 백성을 보호하고 인도해야 하는 의무를 동반한다.

또한, 이스라엘이 하나님의 백성이라는 것은 하나님의 말씀에 순종하며 살아야 한다는 당위를 갖는다. 따라서 이러한 당위는 백성이 지켜야 하는 내용으로서의 율법 수여를 가져온다.[16] 이 말은 곧 하나님의 백성이라는 존재는 하나님의 백성답게 살아야 된다는 말로서 그리스도인의 존재와 행위는 결국 하나요, 이 둘을 엄격하게 구분해서는 안 된다는 사실을 보여준다.[17]

---

[16] 발터 아이히로트, 『구약성서신학 I, II』(*Theology of the Old Testament*), 박문재 역 (서울: 크리스챤다이제스트, 1995)은 구약 전체를 관통하는 사상을 계약에서 찾고 그의 구약신학을 전개한다.

[17] 스탠리 하우어워스, 윌리엄 윌리몬, 『십계명』(*Truth about God*), 강봉재 역 (서울: 복있는사람, 2007), 61.

2. 내가 너를 이집트 땅, 종의 집에서 이끌어 내었다

하나님이 백성에게 야웨 하나님이시라면, 출애굽기 20:2 후반절은 그분이 어떤 분이신가를 더욱 명확하게 보여준다. 하나님은 이스라엘 백성 한 명 한 명을 이집트 땅, 종의 집에서 이끌어 내신, 자유와 해방의 하나님이라는 것이다. 히브리 문장은 이집트 땅과 종의 집을 평행법으로 표현해서, 이스라엘 백성에게 이집트 땅은 곧 종의 집이었다고 정의한다.

비록 당시 이집트는 가나안까지 정복한 구약 주변 세계의 최강대국이었지만, 그 땅은 이스라엘 백성이 영원히 살아갈 땅은 아니었다. 광야를 나와 물과 고기를 먹지 못하던 이스라엘 백성이 불평하며 "우리가 애굽에 있을 때에는 값없이 생선과 오이와 참외와 부추와 파와 마늘들을 먹은 것이 생각나거늘"(민 11:5)이라고 말하며 이집트 땅을 그리워했을지라도, 하나님은 그 땅에서 이스라엘 백성이 나오기를 바라셨다. 하나님이 약속하신 가나안 땅을 주시기 위함이다.

파라오를 신으로 섬겨야 하는 땅에서 하나님을 섬기는 땅 가나안으로 들어가야 한다. 이집트 땅에서 이스라엘 백성이 파라오의 종이었다면, 젖과 꿀이 흐르는 가나안 땅에서는 그 땅 자체가 하나님의 성소가 되어 이스라엘 백성은 하나님을 섬기는 야웨의 종이 된다. 주인이 파라오에서 야웨 하나님으로 변화하고, 이스라엘 백성은 파라오의 노예에서 하나님의 종으로 신분이 변화하게 된다.[18] 이러한 패러다임은 나중에 바울 신학에도 나타나는데, 바울은 그리스도인은 더 이상 종의 멍에를 메지 말고, 서로 종 노릇하라고 말한다.

---

18 D. Daube, *The Exodus Pattern in the Bible*, All Souls Series (London: Faber and Faber, 1963).

> 그리스도께서 우리를 자유롭게 하려고 자유를 주셨으니 그러므로 굳건하게 서서 다시는 종(δουλεία)의 멍에를 메지 말라(갈 5:1).

> 형제들아 너희가 자유를 위하여 부르심을 입었으나 그러나 그 자유로 육체의 기회를 삼지 말고 오직 사랑으로 서로 종 노릇(δουλεύω) 하라(갈 5:13).

이스라엘은 과거 이집트라는 '종의 집'(출 13:3, 14; 20:2; 신 5:6; 6:12; 7:8; 8:14; 13:6, 11[한글 13:5, 10]; 수 24:17; 삿 6:8; 렘 34:13; 미 6:4)에서 파라오의 노예로 살았다. 이것은 하나님의 종으로 새롭게 변화될 이스라엘의 신분과 대조를 이루는 기능을 하는데, 하나님을 섬길 가나안 땅에서는 '네 하나님 여호와를 경외하며 그를 섬기며 그의 이름으로 맹세'(신 6:12)하며 살아야 한다. 다시 말해 하나님을 섬기고 예배하며 하나님의 말씀을 묵상하고 살 수 있는 곳이 하나님이 예비하신 가나안 땅이다.

이것은 자유를 얻은 새로운 백성의 삶의 양태인데, 서문에 나오는 '종의 집'의 삶의 양태와 대조된다. '종'에 해당하는 히브리 낱말 '에베드'(עֶבֶד)는 안식일 규정에 나오는 '엿새 동안은 힘써 네 모든 일을 행할 것이나'(출 20:9)의 '행하다'라는 동사 '아바드'(עָבַד)와 같은 어근을 가지고 있다.

또한, 안식일의 혜택을 누리는 목록에 있는 이스라엘 백성의 남종인 '에베드'에서도 반복해서 나타난다(출 20:9). 이것은 야웨께서 이스라엘에게 선사하신 자유와 해방의 은총을 극대화하는 기능을 한다.[19] 또한, '종의 집'에서 '집'에 해당하는 히브리 낱말 '바이트'(בַּיִת) 역시 탐욕을 억제하는 열 번째 가르침에서 다시 나타나(출 20:17), 참된 자유를 얻은 하나님의 백성이 돈과 권력을 섬기는 과거를 벗어나 새로운 존재로 태어나야 할 것을 암시한다.

---

[19] 프랑크 크뤼제만, 『자유의 보존』, 72.

특별히 "너를 인도하여 낸"(개역개정), "너를 이끌어 낸"(새번역)에 대항하는 히브리 표현 '아쉐르 호체티카'(אֲשֶׁר הוֹצֵאתִיךָ)는 십계명 본문인 출애굽기 20:2과 신명기 5:6 외에 창세기 15:7에 단 한 번 나와서 종의 집 이집트에서 이스라엘 백성을 해방시키시는 하나님의 사역을 강조한다.[20]

3. 야웨: 자유와 해방의 하나님

이러한 십계명 서문의 부가문은 이미 야웨의 자기소개 양식에 나오는 야웨에 그 뜻이 있다. 야웨는 출애굽의 하나님, 백성과 함께하는 생명과 임재의 하나님이다.[21] 십계명 서문은 하나님이 누구신지, 하나님이 행하신 일을 소개함으로써 하나님의 선행 은총을 전제로 한다.

율법의 요구는 네 하나님 야웨께서 2인칭 '너'를 해방시키신 사실에 기초한다.[22] 하나님이 자신을 노예의 집에서 이끌어 내신 분이라는 은총을 기억하는 사람은 감사함으로 기꺼이 하나님의 말씀을 지킬 수 있다. 하나님의 말씀에 순종해 하나님의 말씀을 지키는 것이 자신을 구해주신 하나님에 대한 보답임을 알기 때문이다. 반대로 자신을 죄와 고난에서 해방시키신 하나님의 은총을 모르는 사람에게 하나님의 열 가지의 말씀은 자신의 자유를 얽매는 멍에에 불과하게 된다.

백성을 노예의 땅에서 해방시키신 야웨 하나님은 백성을 법으로 얽어매시는 하나님이 아니다. 하나님은 백성을 자유의 길로 인도하신다. 아니, 하나님이 자유와 생명의 길로 백성을 인도하실 뿐 아니라, 하나님 자체가 길이요 진리요 생명이시다(요 14:6).

---

20 박요한 영식, 『십계명』, 24.
21 '야웨'의 뜻, 야웨 종교의 기원, 야웨와 바알, 야웨와 엘, 이스라엘 민족 신으로서의 야웨 등의 전반적인 문제를 위해서는 K. van der Toorn, "Yahweh," DDD, 910-919를 보라.
22 크리스토퍼 라이트, 『신명기』(*Deuteronomy*), 전의우 역 (서울: 성서유니온, 2017), 99.

제2장

첫째 말씀(출 20:3; 신 5:7): 오직 한 분이신 하나님

십계명 서문에서 하나님은 자신이 이스라엘 백성을 이집트 땅, 종의 집에서 이끌어 내신 자유와 해방과 은총의 하나님이심을 밝혀주셨다. 그렇다면 해방을 얻은 이스라엘 백성이 감사함으로 하나님의 가르침을 지켜 하나님의 은총에 보답하는 삶을 살아야 하는 것은 당연하다.

하나님은 백성이 하나님과의 관계를 유지할 수 있는 여러 가르침을 서문 다음에서 알려주시는데, 무엇보다 첫째 되는 가르침은 하나님 앞에 다른 신들을 있게 하지 말라는 가르침이다. 이스라엘 백성이 430년 동안 이집트에서 식민지 생활을 하면서 이집트의 여러 신들(출 12:12)에 익숙해 있었을 것임은 쉽게 예상할 수 있어, 이 말씀을 하시는 하나님의 의도가 특별하게 다가온다.

너는 나 외에는 다른 신들을 네게 두지 말라(개역개정).

너희는 내 앞에서 다른 신들을 섬기지 못한다(새번역).

너희는 내 앞에서 다른 신을 모시지 못한다(공동개정).

לֹא יִהְיֶה־לְךָ אֱלֹהִים אֲחֵרִים עַל־פָּנָיַ׃

새번역과 공동개정은 다른 신들을 '섬기지 못하다'와 '모시지 못한다'로 옮기지만, 히브리 원문의 동사는 다른 신들을 '있게 하지 못한다'(לֹא יִהְיֶה) 에 해당한다. 개역개정이 '두지 말라'라고 번역하는 것이 히브리 원문을 적절하게 반영한다.

첫째 가르침에서 문제되는 것은 '다른 신'이 뜻하는 것이 무엇인가의 문제와, 개역개정이 번역하는 '나 외에는'과 새번역과 공동개정이 번역하는 '내 앞에서'에 해당하는 히브리 표현 '알 파나이'(עַל־פָּנָי)를 어떻게 이해할 것인가의 문제다. 새번역과 공동개정은 이 구절에서도 십계명을 받는 수신인을 '너희'로 의역하지만, 히브리 원문은 2인칭 남성 단수 '너'다. 우리말 성경은 '너'라고 번역하여 다른 신들을 두는 주어로 번역하지만, 마소라 본문에서는 '너를 위하여'(לְךָ)로서, 곧 '너'의 유익을 위하여 다른 신들을 두는 행위를 나타낸다.

1. 다른 신들

먼저 '다른 신들'이 뜻하는 것은 무엇인가?

십계명이 다른 신들을 언급하는 것은 구약성경이 당시에 하나님 이외에 다른 신들이 있다는 것을 인정하는 것인가?

아니면 단지 표현에 불과한가?

그렇다면 오늘날 그리스도인들에게 하나님 이외에 다른 신들은 무엇인가?

구약 주변 세계는 다신론을 배경으로 하는 세계다.[1] 가나안 신화에도 최고의 신 엘이 있고, 신은 결혼을 통해 자식들을 낳았다(theogony). 이것은

---

1 김이곤, 『출애굽기의 신학』, 213.

가나안과 메소포타미아뿐 아니라 그리스[2] 등 당시 보편적인 신화였다. 신들의 세상은 사람들의 세상과 별반 다른 것이 없었다. 사랑하고 질투하고 죽이는 신들의 이야기가 나온다. 고대인들이 실제로 많은 신을 함께 섬겼지만, 이것을 현대의 인류학과 철학의 관점에서 볼 때 고대의 신화는 인간의 현실을 신의 이야기로 표현하는 도구였다.[3]

이러한 다신론의 배경에서 구약성경은 이방 백성이 자신들이 믿는 신을 섬기더라도, 오직 하나님의 백성은 야웨 하나님만 참된 신으로 섬겨야 한다고 말한다.[4] 사해사본과 70인역 신명기 32:8의 표현을 빌면 하나님이 세상을 만드실 때 신들의 수대로 땅을 구분하셨다는 표현이 나오고, 공동개정이 이러한 사본을 번역에 반영한다.

> 지존하신 이께서 만방에 땅을 나누어주시고, 인류를 갈라 흩으실 때, 신들의 수효만큼(κατὰ ἀριθμὸν ἀγγέλων θεοῦ) 경계를 그으시고 민족들을 내셨지만(신 32:8, 공동개정).

마소라 본문은 다신론의 표현을 가지고 있지 않고, 개역개정과 새번역이 번역하고 있듯이 지극히 높으신 자, '엘리욘'(עֶלְיוֹן)이 이스라엘 자손의 수에 따라 백성들의 경계를 정했다고 기록하고 있다.

> 지극히 높으신 자가 민족들에게 기업을 주실 때에, 인종을 나누실 때에 이스라엘 자손의 수효대로(לְמִסְפַּר בְּנֵי יִשְׂרָאֵל) 백성들의 경계를 정하셨도다
> (신 32:8, 개역개정).

---

2 헤시오도스, 『신통기』, 천병희 역 (서울: 한길사, 2004).
3 레비-스트로스, 『신화학 1-2』(*Mythologiques. 1, Le cru et le cuit; 2, du miel aux cendres*), 임봉길 역 (파주: 한길사, 2008).
4 G. von Rad, *Deuteronomy*, OTL (London: SCM Press, 1966), 56-57.

가장 높으신 분께서 여러 나라에 땅을 나누어 주시고, 인류를 갈라놓으실 때에 이스라엘 자손의 수효대로 민족들의 경계를 갈라놓으셨다(신 32:8, 새번역).

또한 창세기 10장의 족보를 보면 이집트(창 10:6의 '미스라임' [מִצְרַיִם])와 앗수르(창 10:22) 등 구약 주변 세계에서 거대한 제국을 형성했던 민족 역시 함과 셈 등 노아의 후손이었다는 사실을 보여준다. 그래서 이사야 19:25에서는 이집트를 하나님의 백성으로, 앗수르를 하나님의 손으로 지으신 것으로, 이스라엘을 하나님의 기업으로 선포한다. 그러나 시간이 흐르면서 이들이 이스라엘과 멀어지게 되고 다른 신을 섬기게 된 것을 암시한다. 시편 82:1은 '하나님은 신들의 모임 가운데에 서시며 하나님은 그들 가운데에서 재판하시느니라'라고 말하며, 2절 이하에서는 불의를 행하는 신들을 꾸짖고 계시다.[5]

이러한 차원에서 볼 때 구약은 단순한 유일신론(monotheism)이나 단일신론(henotheism)을 말하지 않고, 다른 신들의 존재를 알지만 야웨 하나님만이 참된 신이라는 차원에서의 일신 숭배(monolatry)를 말한다.[6] 그렇지만 정확히 말하면 다른 신을 두지 말라는 표현으로 볼 때 유일신 숭배 안에 유일신을 믿는 사상이 내포되어 있다고 봐야 할 것이다.[7] 고린도전서 8:5-6에서 바울도 이러한 이해를 하고 있다.

---

[5] 이 본문을 위해서는 하경택, "시편 82편의 해석과 적용," 「구약논단」 33 (2009), 49-66을 보라.
[6] 윌리엄 바클레이, 『오늘을 위한 십계명』(The Ten Commandments for Today), 이희숙 역 (서울: 컨콜디아사, 1988), 11-14; 박요한 영식, 『십계명』, 26-28. E. Hornung, Conceptions of God in Ancient Egypt: the One and the Many, trans. John Baines(Ithaca: Cornell University Press, 1996)는 이집트의 일신론과 다신론을 연구하면서, 다신론은 단순하게 신이 여럿이라는 것을 주장하는 것이 아니라 하나의 신에 대한 여러 현상과 이해라고 분석한다.
[7] 박요한 영식, 『십계명』, 33. 반면에 D. L. Christensen, Deuternomy 1-11, WBC 6A (Dallas, Texas: Word Books, 1991), 111은 십계명의 첫째 말씀이 유일신론을 말한다고 해석한다.

> 비록 하늘에나 땅에나 신이라 불리는 자가 있어 많은 신과 많은 주가 있으나 그러나 우리에게는 한 하나님 곧 아버지가 계시니 만물이 그에게서 났고 우리도 그를 위하여 있고 또한 한 주 예수 그리스도께서 계시니 만물이 그로 말미암고 우리도 그로 말미암아 있느니라(고전 8:5-6).

여기에서 유의해야 할 점은 기독교의 신관은 엄밀하게 말해 유일신론이 아니라 삼위일체 신관이라는 사실이다. 유일하신 하나님 한 분만이 세상을 다스리시고 역사하시는 것이 아니라, 성부, 성자, 성령의 삼위 하나님이 함께 세상을 다스리시는 민주적인 모습을 보이신다.[8]

그러나 구약의 유일신론과 신약의 삼위일체 신관으로부터 구약과 신약의 불연속성을 지나치게 강조하는 것은 위험하다. 이것은 구약의 하나님은 전쟁과 심판의 하나님이고, 신약의 하나님은 사랑과 은혜의 하나님이라는 이원론적인 사상을 낳을 수 있다. 이미 구약의 하나님은 성부 하나님으로서 삼위일체 하나님의 한 위격을 차지하고 계시다. 구약에 나오는 유일신 하나님조차 사실은 주위에 함께 자신의 뜻을 상의할 수 있는 천상의 존재들을 거느리고 있는데, 이것을 드러내는 표현이 하나님을 '우리'라고 표현하는 것과 '만군의 하나님'이라는 표현이다.

먼저 하나님을 복수 '우리'로 표현하는 본문들이 그러하다. 창세기 1:26에서 우리의 형상대로 사람을 만드시고, 창세기 3:22에서 선악과를 따 먹은 아담과 하와가 우리 가운데 하나처럼 되었다고 말하고, 창세기 6장의 홍수 이야기에서 우리로 나타나고, 창세기 11:7에서는 바벨탑과 성을 쌓는 사람들을 보시기 위해 우리가 내려오신다.[9] 이처럼 하나님을 복수로 지

---

8 J. 몰트만, 『삼위일체와 하나님의 나라』(*Trinität und Reich Gottes*), 김균진 역 (서울: 대한기독교출판사, 1982).
9 W. R. Garr, *In His Own Image and Likeness: Humanity, Divinity, and Monotheism* (Leiden - Boston: Brill, 2003).

칭하는 것에 대해 대체적으로 히브리어 문법의 차원에서 장엄의 복수,[10] 교리적인 차원에서 삼위일체 등으로 해석해 왔다.

그런데 많은 구약학자는 하나님을 둘러싼 천상의 존재들의 회의체로 이 표현을 설명한다. 성경에는 천상 회의(heavenly council)를 드러내는 본문들이 있는데 대표적으로 앞에서 말한 시편 82편과 열왕기상 22장, 이사야 6장, 또한 예레미야 23:18-22 본문 등이다. 그러나 이러한 구약의 천상회의는 이방 신화에 나타나는 신들 사이의 싸움과 질투와 결혼 등의 사고와는 완전히 다르다. 하나님이 모든 신을 주관하고 다스리고 계시기 때문이다.

만군의 하나님에 해당하는 히브리 표현 '야웨 츠바오트'(יהוה צבאות)도 하늘의 존재들을 다스리시는 하나님을 나타낸다. 사실 '만군의 야웨'라는 표현은 히브리 문법에서는 가능하지 않은 표현이다. 야웨는 고유 명사고 츠바오트는 야웨를 수식하는 절대형으로서 히브리 문법에서 고유 명사는 그 명사를 꾸미는 다른 명사 앞에서 연계 형태로 나타날 수 없기 때문이다. 표현 자체부터 신비로운 만군의 하나님이라는 말은 우주 만물을 주관하시는 군대의 수장으로서 하늘의 천 군 천사를 거느리시는 하나님을 나타낸다.[11]

레위기 19:4도 "너희는 헛된 것들에게로 향하지 말며 너희를 위하여 신상들을 부어 만들지 말라 나는 너희의 하나님 여호와이니라"라고 말함으로써, 결론적으로 다른 신들을 헛된 것들이라고 규정한다.[12] 십계명을 비롯한 구약성경은 한 분 야웨만이 참된 하나님이심을 천명한다.

    이스라엘아 들으라 우리 하나님 여호와는 오직 유일한 여호와이시니(신 6:4).

    שְׁמַע יִשְׂרָאֵל יְהוָה אֱלֹהֵינוּ יְהוָה אֶחָד׃

---

10 Gesenius, § 122 g.
11 자콥, 『구약신학』, 59-61.
12 침멀리, 『구약신학』, 153.

2. 나 외에, 내 앞에

'나 외에'로 번역한 개역개정을 읽을 때, 독자들은 하나님 이외에 아예 다른 신들이 없다는 유일신론 입장을 생각하게 된다. 반면 새번역과 공동개정이 '내 앞에서' 다른 신들을 섬기지 말라는 것은 하나님이 안 계신 곳에서, 이방인들이 섬기는 이방 신들의 존재는 인정하는 것으로 여기게 할 수도 있다.

'나 외에'나 '내 앞에'에 해당하는 히브리어 표현은 '알 파나이'로서, 직역하면 '내 얼굴 위에,' '내 얼굴을 거슬러,' '내 얼굴 앞에,' '내 얼굴을 등지고' 정도에 해당한다. '알 파나이'가 인격적인 대상과 결합되어 사용되면, 일반적으로 공간적 개념을 갖는다.[13]

히브리어 문법에 따른 이해로 보면, 하나님은 자신의 임재 앞에 다른 것들을 신으로 섬기는 것을 용납하지 않으신다는 가르침을 준다. 70인역 출애굽기 20:3은 '나 외에'(πλὴν ἐμοῦ)로 번역하는데, 70인역 신명기 5:7은 보다 문자적으로 '내 얼굴 앞에'(πρὸ προσώπου μου)로 번역하고 있다. 따라서 오경이 헬라어로 번역된 대략 기원전 3세기의 유대인들도 '알 파나이'에 대한 여러 이해를 가지고 있었던 것으로 보인다.

반면 기원후 3세기의 오리게네스(Origenes)는 이 문장에 있는 '네게'에 관심을 기울인다. 이것은 아마도 고린도전서 8:5-6에 근거한 것으로 보인다.[14]

> 비록 하늘에나 땅에나 신이라 불리는 자가 있어 많은 신과 많은 주가 있으나 그러나 우리에게는 한 하나님 곧 아버지가 계시니 만물이 그에게서 났

13　H. Walton, "Interpreting the Bible as an Ancient Near Eastern Document," D. I. Block (ed.), *Israel: Ancient Kingdom or Late Invention? Archaeology, Ancient Civilizations, and the Bible*(Nashville: B&H, 2008), 306.

14　A. Le Boulluec et P. Sandevoir, *L'Exode*, 205.

고 우리도 그를 위하여 있고 또한 한 주 예수 그리스도께서 계시니 만물이 그로 말미암고 우리도 그로 말미암아 있느니라(고전 8:5-6).

하나님 앞에 하나님 이외의 다른 신을 있게 하지 말라는 가르침은 그렇다면 하나님이 보시지 않은 데에서는 상관없다는 말인가?
레위기 24:15-16이 마치 이러한 뉘앙스를 가지고 있는 것처럼 보인다.

> 너는 이스라엘 자손에게 말하여 이르라 누구든지 **그의 하나님**(אֱלֹהָיו)**을 저주하면** 죄를 담당할 것이요 **여호와의 이름을 모독하면** 그를 반드시 죽일지니 온 회중이 돌로 그를 칠 것이니라 거류민이든지 본토인이든지 여호와의 이름을 모독하면 그를 죽일지니라(레 24:15-16).

이 구절은 거류민이든지 본토인이든지 '야웨'의 이름을 모독하면 반드시 죽여야 한다고 말한다(16절). 야웨 하나님의 이름을 모독하는 범죄에 대해서는 어떠한 양보도 있을 수 없다. 그러나 15절은 누구든지 '그의 하나님'을 저주하면 자신의 죄를 담당하는 것으로 표현한다. 어드먼스(Eerdmans)는 15절에서 하나님은 야웨가 아니라, 이방인이 섬기는 신을 가리키는 것으로 해석한다.[15] 이러한 해석이 가능한 것은 미가 4:5에서도 같은 표현이 나온다는 점에 있다.

> 만민이 각각 **자기의 신**(אֱלֹהָיו)의 이름을 의지하여 행하되 오직 우리는 우리 하나님 **여호와의 이름**(שֵׁם־יְהוָה)을 의지하여 영원히 행하리로다(미 4:5).

---

15 B. D. Eerdmans, *Das Buch Leviticus*, Alttestamentliche Studien 4(Giessen: A. Töpelmann, 1912), 97-98. 이와 유사한 구문을 삼상 17:43 하('**그의 신들**의 [이름으로] 다윗을 **저주하고**')에서 찾을 수 있다. 김선종, "성결법전의 민간신앙," 158-180도 보라.

이럴 경우 이방인이 자신의 신을 저주할 경우 그 처벌의 내용은 그의 하나님에게 달려 있는 것으로 본문을 이해할 수 있다(삿 6:31 참조). 이스라엘의 야웨 하나님은 자신 앞에서 자신의 이름을 모독하는 것을 결코 용납하지 아니하신다. 이방인이 다른 신을 욕하는 것은 알 바 아니다![16] 그 신은 이미 거짓 신이기 때문이다. 그러나 이스라엘은 야웨 이외에 다른 신을 가지면 안 된다.

만일 이러한 해석이 가능하다면, 레위기 본문은 당시 민중들의 신관을 반영하는 것으로 이해할 수 있는데, 이러한 구절은 레위기에 반영된 민중이 가지고 있었던 일신숭배(monolatry)의 흔적을 드러내는 것으로 추측할 수 있다.[17]

3. 오늘날의 다른 신

그렇다면 십계명이 첫 가르침에서 유일하신 하나님에 대한 신앙을 요구하는지 생각할 필요가 있다. 이것은 단순히 다른 종교와의 관계에 대한 문제, 종교다원주의, 우상 숭배 등에 대한 이론적이고 철학적이며 종교학적인 가르침이 아니다. 성경은 하나님에 대한 신학책이 아니다.

유대인들은 성서신학이라는 말을 사용하지 않는다. 하나님을 사람의 개념 안에 포섭해 하나님의 자유를 제한하는 것을 용납하지 않는다. 그들은 성경을 하나의 큰 서사시로 봤고, 그러한 서사시와 이야기에 나오는 하나님을 사람들은 간접적으로 이해할 수 있을 따름이다.[18] 성서의 진리는 이

---

16 J. I. Durham, *Exodus*, 285.
17 유일신관(monotheism)과 일신숭배(monolatry)의 정의를 위해서는 하경택, "야웨 유일신 신앙의 형성 과정에 관한 소고," 「Canon & Culture」 4 (2010), 161, 각주 6을 보라.
18 벤 C. 올렌버거, 앨머 A. 마르텐스, G. F. 하젤 엮음, 『20세기 구약신학의 주요 인물들』, 110.

야기의 진리다.

십계명의 첫째 말씀은 말로는 하나님을 고백하지만, 실제적으로는 무신론적인 삶을 살아가는 명목적 유신론자, 실천적 무신론자를 향해 있다. 하나님을 말로는 고백하지만, 하나님 이외에 다른 것을 하나님보다 더 높이는 것이 문제다. 그것은 돈이나 권력이나 성이나 자녀나 그 밖의 모든 것이 될 수 있다. 특히 오늘날 많은 현대인이 다른 사람과 자신의 소유를 비교하는 비교의 노예로 살아간다.

사람이 가지고 있는 것, 명예, 그 외에 다른 어떠한 것도 하나님의 자리를 차지해서는 안 된다.[19] 더 나아가 하나님과 교회에 대한 신앙의 열정도 일종의 우상이 될 수 있다. 신앙 행위는 하나님의 창조와 구원에 대한 반응으로서 나오는 것이지, 능동적인 행위로 드러내려고 할 때 그조차도 자신의 의와 공로를 자랑하는 신앙 우상으로 변질될 수 있다.

십계명에 있는 10개의 말씀 가운데 하나님만을 참된 하나님으로 섬기라는 가르침은 하나님만을 하나님으로 여기는 삶이 모든 삶의 기초와 출발이 되어야 한다는 가르침을 준다. 하나님과의 관계, 사람과의 관계, 동식물을 포함하는 다른 모든 피조물과의 관계에서 그 관계 맺음의 출발은 하나님을 최우선의 자리에 놓느냐가 관계에 대한 판단의 가늠이 된다.

"그런즉 너희가 먹든지 마시든지 무엇을 하든지 다 하나님의 영광을 위하여 하라"라는 바울의 가르침(고전 10:31)은 사람의 행위와 생각의 기준이 하나님의 뜻에 합하느냐를 따져보라는 말씀이다. 이것이 바로 신앙인이 자신을 위해 하나님 이외에 하나님보다 더 높은 어떠한 거짓 신도 두지 말라는 첫째 말씀이 주는 메시지다.

---

[19] 안젤름 그륀, 『인생을 떠받치는 열 개의 기둥: 안젤름 그륀 신부의 십계명에 대한 새로운 해석』(Zehn Gebote), 송안정 역 (파주: 21세기북스, 2010), 37-43.

제3장

둘째 말씀(출 20:4-6; 신 5:7-10): 우상과 형상 금지

이집트에서 백성을 해방시키신 하나님이 해방된 자유민에게 주시는 둘째 말씀은 우상과 형상을 만들어 그것들을 숭배하지 말고 섬기지 말라는 가르침이다. 사실 우상 숭배 금지에 대한 명령은 이미 앞에서 살펴본 첫째 가르침에 속하는 내용이다. 하나님은 십계명의 첫째 말씀에서 이미 하나님 앞에, 하나님 외에 다른 신을 두지 말라고 명령하셨기 때문이다. 그래서 루터교회와 가톨릭교회와 유대교는 개신교와 동방정교회와 달리 십계명의 첫째와 둘째 말씀을 하나의 가르침으로 여긴다.

그렇다면 개신교 전통은 왜 하나님 외에 다른 신을 두지 말라는 첫째 말씀과 우상 숭배를 금지하는 둘째 말씀을 서로 다른 말씀으로 분리하고 있는가?

그것은 둘째 말씀에 있는 우상과 형상에 대한 정의로부터 질문에 대한 실마리를 얻을 수 있다(출 20:4-6).

> [4]너를 위하여 새긴 우상을 만들지 말고 또 위로 하늘에 있는 것이나 아래로 땅에 있는 것이나 땅 아래 물 속에 있는 것의 어떤 형상도 만들지 말며 [5]그것들에게 절하지 말며 그것들을 섬기지 말라 나 네 하나님 여호와는 질투하는 하나님인즉 나를 미워하는 자의 죄를 갚되 아버지로부터 아들에게로 삼사 대까지 이르게 하거니와 [6]나를 사랑하고 내 계명을 지키는 자에게는 천 대까지 은혜를 베푸느니라(출 20:4-6, 개역개정)

⁴너희는 너희가 섬기려고 위로 하늘에 있는 것이나, 아래로 땅에 있는 것이나, 땅 아래 물 속에 있는 어떤 것이든지, 그 모양을 본떠서 우상을 만들지 못한다. ⁵너희는 그것들에게 절하거나, 그것들을 섬기지 못한다. 나, 주 너희의 하나님은 질투하는 하나님이다. 나를 미워하는 사람에게는, 그 죄값으로, 본인뿐만 아니라 삼사 대 자손에게까지 벌을 내린다. ⁶그러나 나를 사랑하고 나의 계명을 지키는 사람에게는, 수천 대 자손에 이르기까지 한결같은 사랑을 베푼다(출 20:4-6, 새번역).

⁴너희는 위로 하늘에 있는 것이나 아래로 땅 위에 있는 것이나, 땅 아래 물 속에 있는 어떤 것이든지 그 모양을 본떠 새긴 우상을 섬기지 못한다. ⁵그 앞에 절하며 섬기지 못한다. 나 야훼 너희의 하느님은 질투하는 신이다. 나를 싫어하는 자에게는 아비의 죄를 그 후손 삼 대에까지 갚는다. ⁶그러나 나를 사랑하여 나의 명령을 지키는 사람에게는 그 후손 수천 대에 이르기까지 한결같은 사랑을 베푼다(출 20:4-6, 공동개정).

1. 우상과 형상 예배

출애굽기 20:4은 구절의 처음부터 '너를 위하여'(לְךָ) 우상과 형상을 만들지 말라고 명함으로써, 이것들이 신이 아니라 사람에게 봉사하기 위해 만들어진 사물임을 폭로한다. '우상'에 해당하는 히브리 낱말 '페셀'(פֶסֶל)은 돌이나 나무나 바위를 깎아 만든 우상을 뜻하는데, 나중에는 금속으로 만든 우상도 가리키게 된다(사 40:19; 44:10 등).[1] 다음으로 '형상'에 해당하는 히브리 낱말 '트무나'(תְּמוּנָה)는 어떤 존재나 사물에 대한 모양을 가리키는데, 구약성경에 모두 10번 나온다(출 20:4; 민 12:8; 신 4:12, 15, 16, 23, 25; 5:8;

---

[1] BDB, 820.

욥 4:16; 시 17:15). 우상이라는 낱말이 구약성경에서 28번 사용되어, 형상이라는 낱말보다 더 일반적으로 쓰인다.

이러한 우상과 형상은 출애굽기 20:4에 나오듯이 하늘이나 땅이나 물에 있는 것을 그리고 상징해 신성시할 수 있는 것들을 나타낸다. 그러나 그러한 우상들은 살아 있지 않다. 우상은 말하지도 보지도 듣지도 냄새 맡지도 만지지도 걷지도 소리 내지도 먹지도 못한다(신 4:28; 시 115:5-7). 그래서 5절 전반절에서 나오듯이 그러한 자연의 모사품이나 다른 신상에 절하거나 그것을 섬기면 안 된다.

여기에서 '섬기다'에 해당하는 히브리 동사 '아바드'(עבד)는 '절하다'(חוה)와 마찬가지로 예배하는 행위를 나타낸다. '아바드'는 십계명의 첫째 말씀에서 이미 살펴본 낱말로, 그곳에서는 '종의 집'이라는 표현에서 '종'(עבד)이라는 명사 형태로 나왔다. 결국 종의 집에서 해방된 백성이 또다시 하나님의 피조 세계를 표현하는 우상과 형상을 섬기는 어리석음을 저질러, 또다시 이집트의 노예 상태로 빠지는 것을 경고하는 것으로 볼 수 있다.

절하고 섬기는 것은 경건한 예배를 드리는 것을 나타내기 위해 사용되는 이사일의(二詞一意, hendiadys)의 표현이고, 이 금지문은 이방신을 섬기는 것을 금지하는 곳에서만 사용된다.[2] 이러한 차원에서 둘째 말씀은 이집트라는 노예의 땅에서 해방된 백성이 하나님께 부여받은 자유를 다른 신이나 우상에게 오용하지 말고, 그 자유를 하나님 안에서 누리도록 초대하는 것이다.

주석가들은 출애굽기 20:5과 신명기 5:9에서 '그것들'에 절하거나 섬기지 말라고 할 때, '그것들'이 첫째 말씀에 있는 '다른 신들'을 가리키는 것인지, 아니면 둘째 말씀에 있는 '우상과 형상'을 가리키는 것인지에 대해 논쟁한다.

---

2   카이저, 『구약성경윤리』, 102-103.

바인펠트(Weinfeld)는 구약의 유일신론 관점에서 다른 신들이 결국 우상을 가리키는 것이기에, 둘째 말씀에서 '그것들'은 다른 신들과 우상과 형상을 포괄적으로 가리키는 것으로 해석한다.[3]

이미 창세기 1장은 태초에 하나님이 하늘과 땅, 곧 우주 만물을 창조하신 하나님이라고 선언한다. 자연도 신으로 섬기던 고대인들의 종교성에 그러한 자연을 비신화화(demythologization)하고 그것들은 단지 하나님의 피조물에 불과하다고 천명함으로써, 창세기 1장은 오직 하나님 한 분만을 창조주로 고백한다. 그리고 십계명의 둘째 말씀에서도 이러한 하나님의 피조물을 높여 하나님처럼 섬기는 것을 경고한다. 하나님의 형상을 나타낼 수 있는 존재는 오직 사람뿐이다.[4]

> [26]하나님이 이르시되 우리의 **형상**(צלם)을 따라 우리의 **모양**(דמות)대로 우리가 사람을 만들고 그들로 바다의 물고기와 하늘의 새와 가축과 온 땅과 땅에 기는 모든 것을 다스리게 하자 하시고 [27]하나님이 자기 **형상**(צלם) 곧 하나님의 **형상**(צלם)대로 사람을 창조하시되 남자와 여자를 창조하시고 (창 1:26-27).

물론 위의 구절에서 '형상'과 '모양'에 해당하는 히브리 낱말은 십계명에 나오는 '트무나'가 아니라, '첼렘'(צלם)과 '드무트'(דמות)다. 그런데 이 낱말들은 모두 동의어로 사용된다.[5] 신명기 역사서에 기록된 역사(왕하 21:5; 23:5 등)와 예언자들의 고발(렘 8:2 등)을 살펴보면, 이스라엘 역사를 통해 이러한 천체 숭배가 민간과 왕실에서 끊이지 않았던 사실을 알 수 있

---

[3] M. Weinfeld, *Deuteronomy 1-11*, 290-291.
[4] 크리스토퍼 라이트, 『신명기』, 110.
[5] M. Weinfeld, *Deuteronomy 1-11*, 293. '하나님의 형상'이 가지고 있는 신학적이고 정치적인 의미를 이해서는 앞의 바인펠트와 박준서, "하나님의 형상(Imago Dei)에 관한 성서적 이해," 『구약세계의 이해』 (서울: 한들출판사, 2001), 13-37; 클라우스 베스터만, 『창조』(*Creation*), 황종렬 역 (칠곡: 분도출판사, 1997), 85-93을 보라.

다.⁶ 이 본문은 완고한 백성의 우둔함을 질타하고 있는 것이다.

이러한 천체 숭배 금지는 신명기 역사서의 서론에 해당하는 신명기가 이미 명시하고 있다.

> 또 그리하여 네가 하늘을 향하여 눈을 들어 해와 달과 별들, 하늘 위의 모든 천체 곧 너희의 하나님 여호와께서 천하 만민을 위하여 배정하신 것을 보고 미혹하여 그것에 **경배하며 섬기지 말라**(신 4:19).

이 구절에서 개역개정의 '경배하며 섬기지 말라'에 해당하는 히브리 동사는 십계명의 둘째 말씀에 나오는 '절하지 말며 그것들을 섬기지 말라'와 같은 동사다.

그런데 십계명의 둘째 말씀에 있는 우상과 형상은 하나님 이외 다른 사물이나 이방 신의 우상이나 형상만 말하지 않는다. 그것은 하나님을 표현하기 위한 우상이나 형상도 포함한다.⁷ 다른 신들을 두지 말라는 가르침은 이미 첫째 말씀에서 나왔기 때문이다. 그래서 마르틴 노트는 십계명의 둘째 말씀이 우상을 금지하는 것은 "이스라엘의 합법적인 예배를 위해 만들어질 것으로 우려되는 그러한 형상을 두고 말한 것"으로 해석한다.⁸

바로 이러한 차원에서 첫째 말씀과 다른 점을 찾을 수 있다. 첫째 말씀이 하나님 앞과 하나님 외에 다른 신을 두는 것을 금지한다면, 둘째 말씀은, 비록 우상이나 형상이 하나님을 표현하기 위해 만들어져 하나님께 절하고 하나님을 경배하기 위한 우상과 형상을 가리킬지라도, 하나님을 사람의 눈에 보이는 우상이나 형상으로 표현해서는 안 된다는 것을 말한다.

---

6 강승일, "고대 이스라엘의 달신 숭배와 그 배경," 「구약논단」 42 (2011), 154-162를 보라.

7 김이곤, 『출애굽기의 신학』, 215; 발터 침멀리 『구약신학』, 155-160; 배희숙, "형상 금지 - 고대 이스라엘 종교의 신학 개혁 -," 「Canon & Culture」 24 (2018), 163; 크리스토퍼 라이트, 『신명기』, 131. 109.

8 마르틴 노트, 『출애굽기』(*Exodus*), 국제성서 주석 (서울: 한국신학연구소, 1981), 194.

크리스텐센(Christensen)은 다른 각도에서 십계명의 둘째 말씀이 이방신이 아닌 야웨 하나님에 대한 형상을 만드는 것을 금지하는 것으로 해석하는데, 그는 십계명의 첫째 말씀이 다른 신들의 존재 자체를 부정하기 때문이라는 데에서 근거를 찾는다.[9]

강승일은 고고학의 입장에서 이스라엘의 반형상주의는 신명기적 문학 현상이며, 야웨가 아닌 다른 생명체나 사물을 신상으로 만들어 그것을 섬기는 것을 금지하는 것이라고 주장한다.[10] 야웨 하나님을 나타내는 신상을 만드는 것을 명시적으로 금지하는 것은 아니라고 본다. 아마도 솔로몬 성전에는 야웨의 신상이 존재했을 수 있으며, 이것을 추측하게 하는 성경의 본문들, 곧 신상의 입을 여는 의식을 반영하는 본문이나 하나님의 얼굴을 보는 장면을 보도하는 본문들을 근거로 든다(시 17:15; 사 6, 44장; 렘 10장). 그는 엘리트 종교의 입장에서 성경의 최종 편집자가 신상의 존재나 기록을 없앴을 것으로 추측한다.[11]

김용규는 교회사의 관점에서 성상파괴 운동이 가져온 부정적인 결과를 극복하려는 의도에서 십계명이 형상 만드는 것 자체를 금한 것이 아니고, 그것에 절하고 섬기는 숭배를 금하는 것이라고 해석한다.[12]

그러나 십계명의 둘째 말씀은 우상이나 형상을 만들지 말 것을 분명하게 언급한다('너를 위해 새긴 우상을 만들지 말고,' לֹא תַעֲשֶׂה־לְךָ פֶסֶל). 혹시 예루살렘 성전에 야웨의 신상이 있었을지라도, 그것이 합법적인 종교 행위였는

9　D. L. Christensen, *Deuternomy 1-11*, 111-112.
10　강승일, "성경의 증거로 본 이스라엘의 반형상주의,"「한국기독교신학논총」104 (2017), 16-17; 강승일,『신의 얼굴을 그리다』(서울: CLC, 2018), 209-303. 더 자세한 논의를 위해서는 K. van der Toorn (ed.), *The Image and the Book: Iconic Cults, Aniconism, and the Rise of Book Religion in Israel and the Ancient Near East*(Leuven: Peeters, 1997); T. N. D. Mettinger, No *Graven Image?: Isralite Aniconism in Its Ancient Near Eastern Context*(Winona Lake: Eisenbrauns, 2013)를 참조하라.
11　강승일, "고대 이스라엘의 신상과 신상의 입을 여는 의식,"「구약논단」57 (2015), 169-177.
12　김용규,『데칼로그』, 167.

지 이방의 오염된 풍습이 들어왔다는 것인지, 이스라엘 백성의 민간 종교의 영향인지에 대해서도 숙고할 필요가 있다.[13]

라이너 알베르츠(Albertz)는 예루살렘 성전에 있는 하나님의 보좌가 비어 있었다는 점에서 야웨주의는 이른 시기부터 반형상주의 입장을 견지한다고 주장한다.[14]

또한, 신명기 27:15의 저주 목록에서 첫째 저주의 내용이 우상 숭배에 대한 것임은 의미심장하다. 여기에서도 본문은 우상을 섬기는 것을 문제 삼는 것이 아니라, 우상을 만드는 것 자체를 하나님께 저주받아 마땅한 일로 여겨 금지한다. 특별히 폰 라트는 여기서의 우상이 야웨에 대한 우상을 가리키는 것으로 본다.[15]

> 장색의 손으로 조각하였거나 부어 만든 우상은 여호와께 가증하니 그것을 만들어 은밀히 세우는 자는 저주를 받을 것이라 할 것이요 모든 백성은 응답하여 말하되 아멘 할지니라(신 27:15).

이처럼 우상 제작과 숭배 금지에 대한 둘째 말씀은 하나님의 무한한 자유를 사람의 이성이나 감성의 제한된 표현에 얽어매려는 시도를 원천적으로 거부한다. 하나님의 생각은 사람의 생각과 다르다(사 55:8-9). 많은 사람이 자신이 읽고 자신의 방식대로 이해한 성경 말씀과 자신이 행한 기도를 통한 계시가 곧 하나님의 뜻이라고 착각하며 살아간다. 그러나 하나님은 사람의 생각과 이성과 사람이 가진 그 모든 것을 초월해 계신다.

이러한 측면에서 근대철학자 칸트(Kant)가 사람의 종교는 사람의 이성

---

13 강승일, "고대 이스라엘의 달신 숭배와 그 배경," 147-148은 달신 숭배에 대한 연구에서 민중 종교의 풍습을 찾으려고 시도한다.
14 라이너 알베르츠, 『이스라엘 종교사 I』(*Israelitische Religion*), 강성열 역 (서울: 크리스챤 다이제스트, 2003), 142.
15 G. 폰 라트, 『구약성서신학 1 – 이스라엘의 역사적 전승의 신학 -』(*Theologie des Alten Testaments*), 허혁 역 (칠곡: 분도출판사, 1976), 221.

의 한계 안에 있을 수밖에 없다는 말을 이해할 수 있다.[16] 사람이 신을 인식할 수 있는 것은 자신의 이성과 감정을 초월할 수 없다. 다시 말해 자신의 이성과 감성에 포섭된 하나님은 하나님의 극히 작은 일부일 뿐이지, 하나님 자체는 결코 아니다.

사람이 이해한 하나님과 하나님 자체는 다르다. 신앙인은 하나님이 자신의 인식 능력 너머에 계시다는 사실을 인정해야만, 하나님의 실재를 자신이 만든 하나님으로 축소시키는 잘못을 범하지 않게 된다.[17] 자신이 이해하는 말씀의 의미와 자신이 받은 계시에 대해 늘 자기반성하며 하나님의 자유를 침해해서는 안 된다. 하나님은 스스로 숨기시는 분(deus absconditus)으로서, 어떠한 우상으로도 하나님을 표현할 수 없다.

> 구원자 이스라엘의 하나님이여 진실로 주는 스스로 숨어 계시는 하나님이시니이다 우상을 만드는 자는 부끄러움을 당하며 욕을 받아 다 함께 수욕 중에 들어갈 것이로되(사 45:15-16).

한편 일부 학자들은 신명기 4:12에 근거해 하나님은 형상이 아니라 소리로 계시하시는 하나님이라고 주장하며, 우상 숭배 금지 조항을 이해한다.[18] 배희숙도 이 구절을 언급하며 형상을 금지하는 것은 개혁교회의 전통으로서, 설교와 말씀 연구의 중요성을 되새겨 준다고 말한다.[19]

---

[16] 임마뉴엘 칸트, 『이성의 한계 안에서의 종교』(Die religion innerhalb der Grenzen der blossen Vernunft), 신옥희 역 (서울: 이화여자대학교출판문화원, 1994).
[17] P. D. Miller, Deuteronomy, 75-78.
[18] 브레바드 S. 차일즈, 『구약신학』, 82; B. S. Childs, Exodus, 406-407; 장일선, 『십계명 해설』 (서울: 한국기독교장로회 총회 교육원, 1991), 39; 침멀리, 『구약신학』, 159; 김이곤, 『출애굽기의 신학』, 216.
[19] 배희숙, "형상 금지 - 고대 이스라엘 종교의 신학 개혁 -," 177.

> 여호와께서 불길 중에서 너희에게 말씀하시되 음성뿐이므로 너희가 그 말소리만 듣고 형상(תְּמוּנָה)은 보지 못하였느니라(신 4:12).

그러나 소리로 자신을 계시하신다는 하나님에 대한 이 구절 역시 신인동형동성론(anthropomorphism)적인 한계를 넘어서는 것은 아니다. 하나님은 시각과 청각, 또한 촉각 등의 사람의 감각을 뛰어넘어 계신 분이시기 때문이다. 결론적으로 우상 숭배 금지에 대한 가르침은 하나님을 우리가 원하는 하나의 상, 제한된 상에 가두어 놓아서는 안 된다는 가르침을 준다.[20]

안젤름 그륀(Anselm Grün)은 우상과 형상을 만들지 말라는 십계명의 둘째 가르침에서 사람의 자아상에 대한 흥미로운 관찰을 한다. 그는 우상과 형상 금지 조항을 단지 하나님에 대한 믿음에만 적용하는 것이 아니라, 사람도 사람 자신에 대한 어떠한 상에 가두어 두면 안 된다고 주장하며 사람의 삶에 십계명의 둘째 말씀을 적용한다. 만일 사람이 자신이 만들어 놓은 자아상에 자신을 가두어 놓으면, 결국 그 사람은 열등감에서 벗어나지 못할 위험에 스스로 노출시킨다는 것이다. 더 나아가 그륀은 형상 금지를 유전자 조작을 통해 인간상을 형성시키려는 위험성을 경고하는 디트마르 미트(D. Mieth)를 인용해 우상과 형상 금지 조항을 유전자 조작이라는 현대 윤리의 문제와 연결시켜 분석한다.[21]

---

[20] 그륀, 『인생을 떠받치는 열 개의 기둥』, 47.
[21] 그륀, 『인생을 떠받치는 열 개의 기둥』, 55-58.

2. 나, 야웨, 너의 하나님은 질투하는 하나님

하나님은 우상과 형상을 만들지 말라는 이유를 설명하신다. 그 이유는 바로 '나, 야웨, 너의 하나님'(אָנֹכִי יְהוָה אֱלֹהֶיךָ)은 '질투하는 하나님'이기 때문이라는 것이다. '질투하는 하나님'이라는 표현이 출애굽기 34장의 십계명에서는 첫째 말씀에 나와("너는 다른 신에게 졑하지 달라 여호와는 질투라 이름하는 질투의 하나님임이니라," 14절) 출애굽기에 나오는 첫째 말씀과 둘째 말씀이 사실상 긴밀하게 연결되어 있음을 말한다.

먼저 '나, 야웨, 너의 하나님'이라는 히브리어 표현은 출애굽기 20:2의 십계명 서문에 이미 나왔다. 거기에서는 야웨의 자기소개 양식에서 '나는 야웨, 너의 하나님이다'라는 문장 형태였다. 그런데 둘째 가르침에서는 이 세 낱말이 주어로 등장한다. 서문에서 밝혔듯이 이집트 땅, 종의 집에서 백성을 이끌어 내신 야웨, 너의 하나님은 둘째 계명에서 질투하는 하나님으로 정의된다. 이집트의 파라오와 그 땅에 있던 수많은 식물과 짐승을 신으로 섬기는 것을 질투하시고, 앞으로 가나안 땅에 들어가 만나게 될 수많은 신을 섬기는 것을 질투하신다는 것이다.

'질투하는 하나님'에 해당하는 히브리어 표현 '엘 칸나'(אֵל קַנָּא)는 구약에서 모두 다섯 번 나타나고(출 20:5; 34:14; 신 4:24; 5:9; 6:15), 히브리어의 '엘 칸노'(אֵל קַנּוֹא)라는 형태로 두 번 나타난다(수 24:19; 나 1:2). 하나님이 질투하신다는 표현은 하나님이 속이 좁은 분임을 나타내는 것이 아니다. 질투는 그 대상을 사랑하기 때문에 발생하는 자연스런 현상이다.

질투는 사랑한다는 사실을 보여준다. 하나님과 이스라엘 백성의 관계는 부부 사이의 관계로 묘사된다(호 1-3장; 렘 3장; 겔 16, 23장 등). 아가는 사랑은 죽음보다 강하고 질투(קִנְאָה)는 스올 같이 잔인하다고 말함으로써 사랑하는 대상에 대한 독점적인 사랑을 강조한다(아 3:6). 사랑하는 사람이 서로 사랑하기로 언약을 맺었는데, 다른 사람을 사랑하는데도 질투하지 않고 아무 감정이 일어나지 않는다면, 그것은 사랑하지 않는다는 것에 대한 증거다. 백성이 하나님 앞에서 또는 하나님 이외에 다른 신을 섬기거나 자연의 어떤 대상을 형상화해 신으로 섬기거나 더 나아가 하나님을 형상화한 대상을 섬기는 것에 대해 질투하신다는 것이다.

질투는 하나님만 절대적으로 섬기는 것을 요구하는 상태를 나타낸다. 이러한 점에서 '질투하는'에 해당하는 히브리 낱말 '칸나'에는 부정적인 뜻만 있는 것이 아니라, 사랑하는 상대에 대한 '열정적인'(impassioned, zealous, passionate)이라는 긍정적인 뜻도 있다. 그렇다면 질투하는 하나님 안에도 이스라엘 백성을 향한 하나님의 은총의 측면이 있다고 말할 수 있다.[22]

그런데 만일 둘째 말씀에서 우상이나 형상이 하나님을 표현하기 위한 것이라면, 그러한 신앙 행위에 대해서도 하나님은 질투하신다고 말할 수 있겠는가?

그렇다. 이는 십계명의 둘째 가르침이 그러한 행위에 대해 하나님을 미워하는 죄라고 표현하고 있기 때문이다. 비록 그것이 하나님을 표현하는 우상과 형상일지라도, 그러한 우상과 형상을 만들어 섬기는 것은 하나님을 사랑하는 것이 아니라, 하나님을 미워하고 싫어하는 행위라는 것이다. 잘못된 사랑이다.

사랑은 사랑하는 대상이 원하는 것을 행하는 것이다. 사랑한다고 하면서 사랑의 대상이 싫어하는 것을 행하는 것은 그 대상을 사랑하는 것이 아니라 대상을 괴롭게 만드는 것이다. 그만큼 하나님을 어떠한 제한된 모양과 형상에 묶어 두려는 사람의 크고 작은 모든 행위를 십계명의 둘째 말씀은 거부한다. 이것은 십계명의 매우 고차원적인 종교성을 입증한다.

믿음이 약한 사람은 자신이 믿는 대상을 눈으로 확인해야 위안을 얻는다. 마치 논리실증주의(logical positivism)적인 신앙이다. 눈으로 볼 수 있는 것, 입증할 수 있는 것만 믿을 수 있다는 태도다. 그런데 문제는 눈으로 확

---

22 더 자세한 논의를 위해서는 W. H. C. Propp, *Exodus 19-40*, 191과 M. Weinfeld, *Deuteronomy 1-11*, 293-294를 보라.

인하는 데에서 만족하지 않는다는 점에 있다. 눈으로 확인하면 그다음부터는 그 대상을 자신의 것으로 포섭하고 소유하려고 한다. 하나님을 하나님으로 인정하는 것은 하나님의 자유를 침해하지 않고 사람이 도달할 수 없는 하나님만의 영역을 있는 그대로 놓아드리는 것이다. 참된 사랑과 믿음은 비록 눈으로 볼 수 없고, 증명할 수 없을지라도 실천 가능한 것이다(히 11:1).

그래서 종교개혁 시대에 급진적인 종교개혁자들은 삼위일체 하나님에 대한 어떠한 형상도 철저하게 금지하고 파괴했다. 그것이 십자가든 하나님을 찬양하는 음악을 연주하는 악기든, 하나님의 창조와 구원의 역사를 표현하는 성화든, 위대한 성인이든, 그 어느 사람이나 그 어떤 것이 하나님의 자리를 대신 차지하게 되는 순간부터 그것은 결국 하나님을 분노하게 만드는 행위가 된다. 사실 16세기 종교개혁 이전에 이미 726년 동로마제국 황제 레오 3세의 성상 파괴령를 비롯한 8-9세기 성상 파괴 운동(iconoclasm) 등이 모두 이러한 하나님 숭배와 하나님에 대한 형상의 문제에 대한 논쟁을 반영한다.[23]

그러나 부인할 수 없는 사실은 중세 시대 성화와 교회의 스테인드글라스는 글 모르는 사람들을 위한 성경의 역할을 했다는 점이다. 성화나 아이콘 등이 가난한 사람들, 배우지 못한 사람들에게는 성경에 나오는 역사를 눈으로 쉽게 알게 해주는 기능을 했다.[24] 칼뱅(Calvin)이 성화에 대해 부정적인 입장을 가지고 있는 반면에, 루터는 성화가 신앙생활을 고양하는 데 유용하다면 이용할 수 있다는 입장을 보이고 있다.[25] 성화나 아이콘이나 기타 어떠한 상징이 하나님을 하나님 되지 않게 하는 우상의 역할을 하게

---

[23] 조용훈, 『우리 시대를 위한 하나님의 열 가지 말씀: 십계명의 영성과 윤리』 (서울: 동연출판사, 2015), 112-113.
[24] 볼프 외, 『그러니, 십계명은 자유의 계명이다』, 72.
[25] 올리비에 크리스텡, 『종교개혁: 루터와 칼뱅, 프로테스탄트의 탄생』(*Les Réformes, Luther, Calvin et les protestants*), 시공 디스커버리 총서 82, 채계병 역 (서울: 시공사, 2009), 143.

하는 것은 문제이지만, 인간의 이성과 감성을 뛰어넘어 완전한 타자로서 존재하시는 하나님에 대한 영적인 상상력을 고양시키는 기능을 하게 한다면, 음악가나 예술가나 문학가의 영적인 상상력은 적극적으로 발휘될 수 있는 장을 교회는 마련해야 한다.

특히 오늘날 신학이 지나치게 주지주의적으로 흐르는 이 시대에 메마른 현대인의 감성과 영성을 종교적 심성으로 자극할 필요가 있다.[26] 신학이나 지성이 사람과 피조 세계를 구원하지 않는다. 구원은 사람의 지, 정, 의, 모든 피조 세계의 통전적인 차원을 포함한다.[27]

3. 삼사 대의 벌과 천 대의 은혜

하나님이나 다른 신 또는 어떤 대상에 대한 우상을 섬김으로써 하나님을 미워하는 사람이 만나게 될 결과는 그 죄를 잘못을 저지른 사람의 후손에 삼사 대에 이르기까지 이르게 하시겠다는 하나님의 경고다(출 20:5). 칼뱅은 이러한 하나님의 행위가 "[…] 선조의 불경건을 분명히 모방하게 될 자자손손에게까지 이르게 될 복수"라고 해석하며 민수기 14:18과 출애굽기 34:6-7의 예를 든다.[28] 그러나 어떤 사람이 잘못한 것을 후손의 삼사 대에까지 갚으시겠다는 표현은 죄에 대한 연좌제에 대한 표현이 아니다.[29]

아버지와 후손의 삼사 대라는 표현은 고대 이스라엘의 가족의 범위를 나타낸다. 고대 이스라엘의 행정구역은 지파, 부족, 가족(아버지의 집)의 계

---

[26] 이러한 오늘날 신학의 문제와 그 대안을 이해서는 리차드 빌라데서, 『신학적 미학: 상상력, 아름다움, 그리고 예술 속의 하나님』(*Theological Aesthetics: God in Imagination, Beauty, and Art*), 손호현 역 (서울: 한국신학연구소, 2001)을 보라.
[27] 김선종, "구약성서의 구원론," 「신학이해」 53 (2019), 75-101.
[28] 존 칼빈, 『기독교 강요 2』(*Institutes of the Christian Religion*), 고영민 역 (서울: 기독교문사, 2012), 263-264.
[29] 크뤼제만, 『자유의 보존』, 42.

층을 이루고 있었다. 우리말 성경에서 주로 '아버지 집'으로 번역된 '베트 아브'는 보통 60-70명으로 이뤄진 대가족으로 이 가족에서 3-4대가 함께 살고 있었다. 이러한 대가족에는 가족이 부리는 종도 포함하고 있었다.

레위기 18장과 20장은 가족 안과 밖에서 벌어지는 여러 성의 문제를 다루고 있는데, 특별히 근친상간을 금지하는 법은 단지 성윤리를 다루는 것이 아니라, 당시 가족의 범위를 알려주는 귀중한 자료다. 성관계가 가능한 관계는 본래 남이고 근친끼리는 성관계를 맺어서는 안 된다는 것인데, 레위기의 두 장을 보면 당시 가족이 3-4대에 걸쳐 이뤄진 것으로 보인다.[30]

그렇다면 우상을 섬겨 하나님의 벌을 받는 죗값을 삼사 대에까지 갚으시겠다는 것은 한 사람이 지은 죄의 결과가 죄를 저지른 사람을 둘러싸고 있는 모든 가족 공동체에까지 영향을 미친다는 사실을 알려준다. 특히 개인과 공동체를 분리하지 않았던 고대 이스라엘, 정확히 말해 현대적인 의미에서 원자적인 개인이라는 의식이 존재하지 않았던 당시에 한 사람이 저지르는 죄가 공동체에 끼치는 영향은 무시할 수 없었을 것이 분명하다.

침멀리는 하나님이 삼사 대까지 벌을 내리겠다는 표현은 가족이 더 이상 뻗어 나가지 못하도록 진멸시켜 버리는 것을 뜻하는 것으로 해석하는데,[31] 본문에는 진멸의 뉘앙스가 분명하게 나타나지 않는다. 따라서 죄가 공동체에 미치는 영향력으로 이해하는 것이 더 설득력이 있다.

여호수아서에 나오는 아간의 경우가 이러한 사실을 보여준다. 전리품을 하나님께 바치지 않고 자기의 소유물로 훔친 아간은 그 자신만 처벌받지 않고, 그의 모든 가족이 함께 처벌을 받았다(수 7:25). 이것은 오늘날의 관점으로는 매우 불합리한 처사라고 볼 수 있지만, 당시 개인과 공동체의 운명을 하나로 본 윤리적 차원에서는 당연한 결과로 볼 수 있다. 삼사 대에 그 벌을 미치게 하시겠다는 하나님의 말씀은 오늘날 개인이 살아갈 때, 그가 속한

---

[30] 김선종, "레위기의 가족구조," 「신학이해」 43 (2012), 7-26.
[31] 침멀리, 『구약신학』, 144. W. H. C. Propp, *Exodus 19-40*, 172-173도 '삼사 대'를 문자적으로 이해한다.

공동체에 미칠 개인의 행동에 대한 영향력과 책임을 강조하신다.[32]

이것은 기독교가 말하는 원죄 교리와도 같다. 원죄 교리는 마치 아담이 저지른 처음 죄가 아들과 후손을 통해 유전된다는 말이 아니다. 원죄란 사람의 저지르는 죄가 사람의 의지를 초월해 하나의 분명한 실체로 존재한다는 말이다. 죄의 불가피성과 죄의 공동체성, 또한 죄의 보편성을 말한다.[33]

그러나 개인이 공동체에 미치는 연대성에 대한 이러한 강조가 악용되고 오용되는 일이 벌어지게 된다. 하나님의 백성이 죄를 지어 바벨론에 포로로 사로잡혀 가게 되는 운명을 맞이하게 되어, 많은 이스라엘 사람들이 그러한 고난을 겪게 된 것이 조상들이 저지른 잘못이라고 생각하며 조상 탓을 하게 된 것이다. 부모를 잘못 만나 자신이 어려움을 겪게 되었다는 것이다.

예레미야와 에스겔 당시 "아버지가 신 포도를 먹었으므로 아들들의 이가 시다"라는 속담이 있었던 것이 이것을 반영한다(렘 31:29; 겔 18:2). 이러한 개인과 공동체의 운명에 대한 연대감을 악용해 자신의 잘못을 조상의 탓으로 돌린 백성에게 예레미야와 에스겔은 자신이 저지른 죄를 그 자신만이 책임지게 될 것이라는 윤리적 개인주의(ethical individualism)의 가르침을 준다.

이러한 죄와 벌에 대한 개인주의적인 가르침은 이미 신명기 7:9-10과 24:16에 나타나고 있다.

> 아버지는 그 자식들로 말미암아 죽임을 당하지 않을 것이요 자식들은 그 아버지로 말미암아 죽임을 당하지 않을 것이니 각 사람은 자기 죄로 말미암아 죽임을 당할 것이니라(신 24:16).

---

[32] 에른스트 뷔르트바인, 오토 메르크, 『책임』(Verantwortung), 황현숙 역 (서울: 대한기독교서회, 1991), 60-71은 이것을 '가족 사이에서의 유대감'으로 부른다.
[33] 볼프하르트 판넨베르크, 『판넨베르크 조직신학 II』, 410-467.

따라서 한 개인의 잘못이 삼사 대에 영향을 끼친다는 것과 한 사람이 저지른 잘못을 그 개인만 지게 하시겠다는 하나님의 말씀은 서로 모순되는 것이 아니다. 강조점이 다를 뿐이다. 한 개인의 잘못을 마치 삼사 대까지 시간적으로 벌하시는 하나님으로 잘못 이해해 구약의 폭력성이라는 결론을 이끌어 내는 것은 신중하지 않은 발상이다. 이것은 삼사 대가 함께 공존하던 가족에 미치는 죄의 결과를 강조하시는, 가족 공동체를 악에서 지키려고 하시는 사랑과 염려로 가득 찬 하나님의 경고의 말씀이다.

십계명의 둘째 말씀에 하나님의 사랑과 은혜가 나타나는 것은 하나님을 사랑해서 하나님의 계명을 지키는 사람들에게는 하나님이 은혜를 천 대까지 베푸시겠다는 표현에 나타난다(출 20:6). '계명'에 해당하는 히브리어 낱말 '미츠바'(מִצְוָה)에는 법의 의미가 있다. 이러한 법의 용어가 하나님의 10개의 말씀에 나타나는 것은 십계명이 가지고 있는 법의 차원을 반영한다.

비록 십계명에는 처벌 조항이 없어서 법이 아니라 윤리적 가르침으로 볼 수 있지만, 본문은 분명히 '계명'이라고 명시하고 있다. 물론 이 '계명'이라는 낱말이 십계명 자체를 가리키는 것이 아니라, 십계명 밖, 오경에 있는 계명을 가리킬 수 있지만, 십계명 본문도 포함하는 것으로 보는 것이 합당하다.

하나님을 사랑하고 하나님의 계명을 지키는 사람에 은혜를 베풀어 주신다고 할 때의 '은혜'는 '헤세드'(חֶסֶד)로서 계약적 사랑, 자비, 은총을 뜻한다.[34] 하나님은 자신을 선대한 사람을 그냥 못 본 체하지 않으신다. 하나님이 맺으신 언약을 기억하시고 그 사랑과 은혜를 천 대까지 갚으신다. 개역개정의 '천 대'에 해당하는 히브리 낱말 '알라핌'(אֲלָפִים)은 '천'의 복수형이다. 새번역은 "한결같은"으로, 공동개정은 "수천 대"로 옮기는데, 하나님이 베풀어 주시는 사랑이 영원하다는 것을 나타낸다.[35]

---

34 BDB, 339.
35 W. H. C. Propp, *Exodus 19-40*, 173.

4. 아론의 금송아지 사건의 가르침(출 32장)

아론의 금송아지 사건 이야기를 담고 있는 출애굽기 32장은 하나님이 이스라엘 백성에게 성막을 제조하도록 명령하신 출애굽기 25-31장의 단락과 백성들이 성막을 실제로 제조하는 출애굽기 35-40장 사이에 있다. 이스라엘 백성을 이집트에서 해방시키신 하나님은 하나님이 거하시는 곳, 백성이 하나님을 예배하는 장소인 성막을 만들 것을 명령하신다. 25-31장은 성막과 성막 안에 들어가는 많은 비품, 성막 설계도를 소개한다. 그래서 하나님이 하나님의 집을 만들 것을 명령하시고 백성들이 실행하는 사이에 사건이 일어나는데, 그것이 바로 금송아지 사건이다.

모세가 십계명을 비롯한 여러 법을 하나님께 받기 위해 시내 산에 올라간다. 그런데 산 밑에서 모세를 40일 동안 기다린 백성은 모세가 산에서 내려오지 않자 불안해한다. 그래서 사람들은 하나님과 모세 대신에 눈으로 볼 수 있고 손으로 만질 수 있는 금송아지를 만들자고 아론에게 제안한다(출 32:1).

그러자 아론은 백성들이 가지고 있던 금을 모아 송아지를 만들어서 4절과 8절, 두 번에 걸쳐 "이는 너희를 애굽 땅에서 인도하여 낸 너희의 신"이라고 외친다.[36] 금송아지 앞에서 마시고 뛰노는 백성을 본 모세는 십계명 돌판을 던져 깨뜨리고, 아론과 그의 주위에 있던 백성은 하나님께 심판을 받는다.

---

[36] 나중에 북이스라엘의 여로보암도 벧엘과 단에 금송아지를 만들고 "이는 너희를 애굽 땅에서 인도하여 올린 너희의 신들이라"(왕상 12:28)라고 말한다. J. 맥스웰 밀러, 존 H. 헤이스, 『고대 이스라엘 역사』(*A History of Ancient Israel and Judah*), 박문재 역 (서울: 크리스챤다이제스트, 2009), 295= 출 32와 왕상 12는 사독과 레위 제사장 계열의 이익을 대변하는 남부 예루살렘의 제의 진영, 곧 반아론계 진영을 대변하는 것이라고 분석한다. 이와 다른 입장을 위해서는 김대웅, "황금 송아지 숭배 사건에 관한 성경 내적 해석," 「Canon & Culture」 20 (2016), 185-218을 보라.

이 본문은 하나님에 대한 참된 사랑과 신뢰는 무엇인가에 대해 말한다. 하나님과 사람 사이에서, 또 사람과 사람 사이에서, 사랑과 신뢰 관계가 위기 상황에 처할 때 언제까지 지속될 수 있는가의 문제다.

이스라엘 백성은 이집트에서 430년 동안 노예 생활을 한다. 백성의 비참함을 보시고 구원하여 주신 분이 야웨 하나님이시다. 그런데 백성은 조금이라도 어려움을 만나면, 자신을 구원해 주신 하나님을 헌신짝처럼 버린다. 물과 고기를 달라고 원망한다. 십계명을 받기 위해 시내 산에 올라간 모세가 40일이 지나도 내려오지 않자, 백성은 허전한 마음을 달랠 수 없다. 그래서 눈에 보이고, 만질 수 있는 우상, 금송아지를 만든다. 금송아지는 힘과 권력을 상징한다.[37]

하나님과 백성의 사랑과 신뢰 관계, 모세와 백성 사이의 사랑과 신뢰 관계는 40일 만에 무참하게 깨지고 만다. 그래서 출애굽기 32장은 430년 동안 노예 생활의 사슬을 끊어주신 하나님의 크신 은총과 40일조차 견디고 기다리지 못하는 이스라엘 백성의 불신앙을 대조한다.

땅에서 노역하는 백성, 신음하는 백성을 하늘에서 바라보지 못하시고, 땅에 내려오셔서 구원하신 하나님을 백성들은 40일 만에 버린다. 40일을 견디지 못한다. 그래서 아론과, 그를 따르고 그에게 선동된 백성의 이야기는 과연 하나님에 대한 사랑은 무엇인가, 믿음과 신뢰는 무엇인가라는 신앙 본질의 문제를 다룬다. 자신에게 유익이 되면 아이처럼 좋아서 따르고, 그렇지 않으면 의심하고 헌신짝처럼 버리는 하나님의 백성의 나약함을 보여준다.

사랑은 단순한 감정이 아니다. 사랑은 감정을 넘어 의지의 차원을 가지고 있다. 사랑하지 못할 것 같은 때, 사랑할 수 없는 상황에 빠진 바로 그때, 사랑과 신뢰, 약속을 지키는 것이 참된 사랑이다. 허진호 감독이 2001년도에 만든 '봄날은 간다'라는 영화는 인간의 사랑의 본질과 현실을 다

---

37 조용훈, 『우리 시대를 위한 하나님의 열 가지 말씀』, 97, 각주 2.

룬다. 이 영화에서 남자 연인에 대한 여자 주인공의 사랑이 식자, 남자 주인공이 한마디 짧게 내뱉는데, 매우 인상적이다. 그 대사는 "사랑이 어떻게 변하니"라는 것이다. 소리치며 절규하지 않고, 체념하고 포기하며 '사랑이 어떻게 변하니'라고 속삭인다.

사랑은 변하는가, 변하지 않는가?

사람의 사랑은 변한다. 친구 사이의 우정도 변하고, 부부 사이의 사랑도 변하고, 부모와 자식 사이의 사랑도 변한다. 교회 안에서 교우 사이의 사랑, 교우와 목회자 사이의 사랑도 변한다. 정치인에 대한 사랑과 지지도 역시, 이해관계에 따라 하루가 다르게 출렁인다. 더 나아가 하나님에 대한 사람의 사랑도 시시때때로 변한다.

이처럼 사람의 마음, 사람의 사랑은 변하는데, 이것은 지금도 그렇고 모세 당시 백성도 그랬다. 하나님을 사랑하다가, 하나님을 버린다. 모세를 비롯한 지도자를 사랑하고 섬기다가, 외면한다.

하지만 백성에 대한 하나님의 사랑은 변하지 않는다. 자신을 떠난 백성, 자신을 배신한 백성을 하나님은 끝까지 버리지 못하신다. 사랑의 끈을 놓지 못하신다. 백성과 맺으신 약속, 언약, 계약 때문이다. 백성과 스스로 맺으신 사랑의 약속을 끊지 못하시는 것이다. 백성과 맺으신 언약에 스스로 얽어매고 계신다.

> 네 하나님 여호와는 자비하신 하나님이심이라. 그가 너를 버리지 아니하시며 너를 멸하지 아니하시며, 네 조상들에게 맹세하신 언약을 잊지 아니하시리라(신 4:31).

그래서 출애굽기 32장의 아론의 금송아지 사건 이야기를 통해 하나님이 오늘날 그리스도인에게 질문하신다. 하나님의 백성 된 그리스도인이 재물, 건강, 진로, 가정 등의 여러 문제로 괴롭고, 고통의 시간이 언제 끝날지 모를 정도로 계속될 때, 하나님에 대한 사랑과 신뢰를 과연 유지할 수 있느냐고 말이다. 모세가 40일이 지나도 시내 산에서 내려오지 않자 그 시간을 견디지 못해, 금송아지 같은 다른 그 무엇으로 대체하려는 마음이 없냐고 물으신다.

출애굽기 32장의 상황은 위기 상황이었다. 하나님이 숨어 계신 것 같았고, 지도자가 없는 부재 상황이었다. 이 본문은 이러한 백성의 위기 상황에서 두 명의 지도자를 소개한다. 모세와 아론이다. 모세와 아론의 리더십, 지도력을 비교한다.[38]

먼저 아론의 지도력을 살펴보자. 출애굽기 32:19-20에서 우상을 섬기는 백성을 본 모세가 화가 나서 십계명 돌판을 깨드리고 금송아지를 부수어 가루로 만들고, 가루를 물에 타서 백성에게 마시게 한다. 신명기 9:21에 따르면, "송아지를 가져다가 불살라 찧고 티끌 같이 가늘게 갈아 그 가루를 산에서 흘러내리는 시내에 뿌"린다.[39] 그리고 나서 21절에서 형님 아론에게 따져 묻는다.

> 이 백성이 형님에게 어떻게 하였기에, 형님은 그들이 이렇게 큰 죄를 짓도록 그냥 놓아 두셨습니까?(출 32:21, 새번역)

그러자 아론이 "이 백성의 악함을 당신이 다 아나이다"라고 모세에게 대답한다(출 32:22). 아론의 태도와 모습이 너무나 실망스럽고, 어처구니없다. 당시 상황은 모세 대행 체제였다. 아론은 모세가 없을 때, 백성의 마음을 강하고 담대하게 해야 했다. 비록 하나님이 안 보이고, 모세가 곁에 없지만, 모세가 십계명 돌판을 가지고 내려올 때까지 기다리도록 지도력을 발

---

[38] 박경식, "금송아지 본문(출 32-34장)에 대한 최근 연구사," 「한국기독교신학논총」 110 (2018), 15-18.
[39] 두 본문의 차이를 위해서는 전정진, "출애굽기와 신명기에 나타나는 황금 송아지 일화 비교," 「Canon & Culture」 1 (2007), 192-234; 이옐재, "ㅅ경과 신명기 사이의 차이점 연구-출 31:18-34:35," 「Canon & Culture」 1 (2007), 159-196을 보라.

휘했어야 한다.

 그러나 반대로 아론은 연약한 백성의 어리석은 요구를 받아들여 금송아지를 만들고는 "이는 너희를 애굽 땅에서 인도하여 낸 너희 신"이라고 외친다. 자신의 악한 태도는 숨기고, 백성이 본래 악한 것을 알지 못하느냐고 동생 모세에게 핑계를 댄다. 자신은 아무런 잘못을 저지르지 않았는데, 백성이 악해서 그렇게 했다는 것이다. 자신의 잘못을 백성에게 돌리는 부끄러운 짓을 행한다.

 이미 태초의 사람 아담과 하와가 그러했다. 선악과를 함께 먹은 공범인 아담은 자기 아내에게 잘못을 돌린다. 선악과를 따먹은 하와는 사람도 아닌 짐승 뱀에게 그 잘못을 돌린다. 깨진 부부 관계, 깨진 사람과 짐승 사이의 왜곡된 관계를 보여준다. 이처럼 자신의 잘못을 모른 체하고 남 탓하는 것이 바로 아론이 가지고 있던 지도력이었다. 지도자로서의 권리를 누리려고만 하지, 책임지려 하지 않았다. 어려운 일이 발생하면 회피하고, 그 탓을 남에게 돌린다. 이러한 아론과 같은 지도자는 공동체를 파괴하고 깨뜨리게 된다.

 그런데 모세는 한 마디로 짧게 하나님께 "주께서 기록하신 책에서 내 이름을 지워 버려 주옵소서!"(출 32:32)라고 간구한다. 생명책에서 자신의 이름이 지워지더라도 백성은 용서해 달라는 것이다. 이러한 사람은 공동체를 위해서는 무엇이든지 희생할 수 있다. 자기의 목숨마저도 내놓을 수 있다.

 '제 이름을 지워 주십시오!'

 사람은 누구나 자신의 이름을 드러내어 다른 사람들에게 인정받고 싶어 한다. 생명책에 이름을 기록하기 원한다. 사람은 본질적으로 명예에 대한 욕심, 정당하게 인정받고자 하는 마음을 버리기 힘들다. 창세기 11:4에서 사람들이 바벨탑을 쌓은 이유도 자기들의 이름을 내기 위한 것이었다. 하지만 모세는 자신의 이름이 잊히고 지워지더라도, 백성을 위한다면 아무 문제 없다고 생각한다.

사도 바울 역시 모세와 같았다. 바울은 "나의 형제 곧 골육의 친척을 위해 내 자신이 저주를 받아 그리스도에게서 끊어질지라도 원하는 바로라"라고 고백한다(롬 9:3). 자신의 혈통 유대인들이 구원을 받을 수 있다면, 그리스도에게서 끊어져도 상관없다는 것이다. 지도자 므세와 바울은, 죄인들을 살릴 수만 있다면 자신이 희생하는 것을 큰 기쁨과 영광으로 삼았다.

이러한 삶의 모습, 자신이 살기 위해 남을 죽이고, 남을 살리기 위해 자신을 죽이는 것에 대해 예수님은 "누구든지 제 목숨을 구원하고자 하면 잃을 것이요 누구든지 나를 위해 제 목숨을 잃으면 찾으리라"(마 16:25; 막 8:35; 눅 9:24)라고 말씀하신다. 또 "한 알의 밀이 땅에 떨어져 죽지 아니하면 한 알 그대로 있고 죽으면 많은 열매를 맺느니라"(요 12:24)라고도 말씀하신다.

살려고 하면 죽고, 죽으려 하면 산다는 것이다. 예수님은 실제로 그렇게 사시다가 돌아가셨다. 예수님은 하늘 보좌를 버리시고 이 땅에 내려오셔서, 죄인들을 위해 사셨고, 죄인들을 구원하시기 위해 자기 목숨을 속죄 제물로 바치셨다. 그런데 죄인을 위해 목숨을 바치신 예수님은 실패하신 것이 아니라, 지금도 영원히 살아계신다. 모세의 종말도 그러하다. 신명기 34:5-7은 다음과 같이 보도한다.

> 이에 여호와의 종 모세가 여호와의 말씀대로 모압 땅에서 죽어, 벳브올 맞은편 모압 땅에 있는 골짜기에 장사되었고 오늘까지 그의 묻힌 곳을 아는 자가 없느니라. 모세가 죽을 때 나이 백이십 세였으나 그의 눈이 흐리지 아니하였고 기력이 쇠하지 아니하였더라(신 34:5-7).

공동체를 위해 자기 이름을 생명책에서 지워달라고 기도한 모세는 자기 이름이 지워진 것이 아니라, 반대로 죽을 때까지 눈에서 빛을 잃지 않고, 기력은 정정했고, 그 무덤이 어디에 있는지 사람들이 알지 못하도록 하나님이 모세에게 신비로운 죽음을 허락하셨다.

제4장

셋째 말씀(출 20:7; 신 5:11): 야웨의 이름

십계명의 첫째 말씀과 둘째 말씀이 유일하신 하나님에 대한 신앙과 우상 숭배 금지에 대해 가르친다면, 셋째 말씀은 하나님의 이름을 어떻게 대해야 할 것인가의 문제를 다룬다.

> 너는 네 하나님 여호와의 이름을 망령되게 부르지 말라 여호와는 그의 이름을 망령되게 부르는 자를 죄 없다 하지 아니하리라(출 20:7, 개역개정).

> 너희는 주 너희 하나님의 이름을 함부로 부르지 못한다. 주는 자기의 이름을 함부로 부르는 자를 죄 없다고 하지 않는다(출 20:7, 새번역).

> 너희는 너희 하느님의 이름 야훼를 함부로 부르지 못한다. 야훼는 자기의 이름을 함부로 부르는 자를 죄 없다고 하지 않는다(출 20:7, 공동개정).

1. 야웨, 네 하나님의 이름

십계명의 셋째 말씀은 '야웨, 너의 하나님의 이름'(שֵׁם־יהוה אֱלֹהֶיךָ)을 망령되게(개역개정), 함부로(새번역, 공동개정) 부르지 말라고 한다. 동양 사회와 문화에서 부모님의 이름을 함부로 부르지 않는 것이 전통이라면, 하나님의 이름을 함부로 부르는 것이야 굳이 말할 필요가 없다.

십계명의 서문과 둘째 말씀에 나왔던 '야웨, 너의 하나님'이라는 표현이 셋째 말씀에서 다시 나타난다. 하나님과 백성과의 관계를 다루는 1-4계명은 그만큼 야웨를 이스라엘 백성 개개인의 하나님으로 강조하고 있다. 새번역과 공동개정이 히브리 원문 '네 하나님'(אלהיך)을 '너희 하나님'으로 번역해 이스라엘 백성을 복수로 표현하고 있는데, 이것은 계명을 받는 대상을 이스라엘 백성 개개인을 집단으로 이해해 복수로 의역하는 것으로 보인다.

한글성경은 히브리 성경에 나타나는 단수와 복수의 차이를 문맥에 따라 통일시켜 번역하는 경향이 있지만, 사실 히브리 원문에는 주어나 목적어의 수가 같은 본문 안에서도 다르게 나타나는 경우가 많다. 특히 신명기에서 이러한 경우가 자주 나타나는데, 이처럼 단수와 복수가 변화하며 함께 나타나는 현상을 수의 변화(Numeruswechsel)라고 한다.

일반적으로 문헌비평 학자들은 하나의 본문 안에 단수와 복수가 동시에 나타날 때, 서로 다른 문서가 결합되어 있는 것으로 이해한다. 반면 수사비평 학자들은 이스라엘 백성을 단수 '너'로 표현하는 것은 이스라엘 공동체를 하나의 인격체로 여기고, 복수 '너희'로 표현하는 것은 이스라엘 백성 각각을 강조하기 위한 것으로 본다.[1]

십계명의 셋째 말씀에서 살펴봐야 하는 것은 구약성경이 말하는 이름이다. 성경은 이름이 단순히 그 이름을 가진 대상을 가리키는 명목상의 약속에 불과한 것으로 여기지 않는다. 하나님이나 사람이나 사물의 이름은 그 이름이 지칭하는 대상의 본질을 가지고 있다고 여긴다.

따라서 하나님이 첫 인간 아담과 하와에게 다른 짐승들의 이름을 짓게 하신 것(창 2:19)은 단순히 타자를 인식하고 구별하기 위한 약속 체계가 아

---

1 이러한 '수의 변화'의 현상을 위해서는 J. Joosten, "The *Numeruswechsel* in the Holiness Code (Lev XVII-XXVI)," K.-D. Schunk/M. Augustin(eds.), "*Lasset uns Brücken bauen…*" BEATAJ 42 (Frankfurt a. M.: Peter Lang, 1998), 67-71을 보라. 장일선, 『십계명 해설』, 16도 보라.

니라, 그 대상의 본질을 파악하고 규정하고 다스리는 행위로 볼 수 있다. 사르트르(Sartre)와 같은 실존철학자들이 이름은 단지 본질에 대한 우연적인 부름으로 여기는 것과는 차원이 다르다.[2] 성경은 철저히 이름 안에 본질이 들어 있다는 본질주의와 실재론의 입장에 서 있다.

이러한 차원에서 신명기 12장의 성소 중앙화 규정을 이해할 수 있다.[3] 하나님은 하나님이 선택하셔서 자신의 이름을 두신 한 장소를 성소로 정하시고, 백성들이 그 정해진 하나의 성소에서 제물을 드릴 것을 명령하신다. 하나님 자신은 하늘에 계시지만, 그 대신에 하나님은 자신의 이름을 성소에 두심으로써 자신의 임재를 나타내신 것이다. 신명기 신학은 하나님 자신이 성소 안에 계시다고 말하는 내재적인 하나님을 말하는 레위기와 민수기의 제사장 신학과는 다르다.

> 남녀를 막론하고 다 진영 밖으로 내보내어 그들이 진영을 더럽히게 하지 말라 **내가 그 진영 가운데에 거하느니라** 하시매(민 5:3).

> 너희는 너희가 거주하는 땅 곧 내가 거주하는 땅을 더럽히지 말라 **나 여호와는 이스라엘 자손 중에 있음이니라**(민 35:34).

하나님의 내재성을 강조하는 레위기와 민수기와 달리, 신명기는 하나님의 초월성을 강조한다. 신명기와 신명기 역사서가 이름을 강조하는 것은 하늘에 계신 절대 타자로서 하나님의 초월성을 강조하는 동시에 이름을 성소에 두심으로써 세상에 임재하시는 하나님의 내재성을 해결하기 위한

---

2 장 폴 사르트르, 『구토』(*La nausée*), 방곤 역 (서울: 문예출판사, 1999); 장 폴 사르트르, 『실존주의는 휴머니즘이다』(*L'existentialisme est un humanisme*), 왕사영 역 (서울: 청아출판사, 1995).
3 신 12장의 수사적 짜임새를 위해서는 이영미, "제의 중앙화와 세속화를 통한 개혁: 신명기 12장의 수사비평적 읽기,"「신학사상」 143 (2008), 65-96을 보라.

것이다. 하나님의 이름이 하늘에 계신 하나님을 대신한다.[4] 이것을 '이름 신학'(name theology)이라고 부른다.[5]

따라서 성경에서 등장인물들의 이름이 개인뿐 아니라 민족의 운명을 암시하는 기호로 작용하는 것을 이해할 수 있다. 사무엘상에 나오는 이가봇과 나발과 사울, 호세아의 자녀 로암미, 로루하마 등이 모두 그러하다. 사실 부모가 자녀의 이름을 지을 때, 일부러 '영광이 없다'(이가봇)나 '어리석음'(나발)으로 짓지는 않을 것이다. 이러한 이름을 짓는 행위는 신학적 행위로 해석해야 한다.

이러한 점에서 십계명의 셋째 말씀은 단지 하나님의 이름을 망령되게, 함부로 부르는 것을 문제 삼는 것이 아니라, 더 나아가 야웨 하나님 자체를 망령되게, 함부로 여기는 행위를 금지하는 것으로 이해해야 한다.

2. 망령되게, 함부로 부르다

그렇다면 하나님의 이름을 망령되게, 함부로 부른다는 것은 어떠한 잘못된 행위를 나타내는 것인가?

이 문제를 구체적으로 논의하기 전에, 우리말로 '망령되다'라는 것은 '늙거나 정신이 흐려서 말이나 행동이 정상을 벗어난 데가 있다'를 뜻하기에(국립국어원, 『표준국어대사전』), 우리말 '망령되게'와 '함부로'로 번역된 히브리 낱말 '샤베'(שָׁוְא)와는 다른 차원을 가지고 있다. 히브리 명사 '샤베'는 '가치 없음,' '비어 있음,' '거짓,' '속임' 등을 뜻한다.[6] 그래서 하나님의 이름을 망령되게, 함부로 부르는 것은 의미 없이, 빈말로 가볍게 부

---

4   강승일, "야웨 하나님의 아내?," 「구약논단」 40 (2011), 130.
5   S. L. Richter, *The Deuteronomistic History and the Name Theology: lešakkēn šemô šām in the Bible and the Ancient Near East*, BZAW 318(Berlin – New York: Walter de Gruyter, 2002).
6   박준서, 『십계명 새로보기』, 71.

르는 것을 가리킨다.

또한, 이 히브리어 낱말이 우상 숭배의 문맥에서도 사용돼(사 1:13; 렘 18:15; 호 12:12[한글 12:11]; 욘 2:9; 시 31:7[한글 31:6]),[7] 이 낱말을 담고 있는 십계명의 셋째 말씀이 우상 숭배를 금지하는 십계명의 둘째 말씀과 자연스럽게 연결된다. 하나님의 이름은 거룩하기에 하나님의 이름을 망령되게, 함부로 불러서는 안 된다.[8] 그리고 신명기 5:20의 십계명의 여덟째 말씀인 거짓 증거를 금지하는 말씀에도 나와 하나님과 이웃을 자기 이익을 위해 악용하는 문제로 연결된다.

여하튼 분명한 사실은 십계명의 셋째 말씀이 하나님의 이름을 부르는 모든 행위를 금지하는 것이 아니라, 하나님의 이름을 '망령되게'(개역개정), '함부로'(새번역, 공동개정) 부르는 것을 금지한다.

우리말 번역 성경은 모두 하나님의 이름을 '부르다'로 옮기고 있지만, '부르다'에 해당하는 히브리어 동사는 '나사'(נשא)로서, 이 동사는 기본적으로 '들다'라는 뜻을 가지고 있다.[9] '이름을 부르다'라는 뜻을 표현하기 위해 '이름을 들다'라는 히브리어를 사용하는 것은 십계명 밖에서는 단지 시편 16:4에서 한 번 사용되고 있다.[10]

> 다른 신에게 예물을 드리는 자는 괴로움이 더할 것이라 나는 그들이 드리는 피의 전제를 드리지 아니하며 내 입술로 그 이름도 부르지(אשא את־שמותם) 아니하리로다(시 16:4).

---

7 J. F. A. Sawyer, "שוא šāw' deceit," TLOT 3, 1311.
8 윤형, "구약신학적 관점에서 본 하나님의 שם(쉠/이름)," 「Canon & Culture」 14 (2013), 151.
9 BDB, 672.
10 프랑크 크뤼제만, 『자유의 보존』, 64. B. S. Childs, *Exodus*, 412는 '이름을 들다'라는 관용어 용법이 구약에서 흔하지 않다고 말하며 시 24:4을 예로 드는데, 오류다. 여기에는 '이름을 들다'라는 표현이 나오지 않고, '영혼을 들다'라는 표현이 나온다(לא־נשא לשוא נפשי).

그런데 이름을 든다는 것은 단지 이름을 부르는 것을 가리키지 않고, 이름을 들어 사용해 맹세한다는 뜻을 가진다. 비록 '이름'이라는 낱말이 같이 사용되지는 않지만, 출애굽기 23:1에서 '들다'라는 뜻을 가진 동사 '나사'는 출애굽기 20:7에 나오는 명사 '샤베'와 함께 사용되어 거짓 맹세, 위증하는 것을 분명하게 지시한다.[11]

> 너는 거짓(שָׁוְא)된 풍설을 퍼뜨리지(נשׂא) 말며 악인과 연합하여 위증(חָמָס עֵד) 하는 증인이 되지 말며(출 23:1).

> 너는 네 하나님 여호와의 이름을 망령(שָׁוְא)되게 부르지(נשׂא) 말라 여호와는 그의 이름을 망령(שָׁוְא)되게 부르는(נשׂא) 자를 죄 없다 하지 아니하리라 (출 20:7).

따라서 십계명의 셋째 말씀을 출애굽기 23:1에 비추어 거짓 증거, 위증을 금지하는 것으로 이해할 수 있다. 하나님의 이름을 가지고 거짓을 합리화하기 위해 거짓으로 맹세하는 것은 하나님이 용납하지 않으신다는 사실을 가르친다.

이처럼 일차적으로 하나님의 이름을 망령되게, 함부로 사용하는 것은 거짓 증언하는 데에 하나님을 이용하는 것을 뜻한다. 반대로 올바르게 행하는 맹세는 하나님의 이름으로 행해야 하고(신 6:13), 하나님을 경외해 진실과 공평과 정의로 행해야 한다(렘 4:2).[12]

> 네 하나님 여호와를 경외하며 그를 섬기며 그의 이름으로 맹세할 것이니라(신 6:13).

---

11 김이곤, 『출애굽기의 신학』, 216.
12 카이저, 『구약성경윤리』, 105.

진실과 정의와 공의로 여호와의 삶을 두고 맹세하면 나라들이 나로 말미암아 스스로 복을 빌며 나로 말미암아 자랑하리라(렘 4:2).

그런데 십계명의 셋째 말씀은 단지 옳고 그른 맹세의 차원을 넘어선다. 앞에서 말한 것처럼 위증을 금지하는 것은 십계명의 아홉째 가르침에서 더 분명하게 나온다는 점에서 그러하다.

네 이웃에 대하여 거짓 증거하지 말라(출 20:16// 신 5:20).

לֹא־תַעֲנֶה בְרֵעֲךָ עֵד שָׁקֶר׃(출 20:16).

וְלֹא־תַעֲנֶה בְרֵעֲךָ עֵד שָׁוְא׃(신 5:20).

십계명의 아홉째 말씀에 해당하는 '거짓 증거'에 대하여 출애굽기 20:16은 '에드 샤케르'(עֵד שָׁקֶר)를 사용하고 있지만, 신명기 5:20이 '에드 샤베'(עֵד שָׁוְא)를 사용할 때, 신명기는 출애굽기 20:7에 나오는 히브리 낱말 '샤베'를 사용한다. 개역개정이 출애굽기 23:1에서 '위증'으로 번역할 때, 위증에 해당하는 히브리 표현은 '에드 하마스'(עֵד חָמָס)다.

이러한 점에서 십계명의 셋째 말씀, 하나님의 이름을 '망령되게,' '함부로' 부르지 말라는 것은 단지 거짓 증거, 위증을 금지하는 것이 아니라는 사실을 알 수 있다. 거짓 증거와 위증을 금지하는 것은 십계명의 아홉째 말씀이 따로 명시하고 있기 때문이다.

이러한 점에서 하나님의 이름을 망령되게, 함부로 부른다는 것은 거짓 증거와 위증의 차원을 포함해서, 빈말로, 거짓으로, 무가치한 곳에 하나님의 이름을 들먹이는 것을 뜻하는 것으로 볼 수 있다.[13] 하나님의 이름을

---

13 김이곤, 『출애굽기의 신학』, 217.

함부로 부르는 것은 결국 하나님의 이름을 입에 올리는 사람이 자신의 유익을 얻기 위해 하나님의 이름을 마술적으로 사용해 하나님을 모욕하는 결과를 낳는 것을 뜻하기도 한다.[14] 따라서 십계명의 셋째 말씀은 하나님의 힘을 빌려 하나님의 이름을 부르는 사람의 욕망을 채우는 것을 금지한다.[15] 자신의 유익을 얻고 다른 사람을 저주하기 위해 하나님의 이름을 악용하는 것을 금지한다.[16]

그렇다면 반대로 그리스도인은 하나님의 이름을 위증하는 일에, 자신의 이익을 위하고 다른 사람에게 피해를 끼치는 곳에 하나님의 이름을 사용하는 것이 아니라, 거짓이 아닌, 진리를 위해 하나님의 이름을 사용해야 한다.[17] 하나님을 높이고 찬양하기 위해 하나님의 이름을 불러야 한다는 결론을 얻을 수 있다(출 34:5-6).[18]

> [5]여호와께서 구름 가운데에 강림하사 그와 함께 거기 서서 여호와의 이름을 선포하실새 [6]여호와께서 그의 앞으로 지나시며 선포하시되 여호와라 여호와라 자비롭고 은혜롭고 노하기를 더디하고 인자와 진실이 많은 하나님이라(출 34:5-6).

그럼에도 사람이 하나님의 이름을 망령되게, 함부로 부르면, 그 결과는 야웨께서 그 사람을 '죄 없다 하지 아니'하신다. 여기에 해당하는 히브리 표현 '로 나카'(עקה לֹא)는 '처벌받지 않은 상태로 있지 아니하다'라는 뜻을 갖는다(출 20:7; 34:7; 민 14:18; 신 5:11; 잠 6:29; 11:21; 16:5; 17:5; 19:5, 9; 28:20; 나 1:3).[19] 하나님의 이름을 오용할 때는 반드시 그 대가를 치르게 된다.

---

14 J. F. A. Sawyer, "שָׁוְא šāw' deceit," 1311; 노트, 『출애굽기』, 195.
15 장일선, 『십계명 해설』, 52.
16 박준서, 『십계명 새로보기』, 68-69.
17 루터, 『대교리문답』, 80; P. D. Miller, *Deuteronomy*, 79.
18 칼빈, 『기독교 강요 2』, 268; 차일즈, 『구약신학』, 84.
19 BDB, 667. 박호한 영식, 『십계명』, 39는 이 관용구가 십계명 밖에서는 세 번(출 34:7; 민 14:18; 나 1:3) 나타난다고 주장하는데, 오류다.

3. 야웨의 이름을 모독하는 이야기

　야웨의 이름을 함부로 사용하는 것을 넘어 모독하는 사건이 구약성경에 나온다. 레위기 24:10-16에서 어머니가 이스라엘 사람, 아버지는 이집트 사람인 어떤 아들이 야웨의 이름(שֵׁם־יְהוָה)을 모독(נקב)하고 저주(קלל)하는 사건이 벌어진다. 아래의 다섯째 말씀인 부모 공경에 대한 가르침에서 다시 언급하겠지만, '저주하다'에 해당하는 히브리 낱말 '칼랄'은 가볍게 여긴다는 말로, '공경하다'에 해당하는 어근 '카베드'(כבד)의 반대말이다. 이일에 대해 야웨 하나님은 그 사람을 진영 밖으로 끌어내어 돌로 치라고 벌을 내리신다.

　레위기 24장이 문제 삼는 것은 혼합 결혼 문제가 아니다. 위의 십계명의 첫째 말씀에서 이미 언급한 것처럼, 이방인이 자기 신의 이름을 모독하는 것은 하나님이나 이스라엘 백성이 신경 쓸 필요가 없지만, 이스라엘 사람이든 이방인이든 야웨 하나님의 이름을 모독하고 저주하는 문제에 대해서는 단호하게 처리해야 한다는 것이다. 하나님의 이름은 하나님 자체를 가리키기 때문이고, 따라서 하나님의 이름을 모독하는 행위는 하나님을 가볍게 여겨 모독하고 저주하는 행위이기 때문이다.

　이처럼 하나님의 이름을 사용하는 것과 하나님에 대한 언급을 신중하게 해야 한다는 것은 욥기에서도 찾아볼 수 있다. 남편이 병으로 신음하는 것을 안타깝게 지켜보는 욥의 아내가 욥에게 "하나님을 저주하고 죽으라"고 말하는데, 이것은 욥의 아내의 불경스러움을 나타내지 않고 남편에 대한 안타까움을 표현한다. "하나님을 저주하고 죽으라"는 말은 하나님의 이름을 함부로 사용하는 것이 가져올 치명적인 결과를 나타낸다(욥 2:9).

　이전에 욥은 자신의 자녀들이 매일 잔치를 벌이면서 혹시 실수로도 하나님을 저주하는 잘못을 저지르는 것을 염려한다(욥 1:5). 그런데 여기에서 히브리어 본문에는 문자적으로 '하나님을 축복하다'(בֵּרַךְ אֱלֹהִים)다. 욥의 아내가 욥에게 '하나님을 축복하고 죽으라'고 말한 것으로 히브리 본문은 기록한다. 내용상으로는 하나님을 저주하는 것이지만, 글로 하나님에 대해 '저주'한다라는 표현을 감히 사용할 수 없어서 '축복하다'라는 동사로 대체한 것이다.

당시 성경을 필사하는 서기관들이 하나님의 이름을 사람이 저주하는 대상으로 함부로 기록할 수 없어서, 고의적으로 본문을 수정(티쿠네 쇼페림)해 하나님을 축복하는 것으로 바꾸어 표현할 정도로 하나님의 이름에 대해 얼마나 세심하게 생각하고 있는지 알 수 있다.

4. 신약에서의 맹세

예수님은 자신의 이름을 가볍게 부르고 사용하는 것에 대해서 경고하신다. 마태복음 7:21에서는 "나더러 주여 주여(κύριε κύριε) 하는 자마다 다 천국에 들어갈 것이 아니요 다만 하늘에 계신 내 아버지의 뜻대로 행하는 자라야 들어가리라"라고 말씀하신다. 누가복음 6:46에서는 "너희는 나를 불러 주여 주여(κύριε κύριε) 하면서도 어찌하여 내가 말하는 것을 행하지 아니하느냐"라고 말씀하시며, 예수님의 이름을 부르고 도움을 간구하면서도, 실제로는 그의 뜻대로 행하지 않는 신앙인들의 모습을 질타하신다.

이러한 예수님의 말씀 이전에 이미 구약의 예언자 이사야와 예레미야도 같은 말을 했다(사 29:13; 렘 12:2). 입으로는 하나님의 이름을 부르지만 마음은 주님께로부터 멀리 떨어져 있는 당시 예언자의 적대자, 더 나아가 이스라엘 백성의 죄를 지적하고 있는 것이다.

> 주께서 이르시되 이 백성이 입으로는 나를 가까이 하며 입술로는 나를 공경하나 그들의 마음은 내게서 멀리 떠났나니 그들이 나를 경외함은 사람의 계명으로 가르침을 받았을 뿐이라(사 29:13).

주께서 그들을 심으시므로 그들이 뿌리가 박히고 장성하여 열매를 맺었거늘 그들의 입은 주께 가까우나 그들의 마음은 머니이다(렘 12:2).

예수님이 가르쳐 주신 기도에서는 하나님의 이름이 거룩히 여김을 받으시도록 기도하라고 말씀하신다(마 6:9). 그리고 그 앞의 마태복음 6:7에서는 반대로 중언부언하는 것을 금지하심으로써, 하나님의 이름을 부름으로써 불필요한 말을 나열하지 못하게 하신다.

칼뱅은 십계명의 셋째 말씀에 대한 해설에서 하나님의 이름을 함부로 부르는 문제를 하나님의 이름으로 맹세하는 문제와 연결시키면서, 마태복음 5:34에서 "도무지 맹세하지 말라"라고 말씀하신 예수님의 의도를 설명한다.[20] 예수님은 당시 유대인들이 하늘과 땅으로 맹세할 때에 하나님의 이름에는 저촉되지 않는다는 이유로 하나님을 우회적으로 이용한 것에 대해서도 철저하게 금지하신 것으로 칼뱅은 이해한다.

예수님은 구약성경에 나오는 맹세(출 22:10-13; 민 5:19-22) 자체를 무효화하지 않으신다. 예수님이 맹세하지 말라고 말씀하신 것은 사람 사이의 불신하며 깨진 관계 속에서 진실하지 않게 하는 맹세는 필요하지 않다는 것을 의미한다. 하나님의 백성에게 요구되는 것은 맹세가 아니라, 진실성 자체다.[21] 예수님은 굳이 하나님의 이름을 언급해 맹세할 필요 없이, '예'라고 할 것에는 '예'라고, '아니오'라고 할 것에는 '아니오'라고 단순하고 분명하게 믿음 생활할 것을 제자들에게 가르치신다(마 5:37). 어떤 의미에서 맹세란 '자신 없음'에 대한 간접적인 표현이 아니겠는가!

---

20 칼빈, 『기독교 강요 2』, 273-276.
21 양용의, "마태복음과 토라," 『Canon & Culture』 5 (2011), 54-55.

제5장

넷째 말씀(출 20:8-11; 신 5:12-15): 안식일

    십계명에서 안식일에 대한 말씀은 하나님과 백성 사이의 관계에 대한 네 개의 가르침에서 가장 마지막에 나온다. 하나님 앞에 다른 신을 두지 말고, 우상 제작과 숭배를 금지하며, 하나님의 이름을 바르게 사용하는 것에 대한 가르침 다음에 안식일에 대한 말씀이 온다. 비록 창세기 1장에 안식일을 뜻하는 히브리 낱말 '샤바트'(שׁבּת)가 나오지 않지만 7일 동안의 창조에서 하나님이 안식일을 가장 마지막 날에 창조하셔서, 안식일이 창조의 정점에 오는 것과 같다.[1]

    아브라함 헤셸(Abraham Joshua Heschel)은 십계명 본문 가운데 분량이 3분의 1을 차지하는 안식일에 대한 말씀이 다른 모든 계명을 요약한다고 말하며 안식일 계명의 중요성을 강조한다.[2]

    먼저 안식일이 어떤 날인지 그 어근의 뜻에 따라 살펴보자. '안식하다'에 해당하는 히브리 낱말 '샤바트'(שׁבּת)는 단지 쉰다는 뜻이 아니라, 일을 '멈추다,' '중단하다,' '그치다'라는 뜻을 가지고 있다.[3] 대표적으로 창세기 8:22과 여호수아 5:12의 '샤바트'가 이러한 뜻으로 사용되고 있다.

---

[1] 위르겐 몰트만, 『창조 안에 계신 하느님』(*Gott in der Schoepfung*), 김균진 역 (서울: 한국신학연구소, 1999).

[2] 헤셸, 『안식』, 169.

[3] BDB, 992.

땅이 있는 한, 뿌리는 때와 거두는 때, 추위와 더위, 여름과 겨울, 낮과 밤이 **그치지**(שבת)아니할 것이다(창 8:22, 새번역).

또 그 땅의 소산물을 먹은 다음 날에 만나가 **그쳤으니**(שבת) 이스라엘 사람들이 다시는 만나를 얻지 못하였고 그 해에 가나안 땅의 소출을 먹었더라(수 5:12).

따라서 안식일을 단지 일주일 가운데 하루 날을 정해서 쉬고 안식일 이외의 다른 날을 위해 재충전하는 날 정도로 여기는 것은 안식일의 정신을 잘못 이해하는 것이다. 안식일은 사람이 평소에 하는 일상의 일을 멈추고 하나님의 창조와 구원에 감사하며 묵상하며 보내는 날이다.

그런데 안식일은 이스라엘에만 고유하게 있는 날이 아니다. 구약 주변 세계에서도 이미 사람들이 안식일을 지키고 있었다. 그런데 구약 주변 세계에서 지킨 안식일과 고대 이스라엘에서 지킨 안식일은 성격과 뜻이 다르다. 메소포타미아에서는 15일을 주기로 만월일을 샤바투/샤파투(šab/pattu)로 지켰다.

그런데 구약 주변 세계에서 이날은 주로 사람들이 불행을 당하지 않기 위해 정해진 일들을 피해야 하는 금기일이었다.[4] 예를 들어 임금이 마차를 타면 안 되는 날이 있었고, 농민이 씨를 뿌리면 안 되는 날이 있었고, 의사가 치료하면 안 되는 날이 있었다.[5] 비록 히브리 성서에서 몇몇 본문이 안식일을 초하루, 월삭과 동일시하기도 하지만(왕하 4:23; 사 1:13; 66:23; 호 2:13[한글 2:11]; 암 8:5), 구약 주변 세계에서 샤바투/샤파투를 터부시하는 날로 여기는 것과 달리, 구약시대에 이스라엘 백성은 안식일을 기쁜 날

---

[4] G. P. Hasel, "Sabbath," ABD 5, 849-850; 김이곤, 『출애굽기의 신학』, 221; 박요한 영식, 『십계명』, 64; 이긍재, "고대 이스라엘 역사 흐름 속 '안식일'(=Shabbath) 개념 변화에 대한 신학적 고찰," 「구약논단」 69 (2018), 294-300.

[5] M. Weinfeld, *Deuteronomy 1-11*, 301.

로 보냈다(사 58:13; 호 2:11). 안식일뿐 아니라 모든 날을 하나님이 만드셨기에, 그러한 날들 가운데 부정 타는 날이 있을 수 없다.

1. 십계명 안식일 규정의 짜임새

출애굽기와 신명기의 안식일 규정은 다른 규정과 달리 크고 작은 곳에서 차이가 있지만, 짜임새와 내용의 흐름은 아래에서 볼 수 있는 것처럼 거의 같다. 안식일에 대한 말씀은 안식일을 지키라는 서론 다음에 명령과 동기(이유)가 두 번 반복되고, 마지막에 결론이 나온다.[6]

  서론(출 20:8; 신 5:12)
   명령(출 20:9; 신 5:13)
   동기(출 20:10전; 신 5:14상)
   명령(출 20:10후; 신 5:14중)
   동기(출 20:11전; 신 5:14하-15전)
  결론(출 20:11후; 신 5:15후)

2. 출애굽기와 신명기의 안식일 규정의 차이

십계명의 첫째 말씀에서 셋째 말씀이 출애굽기 본문과 신명기 본문에서 그리 큰 차이가 없는 것과 달리, 안식일에 대한 말씀에서는 아래에서 살펴볼 수 있는 것처럼 여러 면에서 차이가 난다.

---

6 G. P. Hasel, "Sabbath," 851.

출애굽기 20:8-11	신명기 5:12-15
⁸안식일을 기억하여 **거룩하게** 지키라	¹²네 하나님 여호와가 네게 명령한 대로 안식일을 지켜 **거룩하게** 하라
⁹엿새 동안은 힘써 네 모든 일을 행할 것이나	¹³엿새 동안은 힘써 네 모든 일을 행할 것이나
¹⁰일곱째 날은 네 하나님 여호와의 안식일인즉 너나 네 아들이나 네 딸이나 네 남종이나 네 여종이나 네 가축이나 네 문안에 머무는 객이라도 아무 일도 하지 말라	¹⁴일곱째 날은 네 하나님 여호와의 안식일인즉 너나 네 아들이나 네 딸이나 네 남종이나 네 여종이나 네 소나 네 나귀나 네 모든 가축이나 네 문 안에 유하는 객이라도 아무 일도 하지 못하게 하고 네 남종이나 네 여종에게 너 같이 안식하게 할지니라
¹¹이는 엿새 동안에 나 여호와가 하늘과 땅과 바다와 그 가운데 모든 것을 만들고 일곱째 날에 쉬었음이라 그러므로 나 여호와가 안식일을 복되게 하여 그 날을 **거룩하게** 하였느니라	¹⁵너는 기억하라 네가 애굽 땅에서 종이 되었더니 네 하나님 여호와가 강한 손과 편 팔로 거기서 너를 인도하여 내었나니 그러므로 네 하나님 여호와가 네게 명령하여 안식일을 지키라 하느니라

먼저 출애굽기 20:8에서는 안식일을 기억해 거룩하게 하라고 명령한다. '기억하다'라는 히브리 동사는 단순한 정신 작용이 아니라, 하나님과 이스라엘 백성이 맺은 계약 관계를 유지하는 행위다(출 2:24-25).⁷

프롭(Propp)은 단순하게 이것을 '안식일을 잊지 말라'로 생각할 수 있다고 제안한다. 그는 달력과 시계가 있기 전에 어느 날이 안식일인지 쉽게 잊을 수 있었을 것이라고 생각한다. 대부분의 절기가 월력에 의존한다면, 안식일 주기는 그야말로 사람의 기억에 의존한다는 것이다.⁸

반면에 신명기 5:12은 야웨, 네 하나님이 명령하신 대로 안식일을 지켜 거룩하게 하라고 명령한다. 출애굽기는 안식일을 기억하라고 명령하는 반

---

7 T. E. Fretheim, *Exodus*, 229; 김선종, "성결법전의 계약신학," 195-222.
8 W. H. C. Propp, *Exodus 19-40*, 175.

면에, 신명기는 안식일을 지키라고 명령한다. 신명기의 안식일 규정에서 '기억하다'라는 동사가 나오기는 하지만, 안식일을 지켜야 하는 동기와 이유에서 이스라엘 백성이 이집트에서 종이 되어 살았던 과거를 기억하라는 문맥에서다.

개역개정은 출애굽기 20:8에서 '지키라'라는 등사를 삽입해 번역하고 있지만, 히브리 원문에는 이 동사가 없다. 또한, 출애굽기 안식일 규정의 처음과 마지막에서는 신명기에서와 달리 '거룩하지 하다'(קדשׁ)라는 동사가 수미상관(*inclusio*)을 이뤄 안식일을 특별히 하나님께 속한 날로서 거룩하게 지킬 것을 강조한다. 출애굽기 20:9과 신명기 5:13의 마소라 본문은 같다. 바인펠트는 '기억하다'와 '지키다'를 실질적인 동의어로 본다.[9]

출애굽기 20:10과 신명기 5:14에서는 안식일의 수혜자를 나열하는 방식과 구체적인 진술에서 차이가 있다. 물론 기본적으로 두 본문이 '너, 네 아들, 네 딸, 네 남종, 네 여종, 네 가축, 네 문안에 머무는 객'이라는 일곱 수혜자 명단을 나열한다는 점에서는 같다. 그러나 신명기의 안식일 규정은 출애굽기의 안식일 규정과 달리 '모든' 가축이 일하면 안 된다고 말하고, 가축 앞에 구체적으로 '네 소나 네 나귀'를 특정하고 있다.

또한, 신명기 5장은 출애굽기 20장에 없는 '네 남종이나 네 여종에게 너 같이 안식하게 할지니라'라는 문장을 첨가한다. 여기에서 '안식하다'라는 동사는 '누아흐'(נוח)로서 안식일의 어근인 '샤바트'와는 다른 동사다. 말 그대로 쉬고 안식한다는 뜻을 가지고 있다. 출애굽기와 신명기의 안식일 계명에 나타나는 이러한 차이는 신명기가 아마도 출애굽기 23:12에 나오는 안식일 규정의 영향을 받은 것으로 볼 수 있다.[10]

---

9 M. Weinfeld, *Deuteronomy 1-11*, 303.
10 M. Weinfeld, *Deuteronomy 1-11*, 308.

너는 엿새 동안에 네 일을 하고 일곱째 날에는 쉬라(שׁבת) **네 소와 나귀가 쉴 것이며**(נוח) **네 여종의 자식과 나그네가 숨을 돌리리라**(출 23:12).

그러나 출애굽기 23:12은 사람과 집짐승이 같은 자격으로 쉴 것을 말하지만, 신명기 5:14의 삽입절은 집짐승과 달리 특별히 남종과 여종에게 쉬게 할 것을 말한다는 점에서 차이가 있다.

출애굽기 20:11과 신명기 5:15에서는 안식일을 지켜야 하는 동기를 말하는데, 출애굽기는 하나님이 하늘과 땅과 바다를 만드신 다음에 일곱째 날에 쉬셨기 때문에 안식일에 쉬어야 하고, 신명기는 하나님이 백성을 이집트의 노예에서 해방시켜 주셨기 때문에 안식일을 지켜야 한다고 그 이유를 다르게 설명한다.

출애굽기는 하나님의 창조 행위에서, 신명기는 하나님의 구원 행위에서 안식의 동기를 찾는다. 출애굽기 20:11에서 하나님이 하늘과 땅과 바다를 만드셨다는 언급은 앞의 4절에서 하늘이나 땅이나 땅 아래에 있는 어떠한 것의 형상도 만들지 말라는 우상 숭배 금지를 떠올림으로써, 우주 만물을 지으신 분이 야웨 하나님이심을 다시 강조한다.[11] 하늘과 땅과 바다에 있는 형상은 곧 사람이 만든 우상에 불과하다는 것이다.

결국 안식일에 사람이 자신의 일을 멈추고 해야 하는 참된 일은 하나님의 창조와 구원을 기억하며 하나님의 역사에 동참하는 일임을 두 본문은 말한다. 하나님의 형상을 따라 지음 받은 하나님의 백성은 하나님을 닮아 안식일에 창조적인 일을 하며, 자신을 의지하는 사회적 약자들을 해방시키는 일을 해야 하는 것이다.[12] 안식일을 지키는 것은 하나님의 창조 행위와 구원 행위에 참여하는 것이요, 안식일을 어기는 것은 창조 질서를 어기고 하나님의 구원 행위를 무시하는 것이다.[13]

---

11 W. H. C. Propp, *Exodus 19-40*, 177.
12 M. Weinfeld, *Deuteronomy 1-11*, 302.
13 T. E. Fretheim, *Exodus*, 230.

신명기의 안식일에 대한 말씀이 이집트에서의 해방을 출애굽의 동기로 밝히는 것은 백성을 이집트, 노예 땅에서 해방시키신 하나님임을 밝히는 십계명의 서문을 다시 생각하게 한다. 그리고 이집트에서는 쉼 없이 강제 노역에 시달린 이스라엘 백성에게 쉼을 주시는 하나님의 은총과 복음을 강조한다.[14]

3. 안식일의 정신

십계명의 넷째 말씀인 안식일 규정이 앞의 세 말씀과 다르게 긍정 명령의 형식으로 나타나는 것이 특이하다. 앞에서도 이미 언급했지만 하나님이 부정문으로 금지 명령을 내리시는 것은 사람의 자유를 억압하기 위한 것이 아니라, 사람이 하지 말아야 할 최소한의 것을 부정문으로 말씀하시고 나머지는 자율적으로 사람의 자유의지에 맡기신 것으로 생각할 수 있다. 그러나 그러한 최소한의 금지마저도 지키지 않자, 여러 조항이 생겨난 것으로 볼 수 있다.[15]

안식일 규정이 안식일을 어기지 말라는 하는 부정 명령이 아니라, 적극적으로 기억하고(출애굽기) 지키며(신명기), 더 나아가 안식일을 거룩하게 해야 한다(출애굽기, 신명기)는 가르침은 구약 세계에서처럼 안식일에 이러저러한 일을 하지 말라는 소극적인 부정 명령이 아니라, 적극적으로 하나님의 일에 참여해 하나님을 닮아가야 한다는 사실을 말한다. 안식일을 거룩하게 한다는 것은 이날을 특별히 하나님께 속한 날로서 다른 일상의 날들과 달리 성별해야 한다는 것을 뜻한다.

---

14 J. I. Durham, *Exodus*, 290.
15 베스터만, 『구약신학 입문』, 41; 헤르베르트 고르닉 편, 『십계명의 현대적 이해』, 73-73.

엿새 동안 이스라엘 백성은 먹고 살기 위해 자신에게 주어진 일을 한다. 그러나 일곱째 날은 야웨의 안식일이니 어떠한 일도 하지 말아야 한다. 그런데 이 계명을 지켜야 하는 사람은 단지 이스라엘의 성인 남성이 아니다. "너나 네 아들이나 네 딸이나 네 남종이나 네 여종이나 네 가축이나 네 문 안에 머무는 객"이라도 안식일을 지켜야 한다.

안식일에 일하지 말아야 하는 대상에서 십계명을 받는 성인 남성의 아내가 빠져 있는 것은 아내는 안식일의 혜택을 누리지 못하고 안식일에도 일을 해야 한다는 성차별적 사고를 드러내는 것이 아니다.[16] 덕 매킨토쉬(Doug McIntosh)는 안식일 규정이 가사 활동에도 적용된다는 암시를 피하기 위해 의도적으로 아내를 포함시키지 않았을 것으로 추정한다.[17] 프롭은 2인칭 단수 '너' 안에 이미 아내도 포함되어 있다고 주석한다.[18] 아내도 당연히 안식일에 일상의 노동으로부터 쉼을 누려야 한다.

이스라엘 백성과 이방인, 사람과 짐승의 벽이 안식일 규정을 통해 허물어진다는 사실에 안식일이 가지고 있는 사회적 차원이 존재한다. 단지 이스라엘 백성의 자유민만 안식일의 혜택을 누리는 것이 아니라, 종, 더 나아가 집짐승과 땅과 집이 없어 떠돌아다니는 나그네도 안식일의 쉼을 누릴 수 있다.

이러한 점에서 안식일 규정은 사람의 자유 시간을 침해하는 율법이 아니라, 모든 사람에게 자유와 해방을 주기 위한 복음이다.[19] 안식일 계명을 통해 하나님은 사람 사이에 존재하는 불합리하고 불평등한 계급을 허물어

16　A. Philips, "The Decalogue-Ancient Israel's Criminal Law," *JJS* 34(1983), 1-20. 남성과 여성의 동등성을 옹호하는 입장을 위해서는 폴 코판, 『구약 윤리학』(*Is God a Moral Monster?: Making Sense of the Old Testament God*), 이신열 역 (서울: CLC, 2017), 206-225를 보라.

17　덕 매킨토시, 『Main Idea로 푸는 신명기』(*Deuteronomy*), 마영례 역 (서울: 디모데, 2017), 107.

18　W. H. C. Propp, *Exodus 19-40*, 177.

19　김이곤, 『출애굽기의 신학』, 223.

뜨리신다. 모든 사람이 쉼 앞에서 자유롭다.[20]

더 나아가 사람과 짐승 사이에 있는 담도 허물어진다. 사람뿐 아니라 짐승도 하나님이 만드신 피조물이기에 쉼을 누릴 권리가 있다.[21] 출애굽기의 십계명에 들어 있는 창조 신학의 위대함과 능력을 발견할 수 있다. 십계명의 안식일에 대한 말씀은 특정한 개인이 쉼과 자유로운 시간을 누리도록 하는 것이 아니라, 집단이나 공동체가 함께 자유를 누리도록 하는 것이다.[22]

따라서 안식일은 자유인과 종에게 서로 다른 두 가지 차원의 메시지를 준다.

첫째, 집과 재산을 가진 자유인은 안식일에는 자신의 생업을 중지함으로써 자신의 부가 자신의 능력과 노력에 따라 오는 것이 아니라, 하나님께로부터 오는 하나님의 은총에 의한 것이라는 사실을 의지적으로 고백하게 된다.

이러한 점에서 하나님을 신뢰하지 못하는 사람은 쉴 수 없다. 생존하기 위해 안절부절못하고, 불안해하며 늘 일해야만 한다. 일을 우상으로 섬긴다. 돈을 신으로 섬기는 부자들이 어서 안식일이 지나기를 기다려 장사할 것을 고대하는 것과 같다(암 8:5).[23] 그러나 우주 만물을 지으시고 모든 피조물을 고통과 죄에서 구원하신 하나님을 믿는 사람은 안식일에 생명의 하나님과 함께 참된 자유를 누린다.

둘째, 종과 나그네와 집짐승 또한 안식일의 수혜를 누림으로써 노동에 노예가 된 사람과 짐승에게 무거운 짐에서 해방을 준다. 안식일 규정은 그야말로 '짐승에게도 따뜻한 율법'이다.[24]

---

20 그륀, 『인생을 떠받치는 열 개의 기둥』, 71.
21 김선종, "성결법전의 들짐승," 「신학이해」 48 (2015), 95-119.
22 볼프 외, 『그러니, 십계명은 자유의 계명이다』, 101.
23 너희가 이르기를 월삭이 언제 지나서 우리가 곡식을 팔며 안식일이 언제 지나서 우리가 밀을 내게 할꼬 에바를 작게 하고 세겔을 크게 하여 거짓 저울로 속이며(암 8:5).
24 이 표현은 레 22:27-28에 대한 알렉산드리아의 클레멘스의 해설에 조지프 T. 리나드,

이러한 점에서 십계명의 안식일에 대한 말씀은 국가를 절대화하고, 경제적 관심사를 절대시하는 것에서 사람과 피조물을 지켜 준다.[25] 부자는 아무 때나 일을 중단하고 쉴 수 있지만, 가난한 사람은 고용주가 요구할 경우 쉼 없이 일해야 한다. 안식일 규정은 특별히 사회의 약자에게 쉼을 보장하게 함으로써 사람이 가져야 할 최소한의 권리를 보장한다.

오늘날 유럽의 많은 국가가 일요일에 대형 슈퍼마켓이 문을 열고 장사하는 것을 금지하는 것도 사회의 약자를 배려하기 위한 것이다. 일요일에 장사를 하는 작은 상점들은 국가에 그만큼 많은 세금을 지불해야 한다. 이러한 점에서 월터 부르그만(Walter Brueggemann)이 안식일은 많이 생산하고 소비하라는 소비 이데올로기, 사람의 참된 행복과 자유를 침해하는 과중한 일에 저항하는 일이라고 표현한 것은 매우 적절하고, 현대인에게 시사하는 바가 많다.[26] 안식일을 비롯한 시간은 사람이 성공하기 위해 사용하고 정복해야 하는 대상이 아니라, 사람을 비롯한 피조 세계를 살리시고 그들에게 자유와 해방을 주시는 하나님께 감사하는 날이다.[27]

이러한 점에서 창세기 1장의 안식일과 십계명의 안식일 규정에 예배 행위가 필수적으로 명확하게 전제되어 있지 않은 사실이 중요하다.[28] 일차적

로니 J. 롬스 엮음, 『탈출기, 레위기, 민수기, 신명기』(*Exodus, Leviticus, Numbers, Deuteronomy*), 교부들의 성경 주해, 구약성경 III, 강선남 역 (칠곡: 분도출판사, 2015), 315에서 소제목을 붙인 것을 따온 것이다.

[25] 그륀, 『인생을 떠받치는 열 개의 기둥』, 75.
[26] 월터 부르그만, 『안식일은 저항이다』(*Sabbath as Resistance: Saying NO to the Culture of Now*) (서울: 복 있는 사람, 2015); 최성수, "한병철의 '피로사회' 이론에 대한 기독교 신학적 고찰과 대응방안 모색으로서 안식일 개념에 대한 연구," 『장신논단』 45 (2013), 195-222도 보라. 부르그만의 논지에 대한 한계와 비평을 위해서는 김은배, 백근철, "월터 브루그만의 저항적 안식일론에 관한 고찰과 평가," 『신학논단』 88 (2017), 33-54를 보라.
[27] 하우어워스 외, 『십계명』, 78; 헤셸, 『안식』, 33.
[28] 이긍재, "고대 이스라엘 역사 흐름 속 '안식일'(=Shabbath) 개념 변화에 대한 신학적 고찰," 313은 안식일에 '거룩한 모임'을 할 것을 명했다고 말하고 몇 가지 제사장 문서를 언급하지만, 엄밀히 말해 그 본문은 비록 '샤바트'를 담고 있지만 안식일이 아니라, 유월절 등의 절기를 다루고 있다.

으로 안식일 규정은 노동으로부터의 쉼을 요구하고 보장하기 위해 존재한다.²⁹ 이러한 차원에서 안식일에는 모든 가족이 함께 삶을 나누며 행복을 누리는 날이다.³⁰

십계명은 단지 예배 공동체를 대상으로 주어진 하나님의 가르침이 아니라, 기본적으로 가족을 십계명의 수여 대상으로 하는 점에서 더욱 그러하다. 칼 라너(K. Rahner)는 다음과 같이 안식일의 기본 정신을 바르게 밝히고 있다.

> 하느님은 이 계명에서 자신에 대한 경배와 예배에 마음 쓰는 것이 아니라 오히려 인간과 인간의 자유 및 해방에 마음 쓴다. 하느님은 인간에게 정규적으로 쉴 수 있는 시간을 마련해 주기 원한다.³¹

따라서 안식일이 사람을 위해 있는 것이지 사람이 안식일을 위해 있는 것이 아니라고 말씀하신 예수님의 진의를 알 수 있다(막 2:27; 마 12장; 눅 6장의 병행 본문). 인자가 안식일의 주인이라는 예수님의 말씀(막 2:28)은 혁명적인 말이 아니라, 구약성경이 가르치는 안식일의 본뜻이다. 안식일이 사람을 위해 존재한다는 말은 이미 유대교 전통에서도 찾아볼 수 있다.³²

특별히 이사야를 비롯한 예언자들은 안식일을 종교적으로 거룩하게 지키는 동시에, 사회적으로는 정의와 공의를 실현하는 날로 여겼다. 안식일에 하나님은 모든 사람 사이의 평등을 구현하신다. 이것이 구약성경 전체가 안식일에 대해 강조하는 안식일의 정신이다. 이사야는 이방인과 고자도 안식일을 지키면 하나님이 그들을 하나님의 백성으로 여겨주실 것을

---

29 크뤼제만, 『자유의 보존』, 68.
30 바클레이, 『오늘을 위한 십계명』, 45.
31 그륀, 『인생을 떠받치는 열 개의 기둥』, 68, 재인용.
32 최성수, "한병철의 '피로사회' 이론에 대한 기독교 신학적 고찰과 대응방안 모색으로서 안식일 개념에 대한 연구," 212, 각주 61의 참고문헌을 보라.

선포한다(사 56:1-8).

    그런데 이것은 단지 혈통의 한계를 극복하는 문제가 아니라, 안식일에 하나님과 맺은 언약, 정의와 공의를 역동적으로 실천하는 사회적 메시지를 담고 있다.[33] 그래서 포로기와 포로기 이후에 안식일 규정은 할례 규정, 정결법과 함께 이스라엘 백성이 지켜야 할 가장 중요한 법으로 여겨진다. 안식일 준수 여부가 하나님의 백성의 판단 기준으로까지 강화된 것이다. 비록 출애굽기와 신명기의 십계명 규정에는 안식일을 지키지 않는 사람에 대한 처벌 조항이 나오지 않지만, 이미 출애굽기 31:14-15과 35:2에서 하나님은 안식일에 일하는 사람을 반드시 죽이라고 명령하신다.

    제사장 문서에 속하는 것으로, 후기에 편집된 것으로 여겨지는 민수기 15:32-36에는 안식일에 나무를 하다가 잡힌 사람의 이야기가 나오는데, 안식일을 준수하지 않고 일하는 사람을 현장에서 붙잡은 사람들은 이 사람을 어떻게 처리해야 할지 모른다. 처벌 규정을 몰랐다기보다는 이 사람의 행위가 고의적이었는지, 실수였는지 사람들이 고심했던 것으로 볼 수 있다.[34] 그때 야웨께서 안식일을 어긴 사람을 돌로 쳐 죽이라고 모세를 통해 말씀하신다. 이처럼 안식일은 이미 이스라엘 백성에게는 엄중하게 지켜야 할 법임에 틀림없다.

    그런데 문제는 이스라엘 백성이 안식일이 가지고 있는 쉼과 사회 정의의 의미는 무시하고, 단지 문자적으로, 또한 형식적으로 안식일에 하지 말아야 하는 여러 목록을 지키는 데만 관심을 갖게 되었다는 것이다. 외적

---

[33] 김동혁, "제3 이사야의 안식일 신학: 이사야 56장 1-6절과 58장 13-14절에 대한 주석적 연구,"「구약논단」68 (2018), 12-36.
[34] 김진명, "안식일에 나무하는 자 이야기의 의미와 역할에 대한 해석: 민 15장 32-36절에 관한 편집비평과 구조주의 비평 연구,"「구약논단」40 (2011), 33-53. 이 논문에서 저자는 각주 2에서 레 25:2-7을 안식일 본문에 포함시키지만, 이 본문은 안식년 규정에 대한 본문이다. 또한, 같은 곳에서 '민 15:32-36은 안식일 관련 규정들 가운데 유일하게 구체적인 처벌을 언급한 본문이다'라고 말하고 있지만, 출 31:14-15와 35:2도 명확하게 처벌을 명시하고 있다.

행위의 표준에 얽매이게 된 것이다. 안식일을 통해 사람을 해방시키는 것이 아니라, 안식일 준수 여부를 통해 사람을 판단하고 사람을 얽매게 된다. 그래서 안식일 조항이 복잡하게 된다.

바리새파 사람들은 일상생활에서 걸어갈 수 있는 거리, 금지된 일에 해당하는 목록 등 안식일에 해서는 안 되는 일의 39가지 목록을 작성하게 된다.[35] 그런데 문제는 유대교 종파 사이에서도 할 수 있는 일과 하지 말아야 하는 일의 목록이 다르게 나타난다는 점에 있다. 예를 들어 희년서 50:8은 안식일에 물을 뜨는 것을 금지하지만, 바리새파 사람들은 금지하지 않는다.[36]

당시 유대교 종파와 달리 예수님과 제자들이 안식일에 사람을 고치고 정결법을 뛰어넘어 안식일의 정신을 바로 새기자, 예수님 당시의 유대인들이 하나님의 법을 무시하는 사람이라고 예수님과 제자들을 비난한다. 그러나 예수님은 안식일을 폐할 것을 주장하지 않으셨다. 예수님은 안식일에 '늘 하시던 대로' 회당에 들어가셔서 성경을 읽으셨다(막 3:1; 눅 4:16). 예수님은 아버지 하나님이 제정하신 안식일의 본래의 뜻을 다시 회복하신 것이다.

4. 안식일과 주일

십계명의 안식일 규정은 예배 행위를 규정하는 계에 일차적인 관심을 두지 않는다. 우선적으로 사람과 집짐승이 무차별적인 노동을 중지하고 쉼

---

[35] M. Weinfeld, *Deuteronomy 1-11*, 307; 박준서, 『십계명 사로보기』, 79-80. 유대교 종파 가운데 초기 기독교 공동체에 큰 영향을 끼친 쿰란공동체의 안식일 이해를 위해서는 이윤경, "쿰란공동체의 안식일 이해: 안식일 법, 정결례, 예식," 「신학사상」 149 (2010), 41-63을 보라.

[36] M. Weinfeld, *Deuteronomy 1-11*, 307.

을 얻을 것을 보장한다.[37] 그러나 '야웨의 안식일'(שַׁבָּת לַיהוָה)이라는 표현, 안식일을 거룩하게 하라는 명령, 창조와 구원을 기억하라고 하시는 하나님의 말씀은 결과적으로 특별히 안식일에 하나님을 경배하고 찬양하며 하나님의 창조와 구원 사역을 기억하는 예배 행위로 이끈다.[38] 그래서 이스라엘 백성은 안식일에 거룩한 장소를 방문했고(사 66:23; 겔 46:3), 예언자를 찾아 갔고(왕하 4:23), 특별한 제의나 의식 행위를 했다(레 24:8-9; 민 28:9-10; 왕하 11:9).[39] 이러한 점에서 안식일은 쉼을 통해 나머지 평일을 준비하기 위한 시간이 아니라, 하나님과 사귐으로 새로운 생명을 얻는 시간이다.

이러한 점에서 바인펠트는 안식일이 가지고 있는 사회적 동기는 이차적이고, 하나님을 경배하고 하나님의 말씀을 묵상하는 것이 안식일의 존재 이유라고까지 강조한다. 그러면서 유대인 학자인 그가 사도행전 15:21과 누가복음 4:16-19, 또한 사도행전 13:15을 인용하면서 예수님 당시 유대교 회당에서 유대인들이 토라와 예언서를 읽은 사실을 안식일이 가지고 있는 종교성을 주장하기 위해 근거로 든다.[40]

약 300년 동안 그리스도인들은 금요일 저녁에서 토요일 저녁까지인 안식일과 일요일인 주일을 함께 지켰다. 그런데 이그나티우스(Ignatius, 35-107년경)를 비롯한 교부들이 1세기 말경 안식일이 아니라 주일을 지켜야 한다고 주장하기 시작한다. 결국 321년 콘스탄티누스(Constantinus) 황제(272-337년)가 주일을 휴일로 선포하게 된다.[41] 그래서 오늘날까지 그리스도인들은 안식일이 아니라 주님이 부활하신 일요일을 주님의 날로 보낸다.

---

[37] G. von Rad, *Deuteronomy*, 58.
[38] T. E. Fretheim, *Exodus*, 229.
[39] M. Weinfeld, *Deuteronomy 1-11*, 302-304.
[40] M. Weinfeld, *Deuteronomy 1-11*, 306.
[41] 박준서, 『십계명 새로보기』, 96-97.

그리스도인들은 안식일을 지키는 사람이 아니라 금요일에 십자가에 달려 돌아가시고 사흘 만에, 곧 일요일에 다시 사신 예수님을 기념하는 주일을 지키는 사람들이다. 일요일을 '주님의 날'이라고 부른 전통이 이를 말한다(계 1:10). 그래서 초기 그리스도인들에게 부활절은 일 년에 한 번 있는 것이 아니라, 매주일이 부활절이었다. 그리스도인들은 이러한 안식일과 주일 사이에서 오랜 시간 동안의 과도기를 지낸 다음에 6세기경에 지금의 주일 제도가 확정된다.[42]

16세기와 17세기의 종교개혁자들은 주일과 안식일의 불연속성을 강조한다.[43] 루터는 주일에 하나님의 창조와 구원을 묵상해야 한다고 주장하면서, 굳이 일요일 하루만 거룩한 날이 아니라, 매일 거룩한 날로 보내야 한다고 말한다. 그러나 인간의 연약함으로 하루를 정한 것이라고 생각한다. 직접 그의 주장을 들어보자.

> 이것은 유대인들이 "이날이나 저 날을 지켜야 한다"라며 특정한 절기와 시간을 정하여 안식일을 지키는 것과는 다릅니다. 왜냐하면, 특정한 하루가 다른 요일보다 선한 것이 아니기 때문입니다. 사실 (하나님이 주시는 은혜를 받고 감사로 응답하는) 예배는 날마다 있어야 합니다. 그러나 대부분의 사람은 이렇게 할 수 없기에 적어도 일주일 중 하루를 떼어 놓게 됩니다. 제 생각에, 예로부터 일요일은 이런 목적을 위해 이용되었기 때문에 불필요하게 변경할 이유는 없을 것 같습니다.[44]

---

42 조용훈, 『우리 시대를 위한 하나님의 열 가지 말씀』, 150; 윌리엄 바클레이, 『오늘을 위한 십계명』, 27-45. 자세한 내용을 이해서는 사무엘레 바키오키, 『안식일에서 주일로』 (*From Sabbath to Sunday*), 이국헌 역 (서울: 나무그루, 2012)을, 주일 형성에 대한 간략한 역사를 위해서는 이양호, "주일 개념의 역사," 「신학논단」 27 (1999), 157-171을 보라.
43 김용규, 『데칼로그』, 249-250.
44 루터, 『대교리문답』, 90.

칼뱅도 마찬가지다. 그는 한 주간의 모든 날이 주일처럼 예배하는 날로 보내야 하고, 어느 하루를 예배하는 날로 정하는 것은 그리스도인의 자유라고 주장한다. 그는 어느 하루에 집착하는 유대인들의 저차원적인 종교적 습관을 버릴 것을 요구한다.[45]

그리스도인은 매일, 매 순간을 하나님을 예배하는 주일로 보내야 한다. 분명한 사실은 안식일과 주일 사이에는 연속성과 불연속성이 함께 존재한다는 점이다. 주일은 안식일처럼 단지 일을 중지하고 쉬는 날이 아니다. 주일은 일을 중지해 노동으로부터 자유와 해방을 얻는 날이고, 하나님을 경배하고 예배하는 날이다.

바로 이 일을 위해 그리스도인들은 안식일에 하나님의 구원과 해방의 일을 한다. 예수님이 안식일에 병든 사람을 고치신 것처럼 말이다(막 3:1-6). 예수님은 안식일에 베데스다 연못에서 삼십팔 년 동안 병을 앓은 사람을 고치시며 더 구체적으로 '내 아버지께서 이제까지 일하시니 나도 일한다'라고 말씀하셨다(요 5:17).

이처럼 그리스도인은 주일에 하나님의 일을 하는 동시에 특정한 '날'이라는 고정 관념과 미신에 사로잡히지 않고 하나님이 주시는 무한한 자유를 누린다. 무엇보다 예수님과 바울도 안식일의 정신을 중요하게 여겼다는 사실에서 오늘날 그리스도인은 주일에서 하나님이 제정하신 참된 안식일의 목적을 발견하고 그 목적을 실현해야 한다.

---

[45] 칼빈, 『기독교 강요 2』, 278-287; 조용훈, 『우리 시대를 위한 하나님의 열 가지 말씀』, 164.

제6장

다섯째 말씀(출 20:12; 신 5:16): 부모 공경

십계명의 다섯째 말씀은 부모를 공경할 것을 가르친다. 하나님은 백성이 부모를 공경하면 하나님이 주신 땅에서 오래 살 것이라고 약속하신다. 부모 공경에 대한 십계명의 다섯째 말씀이 하나님과의 관계에 대한 첫째에서 넷째 말씀 바로 다음에 나오는 것은 이 가르침의 중요성을 말한다.

이웃과의 관계, 엄밀하게 말해 고대 이스라엘에서 가장 기초적인 사회 단위였던 가족과의 관계에 대한 가르침을 주는 다섯째에서 열째 말씀의 가장 맨 앞에 부모 공경에 대한 말씀을 놓음으로써 사람과의 관계에서 가장 우선적으로 좋은 관계를 맺고 시작해야 하는 관계가 바로 부모와의 관계임을 말한다.[1] 이처럼 부모 공경에 대한 말씀은 하나님에 대한 의무 규정과 이웃에 대한 의무 규정 사이를 연결하는 다리 역할을 한다.[2]

> 네 부모를 공경하라 그리하면 네 하나님 여호와가 네게 준 땅에서 네 생명이 길리라(출 20:12, 개역개정).

> 너희 부모를 공경하여라. 그래야 너희는 주 너희 하나님이 너희에게 준 땅에서 오래도록 살 것이다(출 20:12, 새번역).

---

[1] 우드, 『신명기』, 168; J. I. Durham, *Exodus*, 290.
[2] P. D. Miller, *The Ten Commandments*, Interpretation(Louisville: Westminster John Knox Press, 2009), 117; 김이곤, 『출애굽기의 신학』, 226; 브레바드 S. 차일즈, 『구약신학』, 88.

너희는 부모를 공경하여라. 그래야 너희는 너희 하느님 야훼께서 주신 땅에서 오래 살 것이다(출 20:12, 공동개정).

1. 부모와 자녀

부모를 공경해야 한다는 십계명의 가르침은 오늘날 많은 사람이 생각하듯이, 단지 부모의 통제 아래 있는 어린이들에게 효도에 대한 의미로 주어진 가르침이 아니다. 고대 이스라엘에서 십계명을 비롯한 율법을 받는 대상은 하나님과의 계약 체결 의식에 참여하는 성인 남성이라는 점을 앞에서 강조했다. 부모의 통제 밖에서 자율적으로 살아갈 수 있는 성인 남성에게 주어진 것이다.[3]

당시 3-4대, 종을 포함해 60-70명이 대가족을 이루는 가족 구조에서 성인 남성은 자녀들을 양육하고, 아버지와 할아버지, 또는 증조부까지 함께 모시고 살았다. 경제 활동을 하는 건장한 성인 남성이 연로하신 어르신들의 건강 문제와 노후 대책을 신경 써서 해결해야 했을 것은 분명하다.[4] 이처럼 십계명이 말하는 부모 공경에 대한 가르침은 어린이들이 부모에게 위계질서 안에서 행하는 순종이나 복종이나 존경 정도가 아니라, 성인 남성이 부모의 생계를 책임지는 구체적인 명령이었다.

'공경하다'에 해당하는 히브리 동사 '카베드'(כבד)는 문자적으로 '무겁게 하다'를 뜻하는데, 반대는 '가볍게 하다'(קלל)로서 '저주하다'는 뜻이 있고, 부모를 가볍게 여기고 저주하는 문제를 출애굽기 21:17에서 말한다.

자기의 아버지나 어머니를 저주하는 자는 반드시 죽일지니라(출 21:17).

---

3 노트, 『출애굽기』, 198; P. D. Miller, *Deuteronomy*, 84.
4 요하네스 그륀델, 『십계명: 어제와 오늘』(*Die Zehn Gebote in der Erziehung*), 김윤주 역 (칠곡: 분도출판사, 1978), 87.

부모를 무겁게 여겨 공경하는 것은 단지 정신적이고 영적으로 존경하는 것이 아니라, 구체적인 물질로 받들어 모시는 것을 뜻한다. 이러한 용례는 우가릿 등 구약 주변 세계에서도 마찬가지다.[5] 고대 이스라엘에서 가정 밖에서는 노후 대책이 마련되어 있지 않았다.[6] 오늘날도 사회 복지 제도가 제대로 마련된 선진국을 제외하면, 대부분의 국가에서 부모의 노후 대책은 국가나 사회가 아니라 가정에서 자녀가 각자 책임지는 것과 같다.

잠언 19:26은 이스라엘 사회에 노쇠하거나 병 든 부모를 가정에서 추방한 자녀들이 있었던 사실을 증언하는데, 해릴슨(Harrelson)은 이처럼 육체와 정신과 경제적으로 힘을 잃은 부모를 성인이 된 자녀가 무시하는 상황을 염두에 두고 십계명의 다섯째 말씀을 읽어야 한다고 주장한다. 따라서 자녀가 부모에게 단순히 순종하는 것이 십계명의 다섯째 말씀의 중심 사상은 아니다.[7]

출애굽기 20:12과 신명기 5:16은 십계명을 받는 대상을 이스라엘 성인 남성 개인(개역개정)으로 여겨, 성인 남성 한 명 한 명이 각자의 부모를 책임질 것을 요구한다. 부모는 다른 사람의 부모가 아니라, '네 부모'인데, 이것은 하나님의 다른 사람의 하나님이 아니라 '네 하나님'인 것과 같다.

중세 랍비 이븐 에즈라(Ibn Ezra, 1092-1167)는 2인칭 남성 단수 '너'를 집단으로서의 백성을 향한 경고로 해석한다. 이스라엘 백성이 부모에게 효도하면 가나안 땅에서 추방되지 아니할 것이라는 의미를 내포한다고 해석한다. 이것은 부모에 대한 효가 사회를 구성하고 통합하며 안정시키기 때문이라는 것이다.[8]

이처럼 자녀가 부모에게 효도하면 이스라엘 민족이 하나님의 보호를 받

---

5 M. Weinfeld, *Deuteronomy 1-11*, 310-311; 크뤼제만, 『자유의 보존』, 76-77.
6 크뤼제만, 『자유의 보존』, 74.
7 W. Harrelson, *The Ten Commandments and Human Rights*(Philadelphia: Fortress Press, 1980), 92-95.
8 W. H. C. Propp, *Exodus 19-40*, 178.

게 될 것이라는 사상은 하나님과 백성을 부모의 관계로 묘사하는 말라기에도 나온다.

> 만군의 여호와가 이르노라 나는 내가 정한 날에 그들을 나의 특별한 소유로 삼을 것이요 또 사람이 자기를 섬기는 아들을 아낌 같이 내가 그들을 아끼리니(말 3:17).

하나님이 이스라엘 백성에게 선물과 약속으로 주신 땅은 백성이 부모 공경을 비롯한 하나님의 말씀에 순종할 때 주어지는 것이라는 의미에서 조건적이다. 하나님의 말씀에 대한 불순종의 결과는 땅에서의 추방이다(레 26장; 신 27-30장).

그런데 신명기 5:16에 나오는 부모 공경에 대한 본문은 출애굽기 20:12의 말씀과 몇 가지 점에서 차이가 있다.

출애굽기 20:12	신명기 5:16
네 부모를 공경하라 그리하면 네 하나님 여호와가 네게 준 땅에서 네 생명이 길리라	너는 **네 하나님 여호와께서 명령한 대로** 네 부모를 공경하라 그리하면 네 하나님 여호와가 네게 준 땅에서 네 생명이 길고 **복을 누리리라**

먼저 신명기 5:16에 부모를 공경하라는 말씀은 이미 하나님이 가르쳐 주신 것으로 나온다. "네 하나님 여호와께서 명령한 대로"(כַּאֲשֶׁר צִוְּךָ יְהוָה אֱלֹהֶיךָ)라는 부가절이 첨가된 점에서 그러하다. 바인펠트는 이 부가절이 분명하게 레위기 19:3의 "너희 각 사람은 부모를 경외하고 나의 안식일을 지키라 나는 너희의 하나님 여호와이니라"를 가리키는 것으로 생각한다. 거기에서도 안식일 규정과 부모 공경에 대한 규정을 함께 언급하는 점에서 근거를 찾

는다.⁹

　다음으로 신명기 5장의 부모 공경에 대한 말씀은 부모를 공경하면 "복을 누리리라"(וּלְמַעַן יִיטַב לָךְ)라는 부가절도 가지고 있다는 점에서 출애굽기의 십계명 본문과 차이가 있다. '생명'과 '복'을 함께 언급하는 것은 신명기의 특징인데(4:40; 5:33; 6:24; 22:7 등),¹⁰ 신명기는 모세의 유언, 모세의 설교 양식으로 기록된 것으로 백성이 하나님의 말씀을 지킬 때 주어지는 복을 강조한다.¹¹ 70인역 출애굽기 20:12에는 마소라 본문에 없는 "복을 누리리라"(ἵνα εὖ σοι γένηται)가 있는데 이것은 70인역 신명기의 영향인 것으로 보인다.¹²

　바인펠트는 신명기 5:16이 레위기 19:3을 가리킨다고 언급하지만, 두 본문 사이에는 분명한 차이도 있다. 레위기 본문은 "각 사람은 그의 어머니와 그의 아버지를 경외해야 한다"(אִישׁ אִמּוֹ וְאָבִיו תִּירָאוּ)라고 말한다.

　이 문장에는 특이한 사항이 두 가지가 있다.

　첫째, 출애굽기와 신명기의 십계명에서처럼 일반적으로 아버지와 어머니의 순서로 나열하는 것과 달리, 레위기는 어머니와 아버지의 순서로 언급하고 있다.

　둘째, 레위기 19:3은 출애굽기와 신명기에 나오는 동사와는 다른 동사를 사용하고 있다. 출애굽기와 신명기의 부모 공경에서 사용하는 동사 '카베드'와 달리, 레위기는 '야레'(יָרֵא) 동사를 사용함으로써 부모에 대한 존중을 더욱 강조한다. 히브리 동사 '야레'는 우리말로 '두려워하다,' '경외하다'를 가리키는데, 보통 그 두려움의 대상은 하나님이다.

　그런데 레위기 19장에서 두려움의 대상을 부모로 삼는 것은 그만큼 부

9　M. Weinfeld, *Deuteronomy 1-11*, 311.
10　M. Weinfeld, *Deuteronomy 1-11*, 312는 용례를 언급하며 신 5:30을 드는데, 이것은 5:33에 대한 오타로 보인다.
11　김선종, "면제년의 땅(신 15:1-11)," 13-32.
12　A. Le Boulluec et P. Sandevoir, *L'Exode*, 208-209.

모에 대한 공경과 존중을 강조하기 위한 것이다. 생명의 근원이 하나님에게 있지만, 하나님은 부모를 통해서 자녀를 낳고 양육하신다. 이러한 점에서 부모는 하나님이 자녀에게 주신 선물이다.[13] 동사 '야레'를 부모 경외에 사용한 것은 눈에 보이는 생명의 근원인 부모를 두려워하고 존중하고 사랑하지 않는데, 눈에 보이지 않는 생명의 근원이신 하나님을 두려워하고 존중하고 사랑할 수는 없다는 암시가 들어 있다.

물론 몇몇 본문에서 히브리 동사 '카베드'가 '야레'와 동의어로 함께 사용되어 '경외하다'라는 뜻을 나타내기도 하지만(시 22:24[한글 22:23]; 사 29:13; 말 1:6), 레위기 19:3에서 부모를 대상으로 명시적으로 '야레' 동사를 사용하는 것이 특이하다. 필로는 부모가 자녀에 대해 가지고 있는 관계가 하나님이 세상에 대해 가지고 있는 관계와 같다고 생각한다. 하나님이 세상을 창조하시듯, 부모는 자녀를 존재하게 한다는 것이다.[14]

그런데 여기에서 한 가지 생각하고 넘어가야 할 문제가 있다. 하나님과 부모를 두려워해야 한다고 할 때, 두려움은 무서운 대상에게 갖는 공포의 개념을 나타내기 위한 것이 아니다. 『표준국어대사전』이 정의하듯이 '꺼려하거나 무서워하는 마음을 갖다'라는 뜻이 아니다. 성경에서 어떤 문장이나 낱말이 뜻하는 바를 바르게 파악하기 위해서는 그 낱말이 들어 있는 문맥을 살펴야 한다.

보통 어떠한 낱말이나 구절이 문장 안에서 동의어나 유사어로 평행하는 짜임새 안에 있을 때, 그 낱말이나 문장의 뜻을 문맥 안에서 바르게 파악할 수 있다. 히브리 동사 '야레'도 보통 '사랑하다'(신 10:12)나 '지키다, 순종하다'(신 5:29) 등의 여러 동사와 병행해서 나타나는 것을 볼 때, 하나님이나 부모를 경외하는 것은 하나님과 부모를 사랑하고 부모의 뜻에 순종하는 것을 뜻한다.[15]

---

13 스탠리 하우어워스, 윌리엄 윌리몬, 『십계명』, 99.
14 M. Weinfeld, *Deuteronomy 1-11*, 311.
15 병행하는 여러 동사들의 용례를 위해서는 H.-P. Stähli, "ארי yr' to fear," TLOT 2, 575;

그러나 분명한 사실은 부모를 공경하는 행위가 존경의 뉘앙스를 가지고 있다면, 부모를 두려워하는 행위는 부모를 공경하지 않고 무시할 때 오는 처벌로서 공포의 뉘앙스도 가지고 있다는 점이다. 따라서 부모를 공경한다는 표현에는 부모를 공양하는 행위를 뜻하는 반면에, 부모를 두려워한다는 표현에는 부모 앞에서 잘못된 행위를 하지 않는다는 뜻이 있기도 하다.[16]

이것은 부모를 때리거나 저주한 사람은 반드시 죽이라는 계약법전과 성결법전의 율법에도 반영되어 있다(출 21:15, 17; 레 20:9). 신명기 27:11-26에는 에발 산에서 선포한 저주 12계명(Fluchdodekalog)[17]이 나오는데, 그 가운데 사람 사이에서 그릇 행해 받을 첫째 저주 내용이 부모를 업신여기는 행위다.

> 그의 부모를 경홀히 여기는 자는 저주를 받을 것이라 할 것이요 모든 백성은 아멘 할지니라(신 27:16).

십계명이 자녀에게 부모를 공경하도록 가르치지만, 그렇다고 부모와 자녀의 관계를 일방적으로 정의하지만은 않는다. 부모와 자녀 사이의 관계는 민주적이고 평등한 관계, 사랑과 쌍방의 관계다. 고대 이스라엘에서 제사 제도가 확립되기 전에 제사장 역할은 대가족의 우두머리인 아버지(paterfamilias)가 담당했다.

욥기 1장에서 욥이 자녀들이 매일 잔치를 벌인 다음에 혹시 실수할 것을 염려해 번제를 드리는 제사장 역할을 했던 것이 대표적이다. 욥은 자녀

서명수, "구약성서의 경외사상: 구약성서의 야레(ירא)의 의미 - 신명기적 문헌과 시편을 중심으로 -,"「구약논단」 22 (2006) 10-26; 이형원. "하나님 경외 사상의 다양한 의미에 근거한 ירא의 한국어 번역 제안,"「성경원문연구」 37 (2015), 7-33을 보라.

16 J. Milgrom, *Leviticus 17-22*, AB 3A(New York: Doubleday, 2000), 1608.
17 침멀리,『구약신학』, 171.

들에게 제사장 역할을 했다. 또한, 잠언 1:8이 "내 아들아 네 아비의 훈계(מוּסַר)를 들으며 네 어미의 법(תּוֹרָה)을 떠나지 말라"라고 할 때, 아버지와 어머니가 자녀에게 주는 훈계와 가르침은 부모가 지혜 교사로서 갖는 역할을 강조한다. 따라서 부모가 자녀에게 공경을 받기 전에, 자녀가 스스로 부모를 공경하고 존경하도록 하는 부모의 슬기롭고 자애로운 처신을 강조한다.[18]

2. '야웨, 네 하나님이 주신 땅'

출애굽기 20:12과 신명기 5:16의 부모 공경에 대한 십계명에서 같이 나오는 표현이 '야웨 네 하나님이 주신 땅'(הָאֲדָמָה אֲשֶׁר־יְהוָה אֱלֹהֶיךָ נֹתֵן לָךְ)이고, 같은 히브리어 표현이 신명기 4:40과 25:15에도 나온다.[19]

신명기 4:40에서는 우상 숭배 금지 등을 비롯한 하나님의 계명을 순종해 지키면 "네 하나님 여호와께서 네게 주시는 땅에서 한 없이 오래 살리라"라는 말씀이 나오고, 신명기 25:15에서는 저울추 등을 비롯한 특별히 경제 활동에서 정의로운 삶을 살면 "네 하나님 여호와께서 네게 주시는 땅에서 네 날이 길리라"라는 약속이 나온다. 하나님이 이집트에서 파라오의 종으로 살았던 백성을 해방시켜 주시고, 이제 하나님을 주인으로 모시고 하나님의 법에 따라 살아갈 가나안 땅에서는 백성들이 장수하며 살기

---

18 볼프 외, 『그러니, 십계명은 자유의 계명이다』, 116.
19 신명기에 나오는 땅의 개념에 대해서는 이미숙, "신명기 10장 12절-11장 32절에 나타난 땅 표현양식과 땅 사상," 『구약논단』 34 (2009) 51-68; 이미숙, "신명기의 '젖과 꿀이 흐르는 땅'." 『구약논단』 21 (2015), 33-59; 이희성. "신명기 4:32-40에 나타난 하나님, 백성, 그리고 땅 - 이사야 40-66에 나타난 신학적 주제와의 상관성 -." 『교회와 문화』 22 (2009), 79-100; 장석정, "신명기 1-3장에 나타난 땅의 개념 연구," 『한국기독교신학논총』 32 (2004), 5-24; 장석정, "신명기에 나타난 땅의 개념." 『인문학연구』 9 (2005), 263-288을 보라.

를 바라시는 것이다.

특히 부모 공경에 대한 가르침에서 하나님이 효도하는 자녀에게 장수를 약속하신 것은, 노쇠한 부모가 장수하기를 자녀들이 바라며 살아야만 자녀들도 똑같이 오래 살 수 있고, 계속해서 그 자녀의 자녀들도 마찬가지로 부모가 오래 살 수 있도록 보살피게 되는 선순환이 일어날 것을 예고하는 말씀이다. 야웨 하나님이 주신 가정, 야웨 하나님이 주신 땅에서 살 때는 가정과 땅을 다스리는 법칙, 곧 하나님의 가르침에 따라 살아가야 하는 것이다.

반대로 위의 '제1부 제6장 십계명과 십계명에 상응하는 이야기'에서 이미 다루었듯이, 동생 아벨을 죽임으로써 부모 아담과 하와에게 불효한 결과가 창세기 4:11-15에 나온다. 부모를 공경하는 사람은 "여호와가 네게 준 땅에서 네 생명이 길리라"라는 하나님의 축복의 약속을 받지만, 부모의 자식을 죽여 부모에게 불효한 가인은 땅에서 저주를 받고(창 4:11), 땅에서 피하며 유리하는 사람이 된다(창 4:12).

> [11]땅이 그 입을 벌려 네 손에서부터 네 아우의 피를 받았은즉 네가 **땅에서 저주를 받으리니** [12]네가 밭을 갈아도 땅이 다시는 그 효력을 네게 주지 아니할 것이요 너는 **땅에서 피하며 유리하는 자가 되리라** [13]가인이 여호와께 아뢰되 내 죄벌이 지기가 너무 무거우니이다 [14]주께서 오늘 이 지면에서 나를 쫓아내시온즉 내가 주의 낯을 뵈옵지 못하리니 내가 **땅에서 피하며 유리하는 자가 될지라** 무릇 나를 만나는 자마다 나를 죽이겠나이다 (창 4:11-14).

3. 아브라함과 이삭, 입다와 입다의 딸

성경에는 자녀가 부모에게 순종하는 이야기와 함께 부모와 자녀의 관계가 깨진 이야기도 나온다. 구약에 나오는 부모와 자녀와의 관계에 대한 여러 이야기 가운데, 무엇보다 이삭이 아버지 아브라함에게 순종한 이야기를 생각할 수 있다.

창세기 22:1-19에서 하나님은 아브라함의 믿음을 시험하시기 위해 아브라함을 부르시고, 25년 만에 낳은 외아들 이삭을 번제물로 바치라고 말씀하신다. 본문은 이미 첫 구절에서 하나님이 아브라함을 시험하시기 위한 목적을 밝히고 있기 때문에(창 22:1), 독자들은 하나님이 실제로 이삭을 번제물로 바치게 하지 않으실 것이라는 사실을 알고 이 이야기를 읽는다.

이야기의 결과보다는 아브라함과 이삭의 심리와 행위와 관심을 갖게 된다. 아브라함은 아들을 바치라는 하나님의 말씀이 자신의 믿음을 시험하시려는 하나님의 목적인 것을 모른 채 하나님의 말씀에 순종한다. 이삭 또한 아무것도 모르고 번제물을 태울 나무를 자기의 등에 지고 간다. 결국 하나님은 아브라함의 믿음을 보시고 번제물로 숫양을 준비해 놓고 계시고, 아브라함과 이삭은 각각 하나님과 아버지에게 순종한다.

많은 신학자와 예술가가 이삭을 '결박'했다고 하는 히브리어에서 이름을 붙여 이 이야기를 '아케다'라고 부르고(동사 '아카드'[עקד]의 명사형), 아브라함을 비롯한 사람이 가져야 하는 믿음의 본질, 사람을 시험하시는 하나님, 하나님의 폭력성, 또한 비록 이해할 수 없을지라도 하나님을 신뢰하고 순종하는 사람의 면모에 대해 논의해 왔다.[20]

---

[20] L. A. Berman, *The Akedah: The Bbinding of Isaac*(Northvale, N.J.: J. Aronson, 1997); Ed Noort and E. Tigchelaar (eds.), *The Sacrifice of Isaac: The Aqedah (Genesis 22) and Its Interpretations*(Leiden – Boston – Köln: Brill, 2002); A. van der Heide, *'Now I Know': Five Centuries of Aqedah Exegesis*(Cham: Springer, 2017).

샤갈(Chagall)은 '이삭의 희생'이라는 제목으로 자신의 화폭 한 편에 창세기 22장의 아케다 이야기에 나오지 않는 이삭의 어머니 사라를 등장시켜 그의 슬픔을 그려냈고, 또 다른 한 편에 예수 그리스도의 십자가와 십자가 주변에서 울부짖는 어머니 마리아를 표현한다. 공포와 비탄의 슬픔과 두려움 앞에 부모에게 순종한 것이 결국 하나님의 뜻에 순종한 이삭과 예수 그리스도의 유비를 유감없이 보여준다. 그러나 김상기는 "제사드린 후 아브라함은 브엘세바에, 사라는 헤브론에(23:2 참조), 이삭은 사라의 사망 소식을 알지 못하는 곳에 (25:11참조) 각각 거주했다면, 22장 사건의 외형적 결과는 아브라함 가정의 해체와 다름없다"라고 평가함으로써,[21] 아케다 이야기가 가지고 있는 비극의 요소를 간파한다.

마르크 샤갈, '이삭의 희생'
(Le sacrifice d'Isaac, 1965)

보다 분명하게 해체된 부모와 자녀 이야기를 위해서는 경솔했던 아버지의 서약에도 저항하지 않고 순종한 입다의 딸을 생각할 수 있다. 입다는 기생 어머니의 밑에서 자란 사사다. 입다는 암몬의 공격에 처해 부르짖는 이스라엘 백성을 해방시키시기 위해 입다에게 영을 부으신다(삿 11:29). 사사기에서 하나님이 사사를 부르신 다음에 이방의 공격에 맞서 싸우러 나아가게 하실 때 반드시 영을 부어주시는데, 여기서 영은 하나님의 능력을 가리킨다. 그러나 입다는 불필요하게 서원한다(삿 11:30). 하나님이 암몬과의 전쟁에서 승리하게 하시면 집으로 돌아올 때 가장 먼저 자신을 맞으러

---

21 김상기, "이사야 63장 16절의 관점에서 본 아케다 이야기," 「신학연구」 57 (2010), 21.

나오는 사람을 하나님께 번제물로 드리겠다고 서원한 것이다.

   결국 이러한 어리석은 서원으로 입다는 자신의 외동딸을 죽음으로 몰고 간다. 그야말로 '파렴치한 제사'[22]를 드리게 된다. 이삭과 입다의 딸의 이야기에 '독자, 무남독녀'를 뜻하는 히브리 낱말 '야히드'(יחיד)가 나와 (창 22:2, 12, 16; 삿 11:34), 아들과 딸이 아버지에게 순종했지만 아들 이삭은 살아남고 입다의 딸은 죽게 된 이야기를 함께 묶어 생각하게 한다.[23]

4. 고르반

   신약성경에는 자녀가 부모를 종교적 이유를 들어 홀대한 이야기가 나온다. 대표적으로 '고르반'과 관련된 이야기다(막 7:1-23). '고르반'은 제물을 뜻하는 아람어인데, 악한 자녀가 부모를 섬기고 싶지 않을 때 부모님을 공양해야 할 먹을거리와 돈을 하나님께 바치는 제물이라고 거짓말해 부모에게 드리지 않는 데 악용되었다. 이러한 자녀들의 불효에 대해 예수님은 종교 전통을 왜곡해 악용하는 당시 종교인들을 질책하신다.

   더 나아가 예수님은 하나님 나라의 모델인 새로운 가족 관계에 대해 가르치신다. 예수님을 따르고자 하는 어느 젊은이가 아버지를 장사한 뒤에 예수님을 따르겠다고 말하자, 예수님은 죽은 사람은 죽은 사람에게 장사하게 맡기고 자신을 따르라고 냉정하게 대답하신다(마 8:22; 눅 9:60). 누가복음 14:26에서는 "무릇 내게 오는 자가 자기 부모와 처자와 형제와 자매

---

[22] 이것은 Ch. Grappe et A. Marx, *Sacrifice scandaleux? : Sacrifice humains, martyre et mort du Christ*, Labor et Fides(Paris: Cerf, 2008)의 제목이다. 이 책의 내용과 서평을 이해서는 김선종, "<서평> Sacrifice scandaleux? Sacrifice humains, martyre et mort du Christ, C. Grappe et A. Marx, Genève: Labor et Fides, 2008, 190p,"「Canon & Culture」5 (2011), 281-289를 보라.

[23] 자식을 하나님께 번제물로 바치는 같은 플롯에서 이삭과 입다의 딸이 서로 다른 운명을 맞이하게 된 것에 대한 해석을 위해서는 이윤경, "르네 지라르의 희생양 메커니즘으로 읽는 입다의 딸 이야기,"「구약논단」49 (2013), 96-122를 보라.

와 더욱이 자기 목숨까지 미워하지 아니하면 능히 내 제자가 되지 못"한 다고까지 말씀하신다.

예수님은 다른 사람에게만 새로운 가족 관계를 설정할 것을 요구하신 것이 아니라, 본인의 가족에게도 이러한 가족 개념을 적용하신다. 무리들이 예수님께 어머니와 누이들과 동생들이 예수님을 찾는다고 말하자, 누가 내 어머니이며 동생들이냐고 말씀하시며 "누구든지 하나님의 뜻대로 행하는 자가 내 형제요 자매요 어머니이니라"라고 새로운 가족 개념을 제시하신 것이다(막 3:31-35와 마 12장; 눅 8장의 병행 본문).

이 말씀을 하나님 나라와 교회를 위해서는 가족 관계도 깨뜨려야 한다는 식으로 냉소적으로 보아서는 안 된다. 부모를 공경하라는 십계명의 다섯째 말씀과 충돌하는 것으로 이해해서도 안 된다. 예수님이 말씀하시는 것은 하나님 나라의 백성으로, 또한 예수님의 제자로 공적인 선교사의 삶을 살기 위해서는 혈통에 따라 맺어진 사적인 가정의 관계를 벗어나 하나님 나라의 가족을 새롭게 맺어야 한다는 것이다. 그야말로 하나님 나라의 확장된 가족이 탄생하는 것이다. 그래서 참된 아버지는 하나님 한 분이시라고 말씀하신다(마 23:9).

그리스도인은 새로운 가족에 대해 말씀하시는 하나님으로부터 오는 내면의 소리를 들어야 기존 가족의 해체와 새로운 가족의 구성이 가능하다.[24] 이러한 새로운 가족 관계와 가족 개념은 교회에도 그대로 적용되는데, 바울은 고린도교회 교인들에게 예수 그리스도 안에서 자신이 복음으로 그들을 낳았다고 말한다.

> [14]내가 너희를 부끄럽게 하려고 이것을 쓰는 것이 아니라 오직 **너희를 내 사랑하는 자녀 같이** 권하려 하는 것이라 [15]그리스도 안에서 일만 스승이 있으되 아버지는 많지 아니하니 **그리스도 예수 안에서 내가 복음으로써 너희를 낳았음이라**(고전 4:14-15).

---

24 그뤈, 『인생을 떠받치는 열 개의 기둥』, 93-95.

오늘날 그리스도인은 신앙 공동체 안에서 누가 부모고 자녀인가, 무엇이 새로운 가족인가에 대해 스스로 묻고 답해야 한다. 루터는 부모 공경에 대한 십계명의 가르침을 통해 부모의 개념을 직장에서의 상관, 정치 영역에서의 지도자 등 세상의 권세에까지 확장시킨다.[25] 가족 개념을 사회와 국가에까지 비유적으로 적용하는 것이다.

그러나 이러한 부모와 자녀와의 관계를 확대해 사회에서의 갑과 을의 수직적인 차원으로 악용하는 것은 옳지 않다. 기득권 계층을 옹호하는 기존의 사회 구조에 정당성을 부여해서도 안 된다.[26] 부모 공경에 대한 다섯째 말씀은 당연히 부모가 자녀에 대한 사랑의 가르침도 암묵적으로 포함하고 전제하기 때문이다. 신약의 여러 가족률에서도 부모 공경과 함께 자녀 사랑에 대한 가르침이 함께 나오는 것이 이를 나타낸다(엡 6:1-4; 골 3:20-21). 따라서 만약 부모와 자녀와의 사랑의 관계를 사회적으로 확장해 이해하려면, 부모와 자녀 사이의 보다 수평적이고 민주적인 관계를 강조해 적용해야 하겠다.

그리스도인과 교회는 오늘날 경제활동을 더 이상 수행할 수 없거나 건강하지 못해 고독한 노년을 보낼 수밖에 없는 가정의 부모와 지역사회의 어르신들의 노후를 물질과 정신의 차원에서 지원하는 일에 많은 자원을 집중해야 한다. 특히 오늘날의 초고령사회에 보다 많은 관심을 가지고 지원해야 할 것이다. 교회는 그리스도인들이 하나님 나라를 위해 만들어진 확장된 가족이다. 교회의 구역과 교구는 교인을 효율적으로 관리해 교회를 효과적으로 운영하기 위해 존재하는 것이 아니다. 그리스도의 몸 된 지체로서 가족 공동체를 보살피며 살리기 위해 기능한다.[27]

---

[25] 루터, 『대교리문답』, 115.
[26] 차일즈, 『구약신학』, 88-89.
[27] 초고령사회에 대한 교회의 역할을 위해서는 박창현, "고령화 사회와 교회의 역할," 「신학과 세계」 84 (2015), 497-525; 김정희, "독거노인의 고독사 시대, 교회의 역할은 무엇인가," 「신학논단」 85 (2016), 37-63 등을 보라.

제7장

여섯째 말씀(출 20:13; 신 5:17): 살인

살인하지 말라(출 20:13; 신 5:17).

לֹא תִּרְצָח׃

"살인하지 말라"는 여섯째 말씀은 인류의 보편적인 계명으로 보이지만, 고대 사회뿐 아니라 오늘날 현대 문명에서도 다루기에 그리 간단하지 않은 문제다. 구약성경은 이스라엘 백성이 가나안 땅에 들어갈 때, 진멸법을 실행하도록 명함으로써 가나안 땅에 있는 거주민과 짐승을 모조리 죽이라고 명령한다(신 7장; 20장).

오늘날에도 전쟁에서 적군을 죽이는 경우, 파렴치범을 사형에 처하는 일, 성폭행 등 원하지 않은 일로 임신하게 된 태아를 낙태/임신 중절하는 일, 스스로 목숨을 끊는 것으로밖에는 자신의 고통을 해결할 수 없어 선택하는 안락사/존엄사, 우울증 등의 정신적 고통으로 자살하는 등, 다른 사람을 어쩔 수 없는 상황 때문에 죽이거나 자기 스스로 목숨을 버리는 윤리적으로 해결하기 힘든 문제들이 있다.

살인을 금지하는 말씀과 관련된 문제에 접근하기 위해서는 먼저 '살인하다'에 해당하는 히브리 동사 '라차흐'(רצח)의 용례를 파악하는 것이 필요하다.

1. 살인

'살인하다'라는 뜻을 갖는 동사 '라차흐'는 구약성경에서 모두 49회 나오는데,[1] 고의적으로 사람을 죽이는 경우와 실수로 사람을 죽이는 경우에 모두 사용된다. 동의어로는 '하라그'(הרג)와 '카탈'(קטל)과 '모트'(מות) 등이 있는데, '라차흐'는 사람을 죽이는 경우에만 사용된다.

구약성경에 나오는 49회의 용례 가운데 창세기에서 여호수아까지의 육경에서 35회에 나오는 대부분의 용례는 도피성 제도에 대한 본문에 나온다. 고대 이스라엘 사회에서 어떤 사람이 실수로 사람을 죽인 경우에는 이스라엘 땅에 여섯 개 마련되어 있는 도피성에 들어가서 생명을 보존 받을 수 있었다(민 35장; 수 20-21장; 대상 6장). 도피성 제도는 실수로 사람을 죽인 사람이 재판을 받기 전에는 사형에 처하지 못하게 했는데, 아무리 사람을 죽인 사람일지라도 죽음으로 처벌하는 일에 매우 신중했고 피해자의 가족이 함부로 복수하지 못하게 했다(민 35:11-12). 반대로 고의로 살인을 저질러 사형 언도를 받은 사람을 살리기 위해 대속물이나 속전을 받아서는 안 되었다(민 35:31).

십계명이 살인하는 행위를 철저히 금지하는 이유는 모든 생명의 소유권이 하나님에게 있기 때문이다. 동시에 신학적인 이유를 생각해 보아야 하는데, 사람을 죽이면 사람이 사는 땅이 더러워져 땅에 계신 하나님을 내쫓게 된다는 이유 때문이다.

> [33]너희는 너희가 거주하는 땅을 더럽히지 말라 피는 땅을 더럽히나니 피 흘림을 받은 땅은 그 피를 흘리게 한 자의 피가 아니면 속함을 받을 수 없느니라 [34]너희는 너희가 거주하는 땅 곧 내가 거주하는 땅을 더럽히지 말

---

[1] 출애굽기 1회, 민수기 20회, 신명기 7회, 여호수아 8회, 사사기 1회, 열왕기상 1회, 열왕기하 1회, 욥기 2회, 시편 4회, 이사야 1회, 예레미야 1회, 에스겔 1회, 호세아 2회.

라 나 여호와는 이스라엘 자손 중에 있음이니라(민 35:33-34).

위의 구절은 고의 혹은 실수로 사람을 죽인 경우를 다루는 도피성 규정의 결론에 나오는데, 단지 사람의 생명이나 인권의 차원에서 살인의 문제를 바라본 것이 아니라, 하나님의 임재의 관점에서 바라봄으로써 생명에 대해 보다 엄정하게 인식할 것을 요구한다. 피로 더럽혀진 땅에 거룩하신 하나님이 계실 수 없다는 것이다.

2. 살인과 관련된 이야기

살인하지 말라는 십계명의 여섯째 가르침을 바르게 이해하기 위해서는 성경이 살인에 대해 말하는 사건들을 살펴봐야 한다.

먼저 성경에서 가장 먼저 벌어지는 살인 사건은 창세기 4장에 나오는 가인이 동생 아벨을 죽인 살인 사건이다. 이 이야기에서는 동사 '라차'가 아니라 '하라그'(הרג)가 사용된다. 그런데 이러한 존속 살인이 벌이지게 된 것이 하나님께 드린 제사와 관련되었다는 사실이 충격적이다. 무슨 이유인지는 확실하게 본문이 밝히고 있지는 않지만, 하나님은 아벨이 바친 제물만 받으시고 아벨의 형 가인이 바친 제물은 받지 않으신다. 대부분의 창세기 주석과 후대 유대교, 또한 신약의 해석은 두 사람의 믿음의 유무, 유목민문화와 농경문화의 대결과 갈등 등에서 그 원인을 찾고 있다.[2]

비록 독자들이 하나님이 제물을 선별적으로 받으신 이유를 확실하게 알기는 어렵지만, 형 가인이 동생 아벨을 죽인 이유는 확실하다. 하나님께 인정받지 못했다는 질투심에서 자신의 경쟁자 아벨을 제거하기 위한 것이

---

2   C. Westermann, *Genesis 1-11*, tr. by J. J. Scullion S. J. (Minneapolis: Fortress Press, 1994), 282-284.

었다. 인정과 사랑을 받는 바른 방식을 알지 못했기에 가인은 자신의 형제를 죽이는 잘못된 방식으로 자기 존재를 드러내려고 한다.

가인이 아벨을 죽인 것은 단지 개인과 개인 사이의 관계에서 벌어진 일이 아니다. 이 사건은 인류의 원형으로서의 오늘날 사람들이 개인과 집단으로 벌일 수 있는 살인의 동기를 제대로 보여준다.[3] 처음 사람을 죽인 일이 힘들었는지 모른다. 하지만 한 번 살인을 저지른 사람은 처음보다 사람을 더 쉽게 죽일 수 있게 된다. 가인이 사람을 죽인 이후 이제는 사람의 생명을 경시하는 현상이 확산되는데, 가인의 자손 라멕은 아내들 앞에서 "나에게 상처를 입힌 남자를 내가 죽였다. 나를 상하게 한 젊은 남자를 내가 죽였다(창 4:23, 새번역)"라고 거리낌 없이 말하고 있는 것이다.

개인의 분노와 원한으로 인한 계획적 살인 이외에 국가와 권력이 자신의 목적을 이루기 위해 공권력을 이용해 무고한 사람을 희생시키는 살인도 구약 시대에 벌어진다. 대표적으로 다윗 임금과 분열 왕국 당시 북이스라엘의 아합 임금이 그러하다. 사무엘하 12장에서 다윗은 자신의 충신 우리아의 아내 밧세바와 간음한 후 자신의 성범죄를 숨기기 위해 결국 우리아를 죽이게 된다(삼하 12:9, 동사는 הרג). 다윗의 범죄는 간음과 살인뿐 아니라 전쟁을 수행하는 동안 여자와 관계를 맺음으로써 하나님의 거룩한 전쟁법(holy war)을 어긴 범죄였다.[4]

그런데 문제는 다윗이 자신의 범죄를 숨기기 위해 자신이 가진 정치적인 힘을 조직적으로 활용했다는 점이다. 전장에 나가 있는 자신의 군대장관 요압과 결탁한다. 스턴버그(Sternberg)는 다윗이 저지른 범죄를 중심으로 등장인물인 다윗과 밧세바와 우리아와 요압 사이에 존재하는 긴장과

---

3   Ch. Grappe et A. Marx, *Sacrifice scandaleux ?*, 13-27.
4   전쟁 시 여자를 가까이 하지 말아야 하는 등, 폰 라트가 제시한 12가지의 전쟁법을 위해서는 이윤경, "전쟁이라는 삶의 자리에서 살펴본 열방신탁의 담론적 기능,"「한국기독교신학논총」62 (2009), 43-44를 보라. 크리스토퍼 라이트,『신명기』, 66은 '거룩한 전쟁'이라는 표현이 비성경적인 용어라고 사용하지 말 것을 제안한다.

갈등, 사건에 대한 등장인물의 인식 여부를 이야기 비평의 관점에서 분석함으로써, 다윗의 살인에 얼마나 많은 권력이 개입하고 있는가의 문제를 간접적으로 보여준다.[5] 다윗의 경우는 살인과 간음과 이웃의 아내를 도둑질한 범죄가 연결되어 있다.

예레미야 7:9('너희가 **도둑질하며 살인하며 간음**하며 거짓 맹세하며 바알에게 분향하며 너희가 알지 못하는 다른 신들을 따르면서')과 호세아 4:2('오직 저주와 속임과 **살인과 도둑질과 간음**뿐이요 포악하여 피가 피를 뒤이음이라')과 욥기 24:14-15('**사람을 죽이는 자**는 밝을 때에 일어나서 학대 받는 자나 가난한 자를 죽이고 밤에는 **도둑 같이 되며 간음**하는 자의 눈은 저물기를 바라며 아무 눈도 나를 보지 못하리라 하고 얼굴을 가리며')은 도둑질, 살인, 간음을 하나의 악덕의 덕목 안에 묶음으로써, 십계명에 나타나고 있는 이웃 사이에서 벌어지는 어그러진 관계가 서로 연결되어 있음을 보여주고 있다.

실제로 신명기 5장의 십계명에서 다섯째 말씀에서 열째 말씀까지는 접속사 '그리고'(ו)를 통해 하나로 묶여 있다. 민수기 35장에서와 마찬가지로 호세아 역시 4:3에서 "그러므로 이 땅이 슬퍼하며 거기 사는 자와 들짐승과 공중에 나는 새가 다 쇠잔할 것이요 바다의 고기도 없어지리라"라고 선언함으로써 종교적인 관점에서 사람이 저지르는 살인과 간음과 도둑질의 죄로 말미암아 다른 피조물이 고통을 당하게 되는 것을 암시한다.

불의한 권력에 의해 의로운 사람이 살인 당한 이야기가 열왕기상 21장에 다시 나온다. 페니키아 공주 이세벨과 결혼한 북이스라엘의 임금 아합은 자신의 왕궁 앞에 있는 나봇의 포도원을 자기의 왕실 정원으로 삼고 싶어 한다. 아합이 처음에는 정당한 값을 지불해서 나봇에게 포도원을 사려고 하지만, 나봇은 땅에 대한 고대 이스라엘의 사상, 곧 하나님이 기업으로 자손에게 물려주신 땅은 사고팔 수 없다는 이유(레 25:23)를 들어 아합

---

5   M. Sternberg, *The Poetics of Biblical Narrative: Ideological Literature and the Drama of Reading*(Bloomington: Indiana University Press, 1987), 190-222.

임금의 요구를 거절한다.

이방의 경제 전통에서 자란 이세벨은 이러한 이스라엘의 전통을 이해할 수 없다. 아합과 이세벨은 자신의 목적을 이루기 위해 거짓 증인들을 동원해 나봇이 하나님과 임금을 저주했다고 거짓으로 증거하게 해 나봇을 살해한다(동사 רצח). 이들은 공권력을 이용해 자신이 원한 것을 잠시 얻은 듯하지만, 아합과 이세벨의 운명은 그 어느 누구보다 비참하게 끝난다. 여기에서도 거짓 증언, 탐심, 살인이 하나로 작용해, 하나의 거대한 악을 형성한다.

3. '나는 너희에게 이르노니'

산상수훈에서 예수님은 살인에 대한 구약의 가르침을 훨씬 내면화하신다. 단지 육체의 생명을 끊어버리는 것이 살인이 아니라, 형제에게 노하고 욕하며 미련하다고 하는 사람도 이미 살인한 것이나 마찬가지라는 것이다.

> [21]옛 사람에게 말한 바 살인하지 말라 누구든지 살인하면 심판을 받게 되리라 하였다는 것을 너희가 들었으나 [22]나는 너희에게 이르노니 형제에게 노하는 자마다 심판을 받게 되고 형제를 대하여 라가라 하는 자는 공회에 잡혀가게 되고 미련한 놈이라 하는 자는 지옥 불에 들어가게 되리라 (마 5:21-22).

예수님은 마태복음 5:21에서 "옛 사람에게 말한 바"라고 말씀하시며, 청중들에게 구약의 십계명과 모세를 떠올리신다. 그리고 다음 구절에서 이와 대비해 "나는 너희에게 이르노니"라고 말씀하심으로 청중들을 놀라게 하신다. 과거 가르침에 대한 본인의 해석을 말씀하실 뿐만 아니라, 자신의 해석의 권위를 나타내기 때문이다. 모세보다 높은 자신의 권위를 드러내신다.

십계명의 말씀과 가르침은 일반적으로 행위의 한계를 정한다. 우상을 섬기지 말고, 하나님의 이름을 함부로 사용하지 말고, 안식일을 지키고, 부모를 공경하는 등의 행위를 하면 된다. 하나님이 명령하시는 것을 지키고, 금지하시는 것을 하지 않으면 된다. 그러나 예수님은 이에서 더 나아가 행동하기 이전 단계인 말과 생각마저 규율하신다. 비록 사람을 죽이지는 않더라도, 형제자매에게 화를 내고 욕을 하면 일종의 인격을 살해하는 행위로 여기시는 것이다.

이러한 점에서 십계명의 여섯째 가르침인 살인을 금지하는 조항을 존재론적 살인, 사람의 인격과 영혼을 죽이는 소외로 확장시킨 김용규의 관찰은 설득력이 있다.[6] 오늘날 현대 사회에서 이웃을 매도하고 비난하고 욕하며, 한 사람을 사회 부적응자와 실패자로 낙인찍음으로써 사회의 외곽으로 내모는 행위야말로 그야말로 사회적인 살인 행위가 아니겠는가!

4. 예외적인 살인이 존재하는가?

사람을 죽이지 말아야 한다는 당위성은 누구나 인정할 수 있는 자명한 사실이다. 그러나 앞에서 말했듯이, 이 명제는 그리 단순하지 않다. 이 말은 그렇다면 예외적인 살인이 존재하는가라는 질문으로 바꾸어 말할 수 있다. 전쟁, 사형 제도, 안락사, 낙태/임신 중절, 자살 등과 관련된 문제다.

먼저 전쟁의 경우를 생각해 보자. '정당 전쟁론'(just war)으로서 불의한 나라가 공격할 때, 정당하게 전쟁을 수행할 수밖에 없다는 주장이 있다.

---

6 김용규, 『데칼로그』, 337.

그야말로 불의한 적국으로부터 자국민의 생명을 보호하는 정당한 전쟁은 수행할 수밖에 없다는 것이다. 이러한 이론은 기독교 신학에서도 아우구스티누스(Augustinus) 이래로 종교개혁시대의 루터와 칼뱅 등을 거쳐 오늘날까지 지속적으로 존재하고 있다.[7] 다른 한 편에서는 무조건적인 비폭력 평화주의(pacifism)를 주장한다. 대표적으로 간디(Gandhi)의 비폭력주의의 경우가 그러하다.

성경에도 창세기 처음부터 요한계시록 마지막까지 전쟁 모티프가 존재한다. 창세기 1장에서 하나님은 혼돈의 세력과 맞서 일종의 투쟁을 하시고(Chaoskampf), 요한계시록의 마지막에서도 하나님은 사탄에 맞서 최후의 전쟁을 일으키셔서 새 하늘과 새 땅을 창조하신다. 그래서 라이트(G. E. Wright)는 그의 구약신학에서 하나님을 '전사로서의 하나님'으로 규정한다.[8]

그렇다면 그리스도인은 이러한 전사로서의 하나님의 이미지를 그들의 개인적이고 국가적인 실생활에 그대로 적용해야 하는가?

그렇지 않다. 하나님의 전쟁 모티프는 사탄과 악의 적대적인 세력에 맞선 하나님 자신의 투쟁이었다. 사람은 어떠한 형태의 폭력과 핵무기의 위협 앞에 생명과 절대적인 평화를 외쳐야 한다.

이러한 관점에서 신명기 7장과 20장에 나오는 진멸법(헤렘법)을 이해해야 한다. 하나님이 이스라엘 백성을 이집트에서 해방시키신 후, 비록 가나안과의 거리 등에 따라 여자와 아기에 대한 규정에서는 미세한 차이가 있지만, 가나안 땅에 들어갈 때 가나안 원주민과 짐승을 모두 멸절하라고 명하신다. 그들을 하나님께 전리품, 제물로 바쳐야 하는 것이다.

---

7 바클레이, 『오늘을 위한 십계명』, 88; 김용규, 『데칼로그』, 321-322. 구약성경이 말하는 전당 전쟁론과 평화주의에 대해서는 김동혁, "구약의 평화주의? 구약 속 전쟁 포로들과 열왕기하 6장 8-23절의 '수정 조항,'" 「장신논단」 51 (2019), 11-34를 보라.
8 G. E. Wright, *The Old Testament and Theology* (New York: Harper & Row, 1969)의 5장을 보라.

그러나 이것을 하나님이 마치 살인과 폭력을 정당화하시는 것으로 해석해서는 안 된다. 하나님이 종교전쟁을 정당화하시지 않는다. 신명기가 말하는 진멸법은 일종의 후대 역사 해석으로 바라보아야 한다. 이스라엘이 하나님의 말씀에 불순종해 멸망하게 된 것은 결국 이방의 종교와 문화와 결탁해 혼합주의의 모습을 띠었기 때문이라는 후대 역사가의 역사 인식이 진멸법에 반영되어 있다.

사실 이스라엘과 가나안의 갈등은 인종적인 갈등이 아니라, 종교와 문화의 차원에서의 갈등이었다. 신명기에서 진멸을 명하지만, 여호수아서에서도 이스라엘은 가나안의 모든 땅을 정복하지 못한 것으로 보도된다. 사사 시대에 들어와서도 이스라엘 백성은 가나안 백성과 수백 년 동안 함께 공존한 것을 알 수 있다(삿 1-2장). 진멸법은 예수님이 말씀하신 "악한 자를 대적하지 말라"(마 5:39)와 "너희 원수를 사랑하며 너희를 박해하는 자를 위하여 기도하라"(마 5:44)라는 말씀의 빛에서 새롭게 이해하고 해석해야 한다.

다음으로 사형 제도는 어떠한가?

구약성경이 고의로 살인한 사람을 죽이라고 여러 번 명령하는 데에서부터 사형 제도를 지지하는 것은 옳지 않다. 유대인들은 사형을 집행하는 일에 매우 신중했기 때문에, 산헤드린이 살인자를 처형하는 데 7년이 걸렸다는 기록이 있다.[9]

형벌을 내리는 이유는 크게 범죄를 저지른 사람에 대한 징벌과 교화, 범죄를 억제하기 위한 목적에 있다. 그런데 사형 제도는 일단 범죄자에 대한 교화를 포기하는 제도다. 과연 사형 집행이 잔혹한 범죄를 실제로 억제하는가에 대해 많은 의문도 있다. 오판으로 인한 사형 집행의 가능성이야 말할 필요도 없다.

파렴치범에게 사형을 집행해야 한다는 것은 이성적으로나 감정적으로

---

[9] 바클레이, 『오늘을 위한 십계명』, 70-75.

충분히 이해할 수 있다. 그러나 사형을 집행하는 나라일수록 인간의 생명에 대한 경외감이 덜한 것이 사실이다. 최소한 기독교인은 범죄자를 낳은 것에 대한 공범 의식을 지니고 있어야 한다. 범죄자가 생긴 것은 분명히 그 개인의 잘못이지만, 그를 기른 가정, 학교, 교회에도 분명한 책임이 있다. 다른 사람의 잘못을 지적하기 전에 '내 탓이오'(mea culpa)를 외치는 자세가 필요하다.[10] 살인한 사람에 대한 처분이 복수 동태법(lex talionis)만 유일하고 절대적인 법이었다면, 동생 아벨을 죽인 가인을 하나님은 곧바로 죽게 하셨어야 했을 것이다.

그러나 하나님은 가인이 피의 복수를 당할 것을 금지하신다. 오히려 가인의 이마에 표를 하심으로써 살인자 가인을 보복으로부터 보호하신다(창 4:15). 살인자 처분에 대한 창세기의 원인론은 오히려 1 대 1 식의 원시적인 처벌을 정당화하지 않는다.[11] 어떤 사람도 다른 사람의 목숨을 형벌로서 요구할 수 없다.

전쟁과 사형 제도의 문제와 함께 사람의 생명과 관련된 문제로, 안락사, 낙태/임신 중절, 자살 등의 문제가 있다. 이 모든 문제를 생명에 대해 가지고 있는 개인의 문제로 치환하는 것은 부적절하고 무책임하다. 비록 단순화시켜 일반화하기는 어렵지만, 스스로 삶을 포기하는 자살의 경우도 사회적인 문제로 바라볼 수 있다.

이에 대해 '하나님과 사람을 묶고 사람과 사람을 묶다'라는 어원의 뜻을 가진 종교(religion)가 수행해야 하는 순기능이 있다. 교회의 교구 사역은 모든 교우를 하나로 묶고 신도가 겪는 외로움과 소외로부터 성도를 보호해 그들을 하나의 거대한 가족으로 묶어야 할 분명한 목적을 갖는다. 자살 문제를 교리적으로는 죄라고 말함으로써 자살을 억제해야 하지만, 자살한 사람의 가족을 돌보고 위로하는 목회적 차원을 분리해 생각해야 한

---

10 볼프 외, 『그러니, 십계명은 자유의 계명이다』, 145.
11 카마이클, "오경에서의 율법과 내러티브," 447을 참조하라.

다는 루터의 가르침을 오늘날 교회는 기억해야 한다.[12]

또한, 극도의 고통으로부터 문제를 해결하기 위한 안락사, 원하지 않은 임신의 문제를 해결하려는 낙태/임신 중절의 문제도 오래전부터 논의돼 왔다. 쉽고 단순한 답을 내리기 힘든 문제임이 확실하지만, 분명한 사실은 생명 경외에 대한 사상을 쉽게 포기해서는 안 된다는 점이다. 생명의 주인은 사람이기에 앞서 하나님이시기 때문이다.[13]

낙태/임신 중절에 대한 법과 생명에 대한 시적인 표현 등을 근거로, 태 안에 있는 아기는 한 인간이며 그의 창조자의 보호 아래 있다는 결론을 내릴 수 있다(출 21:22-25; 욥 10:8-12; 시 51:5-6; 139:13-16).[14] 사람의 권리를 말하기에 앞서 사람은 하나님의 형상에 따라 존귀하게 창조되었기에, 어떠한 사람의 목숨을 그 사람 자신이나 다른 사람이 결정할 수 없다.

살인에 대한 십계명의 가르침은 단지 사람의 목숨을 해치는 것에 대한 가르침을 넘어 모든 생명에 대한 사상으로 확대시킬 필요가 있다.

짐승을 학대하고 잔혹하게 죽이는 행위는 결국 사람이 마음이 파괴되었기 때문이 아닌가?

사람에 대한 생명을 넘어 식물과 동물 등 생명에 대한 보편적인 생명 경외 사상을 회복할 때다.

---

12 자살의 문제에 대해서는 김철영, "자살의 사회적 원인과 도덕적 치료에 관한 연구: 에밀 뒤르껭의 사회적 자살론을 중심으로," 「장신논단」 36 (2009), 103-146; 김중은, "자살문제에 대한 성경적-신학적 접근," 「장신논단」 38 (2010), 11-40 등을 보라. 박원빈, "자살에 대한 타자신학적 성찰," 「한국기독교신학논총」, 65 (2009), 205-225는 레비나스(Levinas)의 타자 신학의 입장에서 책임의 연대성을 강조한다. 안락사/존엄사의 문제를 위해서는 유경동, "안락사와 종교적 관점의 생명윤리," 「한국기독교신학논총」 114 (2019), 363-396을 보라.
13 박요한 영식, 『십계명』, 117-121.
14 카이저, 『구약성경윤리』, 108; 최근의 문시영, "'낙태 비범죄화' 논란에 관한 공공신학적 제언," 「장신논단」 50 (2018), 247-265도 보라.

제8장

일곱째 말씀(출 20:14; 신 5:18): 간음

간음하지 말라(출 20:14; 신 5:18).

לא תנאף׃(출)/ ולא תנאף(신)

1. '간음'의 용례

살인을 금지하는 십계명의 말씀 다음에는 간음하지 말라는 가르침이 나온다. 출애굽기의 십계명 본문과 달리 신명기의 십계명 본문에서는 일곱째 말씀부터 열째 말씀까지 모두 접속사 '그리고'(ו)로 하나로 묶여, 마치 여섯째 말씀부터 열째 말씀까지를 하나로 연결된 가르침으로 읽게 한다. 살인과 간음과 도둑질과 거짓 증거와 탐심을 금지하는 것을 이웃을 사랑하는 구체적인 방안으로 보게 하는 것으로 보인다. 이들은 모두 하나로 연결돼 있어 이것들 가운데 하나를 어기면 다른 모든 것을 어기게 되는 것으로 여기게 되는 것이다.[1]

구약성경이 말하는 '간음'은 『표준국어대사전』이 정의하는 '부정한 성관계를 함. 주로 배우자 외 사람과의 성관계 따위를 이른다'의 개념과 완전히 같지는 않다.

---

[1] M. Weinfeld, *Deuteronomy 1-11*, 313.

'간음하다'를 뜻하는 히브리 동사 '나아프'(נאף)는 구약성경에 모두 31회 나온다(오경에 6회, 예언서에 21회, 성문서에 4회).[2] 이 낱말은 자구적인 의미에서 '간음하다'를 뜻하지만, 예언서와 성문서에서는 많은 경우 예루살렘 성읍으로 은유되는 이스라엘 백성이 하나님을 떠나 다른 신과 사귀어 영적으로 음행하는 어리석음을 비유적으로 지적한다. 따라서 비록 간음이 음행과 같은 개념은 아니지만, 이스라엘의 죄악을 지적하기 위해 간음과 음행은 자주 병행돼서 나타난다.

간음 행위는 결혼 언약을 깨뜨리고 가정을 파괴한다. 하나님과 이스라엘 백성이 맺는 계약/언약의 근본적인 기초에는 개인과 개인으로서의 남자와 여자가 맺는 결혼 언약에 있는 것으로 보인다.[3] 이러한 점에서 간음에 대한 가르침은 이스라엘을 종 된 이집트에서 해방해 주신 배타적인 하나님이라는 십계명의 서문[4]과 하나님 앞에, 하나님 외에 다른 신이 없게 하라는 십계명의 첫째 말씀과 긴밀하게 연관된다.[5]

2. 가정과 성 보호

간음은 일차적으로는 일탈된 성관계를 지칭하지만, 일탈을 넘어선다. 간음 금지는 단지 성생활에서의 윤리적인 측면만을 강조하지 않고, 근본적으로 하나님 나라의 기초 단위인 가정을 보호하기 위한 데에 목적이 있다.[6] 그래서 신명기 22:22에서 간음한 사람을 죽이라고 명령하는데, 이것

---

2 박요한 영식, 『십계명』, 124는 '나아프'가 예언서에서 24회 나오는 것으로 셈하는데, 오류로 보인다.
3 G. P. Hugenberger, *Marriage as a Covenant: Biblical Law and Ethics as Developed from Malachi*, SVT 52(Leiden - New York: Brill, 1994).
4 오민수, "오경의 간음 금지 규례로 살펴 본 여성권과 그 사회-역사적 의의," 181-182.
5 D. L. Christensen, *Deuternomy 1-11*, 124.
6 크뤼제만, 『자유의 보존』, 86; 박요한 영식, 『십계명』, 132.

은 가족 공동체를 보호하기 위한 것이다. 이처럼 가정은 하나님 나라의 전초 기지였기에, 간음을 행하는 것은 사람에 대한 범죄 이전에 무엇보다 야웨에 대한 범죄였다(창 20:9; 39:9; 렘 3:1).[7]

십계명은 계약 백성이 간음하지 말게 함으로써 결혼의 거룩함과 신성함을 유지하게 해서, 성의 영역에서도 성적 일탈이 아니라 참된 자유를 누리게 한다.[8] 간음을 금지하는 것은 하나님의 지상 명령인 생육하고 번성하기 위해 필수적인 성을 보호하려는 목적이 있다. 성은 단지 생물학적인 문제가 아니라, 영성의 문제기 때문이다.[9]

이러한 점에서 성희롱과 성폭력, 포르노그래피 등도 자기 자신과 다른 사람의 인격을 파괴하는 폭력의 문제이기에, 넓은 의미에서 간음이 일으키는 문제와 같은 문제를 일으킨다.[10] 기원후 1세기의 랍비인 아키바(Aqiba)는 히브리 성경에서 가장 거룩한 지성소인 책으로 아가를 뽑았다.

물론 사람의 노골적인 육체적 사랑을 다루는 점에서 정경화 과정 가운데 아가를 정경에 포함시킬 수 있는가에 대한 의문이 생긴 상황 가운데 아키바가 아가의 정경성을 주장하기 위한 목적이 있지만, 남녀 사이의 은밀한 영역에서도 하나님의 거룩함을 지킬 수 있다면 다른 곳에서는 굳이 그 사람의 거룩함을 확인할 수 없다는 것으로도 그의 말을 이해할 수 있다.[11]

이처럼 구약성경에서의 간음은 단지 남녀 사이의 비윤리적인 성관계를 가리키지 않고, 간음 여부를 판정하는 기준은 가정을 파괴하는 데까지 이르는가, 그렇지 않은가에 있다.

---

7 J. I. Durham, *Exodus*, 294.
8 김이곤, 『출애굽기의 신학』, 231.
9 그륀, 『인생을 떠받치는 열 개의 기둥』, 119.
10 T. E. Fretheim, *Exodus*, 235.
11 아가의 정경성의 문제를 이해서는 R. S. Hesse, *Song of Songs*, Baker commentary on the Old Testament Wisdom and Psalms (Grand Rapids: Baker Academic, 2005), 20을 보라.

> 누구든지 남의 아내와 간음하는 자 곧 그의 이웃의 아내와 간음하는 자는 그 간부와 음부를 반드시 죽일지니라(레 20:10).

그래서 남자가 다른 남자의 아내와 관계를 맺는 행위는 간음에 해당한다(레 20:10 등). 이러한 행위는 다른 사람의 가정을 파괴하는 결과를 가져오기 때문이다. 이것은 남의 아내를 탐하는 십계명의 마지막 가르침과도 연결이 된다. 결국 간음은 다른 사람의 가정만 허치는 것이 아니라, 자기 자신과 자신의 가정을 망하게 한다(잠 6:32-35).

하지만 자유로운 성인 남성이 다른 가정의 소유물인 여종이나 이웃의 딸과 관계 맺을 경우는 간음에 해당하지 않고, 소유권 침해에 해당한다(출 22:16-17 등).[12] 이웃의 가정을 파괴하는 것이 아니라, 당시 주인의 소유물인 노예나 딸을 주인의 동의 없이 마음대로 다뤘기 때문이다. 이때는 동사 '나아프'가 사용되지 않고, '눕다'를 뜻하는 '샤카브'(שכב) 동사가 사용된다.[13] 그리고 피해 보상의 일종으로 납폐금(결혼지참금)을 주면 된다.[14]

오민수는 이 본문이 말하는 것은 가부장제에서 남성의 권리를 보장하고 여성의 권리를 무시하는 것이 아니라, 법 공동체의 분쟁 조정과 연대 관계의 손상을 방지하는 동시에 여성권을 보호하기 우 한 것이라고 분석한다.[15]

> [16]사람이 약혼하지 아니한 처녀를 꾀어 동침하였으면 납폐금을 주고 아내로 삼을 것이요 [17]만일 처녀의 아버지가 딸을 그에게 주기를 거절하면 그는 처녀에게 납폐금으로 돈을 낼지니라(출 22:16-17).

---

12 그륀델, 『십계명: 어제와 오늘』, 113-114; 박요한 영식, 『십계명』, 128.
13 성 관련 용어들을 위해서는, 이영미, "한글 성경의 성(性) 관련 용어들의 번역 용례 연구," 「성경원문연구」 28 (2011), 86-108을 보라.
14 J. I. Durham, *Exodus*, 327.
15 오민수, "오경의 간음 금지 규례로 살펴 본 여성권과 그 사회-역사적 의의," 167. 그는 비슷한 본문인 신 22:28-29도 다루고 있다.

다른 한편, 여성이 남편 이외의 어떠한 남자와도 성행위를 맺을 경우 간음으로 여겨져 가부장 사회에서 남성보다 여성이 보다 엄격한 성 윤리를 요구받고 살았다는 사실을 보여준다(겔 16:32; 호 4:13 등). 이것은 민수기 5장에 나오는 아내의 간통을 밝히는 절차에 대한 규정에서도 마찬가지다. 간음을 밝히는 절차는 여성에게만 해당했지, 남편이 간음했을 경우를 밝히는 경우는 성경에 나타나지 않는다. 비록 이 본문을 남성의 임의적인 의심에서 여성을 보호하려는 관점에서 보는 입장도 있지만,[16] 그렇다고 해서 남성 중심적인 시각을 완전히 부정할 수는 없다.

물론 이러한 오경 율법의 가부장적이고 남성주의적인 입장은 당시 고대 이스라엘 문화에 제한된 것으로서 오늘날 민주적이고 평등한 사회와 문화의 관점에서 새롭게 해석하고 이해해야 한다. 실제로 구약 시대 후기에 여성도 계약 공동체의 일원으로 받아들여지면서(스 10:1; 느 8:2; 렘 44:15),[17] 간음죄는 남녀 모두에게 동일하게 적용되기 시작하는 점에서도 그러하다.[18]

3. 간음에 대한 이야기

구약성경에 나오는 대표적인 간음에 대한 이야기는 요셉과 그의 상관인 보디발의 아내의 이야기와 다윗과 밧세바의 이야기다.

먼저 요셉과 보디발의 아내 이야기는 창세기 37-39장의 마지막 장에 나오는데, 창세기 38장에 나오는 유다와 그의 며느리 사이에 벌어진 근친상간과 함께 읽어야 한다. 그동안 역사비평, 특히 자료비평의 관점에서 많은 학자들은 창세기 38장은 창세기 37장과 39장 사이에 삽입되어 요셉 이야

---

[16] 오민수, "오경의 간음 금지 규례로 살펴 본 여성권과 그 사회-역사적 의의," 169, 각주 17.
[17] 박요한 영식, 『십계명』, 133와 157, 각주 42.
[18] 박요한 영식, 『십계명』, 129.

기를 부자연스럽게 끊은 것으로 이해해 왔다. 그러나 이야기비평의 관점에서 알터(Alter)는 창세기의 이야기꾼이 일부러 창세기 38장과 39장을 병렬시켜 놓은 것이라고 설득력 있게 주장한다. 유다가 어리석게 자신의 며느리도 알아보지 못하고 성욕의 노예가 됐다면, 요셉은 자신의 미래를 책임져 줄 수 있는 귀부인의 유혹도 하나님을 저버리지 않기 위해 절제하고 이겨낸 믿음의 승리자임을 대조하기 위한 것이라는 주장이다.[19]

반면 다윗은 전쟁 중에 전쟁법을 어기면서까지 부하 우리아의 아내를 범한 성범죄자이자 전범이다. 사무엘하 12장은 대초에 다윗에 대한 부정적인 시각을 가지고 이야기를 시작한다. 다윗의 성범죄를 후에 역사적으로 반성할 때, 다윗은 이미 권력의 정점에 올랐고, 백성을 단지 자신의 영광을 이루게 하는 꼭두각시에 지나지 않는 것으로 다윗을 묘사한다. 다윗은 '그의 부하들과 온 이스라엘 군대'를 전장에 내보낸다(삼하 11:1). 이것은 이야기꾼이 과장법을 사용하는 것으로 물론 다윗의 주변에는 일부 군사들이 남아 있었을 것이다.

그런데 다윗은 모든 군사를 전쟁터에 내몬 것에 모자라, 자신은 한가하게 낮잠을 즐기고 있다. 2절에서 이야기꾼은 다윗이 저녁에 그의 침상에서 일어났다고 묘사한다. 그런데 낮잠을 자는 것도 모자라 다윗은 왕궁 옥상에서 거닐다가 한 여자가 목욕을 하는 것을 보고 있는 것이 아닌가! 곧바로 다윗은 사람을 보내 이 여자의 정체를 알게 하고 왕궁에 들어오게 해 간음한다 (삼하 11:4). 그때 다윗과 밧세바 사이에는 어떠한 사랑의 대화도 오가지 않는다. 욕정으로 인한 몸의 대화만이 있을 뿐이다. 밧세바가 사람을 다윗에게 보내 그에게 처음으로 한 말은 자신이 임신했다는 말이었다(삼하 11:5).

이야기꾼은 단지 짧은 다섯 구절만 가지고 전쟁과 간음 사이에 벌어진 일을 담담하게 서술하고 있다. 후대에 메시아로 칭송되는 다윗은 그야말

---

[19] 로버트 알터, 『성서의 이야기 기술』(*The Art of Biblical Narrative*), 황규홍, 박영희, 정미현 역 (서울: 아모르문디, 2015), 14-45.

로 성범죄자였던 것이다.[20]

그런데 요셉과 다윗의 이야기에서 공통된 점은 모두 일종의 권력형 성범죄라는 점이다. 보디발의 아내는 남편의 권력을 이용해 젊은 종을 소유하려고 했다. 다윗은 자신의 힘을 이용해 부하의 아내마저 파렴치하게 범하게 된다.[21]

4. 간음에 대한 예수님의 가르침

예수님은 다른 법 해석에서와 마찬가지로 간음에 대한 가르침도 단지 간음의 행위 여부에 따라서가 아니라, 내면적으로 훨씬 엄격하게 해석하신다. 육체적인 간음이 간음만이 아니요, 음욕을 품고 여자를 보는 사람마다 이미 간음했다고 말씀하신다.

> 또 간음하지 말라 하였다는 것을 너희가 들었으나 나는 너희에게 이르노니 음욕을 품고 여자(γυνή)를 보는 자마다 마음에 이미 간음하였느니라 (마 5:27-28).

이 구절에서 '여자'에 해당하는 헬라어 '귀네'(γυνή)는 보통 결혼한 여자를 가리키고, 따라서 다른 남자의 아내를 음욕을 품고 바라보는 것을 뜻한

---

[20] 성범죄자와 하나님을 노래하는 시인 사이에 있는 다윗의 심리적 이중성과 극복을 위해서는 김선종, "다윗의 인격에 대한 심리학적 접근," 「Canon & Culture」 7 (2013), 116-139를 보라. 모든 사람은 내재적 동기와 외재적 동기 사이에서 갈등하며, 이러한 진짜 동기와 표면적 동기가 일치하게 되는 것이 신앙 성숙이다.

[21] 김선종, "성, 자본, 권력: 성(sexuality)의 메타신학," 「구약논단」 64 (2017), 101-127에 따르면 성과 권력은 구조적으로 연결되어 있다. 윌리 톰슨, 『노동, 성, 권력: 무엇이 인류의 역사를 바꾸어 왔는가』(Work, Sex and Power: The Forces that Shaped Our History), 우진하 역 (서울: 문학사상, 2016)도 참조하라.

다. 이러한 윤리적 엄격성은 신약 이전에 욥기에서 나타난다. 욥은 친구들과의 논쟁을 끝낸 후 마지막으로 탄식하며 자신의 의로움을 주장하는 욥기 31:9-10에서 "만일 내 마음이 여인에게 유혹되어 이웃의 문을 엿보아 문에서 숨어 기다렸다면 내 아내가 타인의 맷돌을 돌리며 타인과 더불어 동침하기를 바라노라"라고 주장한다. 자신은 눈과 마음으로도 절대로 간음한 적이 없다고 항변하는 것이다.[22] 욥기 29-31장은 욥의 행복했던 과거, 그에 비한 불행한 현재, 올바름에 대한 욥의 의지를 나타냄으로써 신앙인 욥의 고귀한 신앙을 드러낸다.[23]

간음에 대한 예수님의 가르침 가운데 가장 잘 알려진 이야기가 요한복음 8:1-11에 나오는 간음하다 잡힌 여자에 관한 이야기다. 이 이야기를 제대로 이해하기 위해서는 같은 장 31-32절에서 예수님을 믿게 된 유대 사람들에게 진리가 그들을 자유롭게 하리라고 말씀하시는 것에 주목해야 한다. 십계명이 이집트 파라오에게서 430년 동안 노예 생활을 한 하나님의 백성에게 주어진 자유의 헌장이라면, 간음은 성이라는 욕망의 노예의 행태기에 간음을 금지하는 것이 자유민의 삶에 합당한 요구조건이기에 그러하다. 이러한 점에서 요한복음이 말하는 간음과 진리의 관계를 살펴보는 것이 의미 있다.

"진리가 너희를 자유롭게 하리라"(요 8:32)라는 말에서 독자는 진리와 자유를 동의어로 이해할 수 있고, 진리는 그 귀결점이 자유에 있다는 것으로도 이해할 수도 있다. 진리와 자유의 개념이 추상적이고 철학적이어서 이해하기 어렵지만, 분명한 것은 거짓이 사람을 억압한다는 사실이다. 예수님이 예수님을 믿은 유대 사람들에게 진리가 자유롭게 할 것이라고 말씀하신 것은 그들이 그동안 거짓 종교에 사로잡혀 자유롭지 않은 삶을 살아왔다고 말씀하신 것을 뜻한다.

---

22 안근조, "욥기 31장에 나타난 구약성서의 윤리," 「구약논단」 36 (2010), 71-91.
23 김선종, "욥기 29-31장의 구조와 기능," 「신학이해」 52 (2018), 102-121을 보라.

하지만 예수님의 말씀은 당시 유대교에서 기독교로 개종한 사람들에게만 해당하지 않는다. 이 세상에서 절대 자유를 누리고 사는 사람은 없다. 본질적으로 자유롭게 태어나지도 않는다. 사람은 단지 자유롭게 되려고 노력할 따름이다. 예수님 당시 이스라엘은 정치적으로는 로마의 식민지 치하에 있었고, 종교적으로 그리스도인들은 유대교의 종교적 억압 아래 있었다.

그래서 예수님이 진리와 자유를 말씀하시는 것은 그저 이론과 관념이 아니라, 거짓된 정치, 종교와의 투쟁, 또한 십자가의 피를 전제로 이해해야만 바르게 이해할 수 있다. 실제로 요한복음 8장 마지막 구절에서 진리와 자유에 대해 예수님의 설교를 듣고 유대인들은 반감을 갖게 되어 돌로 예수님을 치려고 한다. 이처럼 진리와 자유는 고난을 필연적으로 내포한다.

시인 정호승도 '새벽편지'라는 시에서 같은 말을 한다.[24]

> 나의 별에는
> 피가 묻어 있다
>
> 죄는 인간의 몫이고
> 용서는 하늘의 몫이므로
>
> 자유의 아름다움을
> 지키기 위하여
>
> 나의 별에는
> 피가 묻어 있다

---

24 정호승, '새벽편지,' 『새벽편지』, 민음의 시 12 (서울: 민음사, 1989), 11.

자유가 부재한 현실과 자유를 지향하는 투쟁의 문제는 오늘날도 별반 다르지 않다. 굳이 멀리 공산주의 국가를 말할 필요가 없다. 학교, 교회, 심지어 가정이 사람을 숨 막히게 하는 장소가 될 수 있다. 예배하는 시간이 그리스도인을 억누르는 시간이 될 수도 있다. 비록 과거 노예처럼 몸으로는 다른 사람에게 얽매여 있지 않을지 모르지만, 모든 사람이 어디엔가 억눌려 살아간다. 돈, 사람, 일, 원하지 않는 습관으로부터 자유롭지 못하다.

거짓된 종교와 거짓된 사랑의 노예로 살아가기도 한다. 십계명을 선포하시며 하나님은 이스라엘을 종 된 집 이집트에서 해방하신 하나님이시라고 자신을 밝히셨다. 그다음에 나오는 열 가지 말씀은 사실상 백성을 억눌렀던 거짓 신, 백성을 억누르는 세상의 질서에 대한 새로운 질서, 자유민에게 주시는 삶을 제시한다.

예수님이 제시하신 자유의 조건에는 두 가지 사항이 필수적인데, 예수님의 말씀이고 진리다. 사람이 자유롭게 되기 위해서는 진리를 알아야 하는데, 그 진리는 주님의 말씀을 통해 가능하다는 것이다(요 8:31-32). 예수님의 말씀 안에서, 예수님의 말씀을 따라, 예수의 말씀 능력으로 살아가는 사람은 진리를 알게 될 것이고, 진리 안에 사는 사람은 자유를 누리며 살아간다는 것이다.

이 말은 곧 진리를 알지 못하는 무지몽매한 상태에서는 참된 자유를 누리지 못한다는 것이다. 자유롭다고 착각하고 살아갈 뿐이다. 이러한 말씀을 들은 유대인들은 의아해한다. 자신들은 비록 역사를 통해서는 이방의 압제를 받았는지 모르지만, 내적으로는 아브라함의 자손으로 언제나 자유로운 사람임을 자부하며 살아간 사람들이기 때문이다.

이들은 자신들이 자유로운 이유를 그들이 자랑한 선민으로서의 이스라엘 혈통에서 찾았다. 오늘날로 말하면, 권력 있는 사람, 부유한 사람, 목사나 장로의 자녀로 태어나면 사회와 교회에서 다른 사람보다 더 자유와 권리와 혜택을 누릴 수 있는 것으로 생각하는 방식과 비슷하다. 하지만 예수님이 가르쳐 주시는 자유는 이러한 자유가 아니다.

예수님은 사람이 자유롭기 위해서는 주님의 말씀 안에 살아야 하고, 진리 안에 머물러야 하고 하나님과 함께 하는 현실 안에 머물러야 한다고 말씀하신다. 여기에서 진리란 그저 국어사전에서 정의하는 '참된 이치'나 '참된 도리' 정도에 해당하지 않는다. 요한복음이 뜻하는 '진리'는 예수님으로 말미암아 누리게 되는 하나님의 현실과 실재와 임재를 가리킨다. 요한복음에서 진리 개념은 추상적으로 보이지만, 매우 간단하고 단순하다. 관계 개념이다.

예수님과의 관계에서는 예수님의 제자, 하나님과의 관계에서는 아들, 딸이 자유를 누리는 사람이다. 요한복음 15:15에서는 벗의 관계로 나온다. 아들, 딸이 되기 위해서는 아버지와 분리되어서는 안 된다. 그래서 죄는 하나님과 분리된 것을 말한다. 그래서 진리는 참에 대한 단지 지적인 차원의 인식과 동의가 아니다. 하나님의 현실과 실재와 임재를 가리키기 때문에, 실제적으로 큰 힘을 갖는다.

사람이 죄에서 해방되어 자유롭게 될 수 있는 것은 바로 예수님의 말씀과 하나님과 동행하는 진리로 가능하다. 그래서 예수님의 말씀과 말씀을 통한 진리는 힘과 능력으로 발현된다. 그것은 바로 요한복음 8:34에 나타나 있듯이, 유혹이나 충동이나 거짓으로 무력화시키는 죄에서 사람을 해방시킨다. 자유를 누리는 그리스도인은 하나님의 자녀요 예수님의 제자이자 벗이기에 그렇다. 그래서 사람이 진리로 자유를 누리면, 죄와 악마의 세력에 반대하게 된다.

죄는 사람의 몸과 마음을 끈질기게 다스린다. 죄로 말미암은 죄의식은 사람을 억압한다. 사람을 죄의 노예로 만들어, 죄를 즐기게 하고, 죄에서 빠져나오지 못하게 한다. 오랜 시간 사람을 괴롭힌다. 그런데 문제는 죄가 죄의 모습으로 다가오지 않는 데 있다. 그럴듯한 유혹, 해야 하는 당위, 추구해야 하는 아름다운 모습으로 다가온다.[25] 다른 사람보다 잘 돼야 한다는 생각, 남들보다 우월하다는 생각, 육체의 유혹, 때로는 선이라고 포장된 업적의 모습으로도 나타난다.

　학생에게는 좋은 성적, 진로, 성공, 공부가 우상이 되어 수단과 방법을 가리지 않는 죄에 이르게 하기도 한다. 교수에게는 연구 업적, 행정력, 학생들의 평가와 인기에 눈멀게 해, 마치 그러한 것들이 하나님의 영광을 드러내는 것으로 자신을 합리화하기도 한다. 선을 말하고, 정의를 말하지만, 또 긍정적인 의미에서 자기 자신과 교회와 사회를 위해 헌신하지만, 그 속에 기쁨과 만족감과 평안이 없는 경우가 있다. 지치고 피곤하다. 자신이 말하는 명목의 노예가 돼 있기 때문이다. 비록 명백하게 죄의 노예는 아닐지라도, 자유롭지도, 행복하지도 않다. 자신이 자유를 누리지 못하고, 행복하지 않다면, 그것은 하나님의 실재와 떨어져 있는 자신의 욕망을 이루기 위한 행위에 불과한 사실을 반증한다.

　그래서 성경의 말씀을 읽고, 기도하고, 예수님을 믿는다고 고백한다고 해서 사람이 완전히 자유를 누리는 것은 아니다. 때로는 언제나 더 많이 말씀을 읽어야 한다는 강박감, 더 기도해야 한다는 의무감, 다른 사람에게 믿음을 강요하는 억압의 모습으로 믿음이 노예의 형태로 나타나게 한다. 예수님을 사랑하고 믿는다고 하면서, 자신을 억압하는 형태로 나타나게 되는 형태의 열심, 자유롭지 못한 신앙의 형태다. 이러한 신앙 형태는 늘 판단하고, 자기와 다른 신앙을 가진 사람을 정죄하는 신앙 형태다. 오히려 그러한 잘못된 열심히 자신과 상대방을 노예로 만들게 된다.

　그래서 그리스도인은 진리와 자유는 행위로부터 얻을 수 있는 것이 아니라는 사실을 알게 된다. 그것은 삼위일체 하나님과 사귀는 현실로 드러난다. 그래서 신앙인은 말씀을 읽고, 진리를 추구하는 것 자체가 이미 하나님과 사귀는 행복이지, 그러한 것들이 다른 목적을 위한 것이라면, 이

---

[25] 아래 제11장의 열째 말씀을 보라.

미 그 출발이 잘못되었고 불순하다는 사실을 알 수 있다. 여러 지식과 앎이 인격을 파괴하고, 이기적이게 하며, 다른 사람을 무시하게 되는 것으로 나타나는 경우가 그러한 이유 때문이다. 자유를 획득하는 훈련은 제한된 삶의 현장에서 하나님과 함께 함으로 우주적인 자유를 누리게 되는 데까지 나아가야 한다. 그래서 진리와 자유는 곧 행복과 만족의 형태로 나타나게 된다.

요한복음 8장은 본문을 감싸고 있는 앞뒤 문맥을 살펴보면 진리가 자유롭게 할 것이라는 말의 뜻을 조금 더 쉽게 이해할 수 있다. 본문이 위치한 8장의 가장 처음에는 간음한 여자가 현장에서 잡힌 이야기가 나온다. 또 본문이 위치한 8장의 다음 장인 9장 첫 부분에는 태어나면서부터 앞을 보지 못하는 시각 장애인의 이야기가 나온다.

이 두 사람에게는 공통점이 있다. 죄와 고난에서 자유롭지 못하다는 점이다. 예수님은 이 두 사람을 자유롭게 하신다. 8:11에서는 그 여자를 둘러싼 남자들로부터 떠나서 죄를 짓지 말라고 말씀하신다. 무시무시한 남성들, 율법주의자들의 공격적인 시선에서 힘없는 여성을 해방시키신다. 9:3에서는 이 사람이 시각 장애인으로 태어난 것이 그 사람의 잘못인지, 부모의 죄 때문인지 따져 묻는 제자들, 아직도 교조주의적인 신앙 형태에 머물러 있는 사람들에게 하나님의 영광을 위한 것이라고 말씀하신다.

사람들은 죄에 관심이 있다. 누가 죄인이고, 어떠한 종류의 죄를 지은 사람들인가에 대해 자극적인 관심이 있다. 그런 악인은 어떠한 벌을 받아야 하는지, 얼마나 극심한 불행을 당해야 하는지에 호기심이 있다. 하지만 예수님은 그렇지 않다.

예수님은 누가 죄인인지, 어떠한 종류의 죄인지에 관심이 없으시다. 예수님은 사람을 괴롭히는 고질적인 죄 때문에 그가 겪을 괴로움에 관심을 가지신다. 사랑과 연민의 감정을 가지신다. 심판자의 입장에서 죄인을 정죄하고 구석으로 몰아붙이지 않으신다. 죄인, 고난 받는 사람과 동질감을 가지시고, 불쌍히 여기시고 구원해 주신다. 노예 상태에서 해방시키기를 원하신다. 의인이 아니라 죄인을 구원하러 오셨기 때문이다.

그래서 예수님의 자유와 해방의 사역을 깨닫기 위해서는 자신의 현실에 대한 참된 앎이 필요하다. 내가 병들었다는 사실, 내가 죄인이라는 사실, 내 이웃이 아파한다는 사실을 알아야 한다. 그때야 비로소 그리스도인은 예수님이 베풀어 주실 자유와 해방을 기다릴 수 있다.

그리스도인은 진리를 알고 그 진리를 표현하며 살아간다. 그러면 억압에서 해방되어 자유롭게 될 것이라고 예수님은 말씀하신다. 그리스도인이 자신과 자신 주위와 교회와 겨레에 벌어지고 있는 억압된 현실 때문에 마음 아파한다면, 그러한 그리스도인으로 구성된 공동체에는 가능성이 있다. 그들은 예수님의 말씀과 진리에, 진리 자체이신 예수님께 자신의 삶을 맡기기 때문이다. 비록 이해할 수 없는 불의한 세상과 현실에서 살아가지만, 하나님이 보여주실 진리와 자유의 현실을 향해 한 걸음, 한 걸음 나아가고 있기 때문이다. 그러면 진리로 자유를 누리는 그리스도인이 한 걸음 더 나아가 하나님의 진리의 빛을 발산하게 된다.

예수님은 간음하다 현장에서 잡힌 여자의 이야기를 통해 자극적인 간음의 문제만을 다루시지 않고, 참된 진리와 참된 자유, 진리와 자유를 누리는 삶에 대해 가르치신다. 십계명의 간음에 대한 말씀은 백성을 자유로 이끄시기 원하시는 하나님의 가르침이다.

제9장

여덟째 말씀(출 20:15; 신 5:19): 도둑질

여덟째 가르침은 도둑질을 금지하는 명령을 담고 있다.

도둑질하지 말라(출 20:15; 신 5:19).

:לא תִּגְנֹב(출)/ וְלֹא תִּגְנֹב(신)

앞에서 살펴본 것처럼 살인과 간음과 도둑질은 긴밀하게 연결돼 있다. 모두 다른 사람이 가지고 있는 조건이나 존재에 대한 탐욕에서 비롯하기 때문이다. 살인은 다른 사람의 생명을 빼앗는 것, 간음은 남의 아내를 빼앗는 것, 도둑질은 다른 사람이나 다른 사람의 물건을 훔치는 행위다.

1. 무엇에 대한 도둑질인가?

도둑질에 대한 십계명의 여덟째 말씀이 열째 말씀에서는 이웃의 사람이나 물건을 탐하지 말라는 형태로 반복되기 때문에, 주석가들은 오랜 시간 동안 여덟째 말씀과 열째 말씀이 서로 겹치는 것으로 생각해 두 말씀 사이의 관계와 의미에 대해 논쟁해 왔다. 대표적으로 알트(Alt)는 여덟째 가르침에서의 도둑질은 물건과 재화에 대한 도둑질이 아니라 사람에 대한 도

둑질로서 인신매매와 유괴 행위를 금지하는 명령으로 해석한다.[1]

실제로 이러한 해석이 가능한 것은 창 40:15(x2)과 출애굽기 21:16, 신명기 24:7 등에서 사람을 훔치는 유괴하는 행위를 표현하기 위해 십계명에서 '도둑질하다'에 해당하는 동사인 '가나브'(גנב)를 사용하는 데 있다. 출애굽기 21:16을 보자.

> 사람을 **납치**(גנב)한 자가 그 사람을 팔았든지 자기 수하에 두었든지 그를 반드시 죽일지니라(출 21:16, 개역개정).

> 사람을 **유괴**(גנב)한 자는, 그 사람을 팔았든지 자기가 데리고 있든지, 반드시 사형에 처하여야 한다(출 21:16, 새번역).

십계명의 여덟째 말씀을 인신매매나 유괴를 금지하는 것으로 이해하는 전통은 신약 시대에도 있었던 것으로 보인다. 디모데전서 1:9-10은 윤리적 덕목으로서 십계명을 암시하는 것으로 볼 수 있는데, 여기에서는 인신매매를 언급한다.

> [9]알 것은 이것이니 율법은 옳은 사람을 위하여 세운 것이 아니요 오직 불법한 자와 복종하지 아니하는 자와 경건하지 아니한 자와 죄인과 거룩하지 아니한 자와 망령된 자와 아버지를 죽이는 자와 어머니를 죽이는 자와 살인하는 자며 [10]음행하는 자와 남색하는 자와 **인신매매**를 하는 자와 거짓말하는 자와 거짓맹세하는 자와 기타 바른 교훈을 거스르는 자를 위함이니(딤전 1:9-10).

---

[1] A. Alt, "The Origins of Israelite Law," 156. 마르틴 노트, 『출애굽기』, 198과 G. von Rad, *Deuteronomy*, 59도 이 해석을 받아들인다. 사실 11세기 프랑스의 랍비인 라쉬가 이미 이러한 해석을 제시한 바 있다. B. S. Childs, *Exodus*, 435와 W. H. C. Propp, *Exodus 19-40*, 179를 보라.

이처럼 여덟째 말씀을 사람을 도둑질하는 것을 금지하는 가르침으로 해석한다면, 알트가 주장하는 것처럼 열째 말씀인 탐심을 금지하는 목록에서 성인 남성이 빠진 것을 설명할 수 있는 장점이 있다. 이미 여덟째 말씀에서 사람을 훔치는 것을 언급했을 것이기 때문이다.[2]

이렇게 해석할 경우 십계명 서문이 자유와 해방의 하나님을 강조한 것을 여덟째 말씀이 더 구체화한 것으로 이해할 수 있다. 이스라엘 백성이 430년 동안 이집트의 억압에서 벗어나 하나님으로 말미암아 얻게 된 자유를 유괴와 납치를 통해 다시 서로 빼앗으면 안 된다는 것이다.[3] 십계명의 여덟째 말씀을 사람을 훔치는 것을 금지하는 것으로 해석하는 것이 옳다면, 십계명이 강조하는 사람의 생명에 대한 가르침과 연결되며, 열째 계명과 반복하며 중복되는 문제를 해결할 수 있다.

그런데 이렇게 해석할 경우에 십계명이 전승되는 역사 가운데 목적어 '사람'이 빠진 이유, 혹은 애초부터 목적어 사람을 명시하지 않은 이유를 생각해 봐야 한다. 본래 십계명 여덟째 말씀이 유괴나 납치를 금지하는 것으로 이해하는 학자들은 본래 특별한 목적어가 없더라도 사람을 훔치는 것을 뜻했는데, 이스라엘이 농경 사회에서 상업 사회로 발전하면서 재화나 물건을 뜻하게 된 것이라고 해석한다. 농경 사회에서는 사람의 노동력을 필요로 했기 때문에 사람을 훔치는 일이 빈번하다가, 상업 사회로 바뀌면서 물건을 훔치는 일이 더 자주 발생하게 되어 남의 물건을 훔치지 말라는 계명으로 자연스럽게 이해하게 되었다는 것이다.[4]

그런데 이러한 해석의 문제는 구약성경에서 모두 57회 나오는 '도둑질하다'에 해당하는 히브리어 동사 '가나브'가 사람을 훔치는 것뿐 아니라 물건(창 31:19, 30, 38, 39; 44:8; 출 21:37[한글 22:1]; 22:3, 6, 7 등)을 훔치는 것도 포함하는 포괄적인 의미를 가지고 있다는 점이다. 신명기 24:7은 '가나브 네페

2　A. Alt, "The Origins of Israelite Law," 157-161.
3　박요한 영식, 『십계명』, 155.
4　자세한 설명을 위해서는 박요한 영식, 『십계명』, 157 이하를 보라.

쉬'(נֶפֶשׁ)라는 표현을 사용해 사람을 목적어로 분명하게 가지고 있는 것은 사실이어서, 이러한 경우에 동사 '가나브'가 유괴나 납치하는 행위를 뜻할 수 있다. 그런데 신명기 24:7에 나오는 '가나브 네페쉬'는 유괴하는 것뿐만 아니라 목숨을 훔치는 것, 곧 살인을 뜻할 수도 있다.[5] 히브리 명사 '네페쉬'를 사람, 숨, 목숨을 뜻하기에 이러한 서로 다른 해석이 가능하다.

따라서 십계명의 여덟째 말씀이 사람을 도둑질하는 것을 뜻한다는 가설은 본문에서 명확한 증거를 찾을 수 없다. 이러한 가설은 본문 기록 이전의 단계에서만 추정할 수 있을 뿐이다. 이러한 점에서 십계명의 여덟째 말씀이 도둑질을 금지하는 것은 사람과 물건을 포함하는 포괄적인 도둑질로 해석하고,[6] 열째 말씀은 그러한 도둑질을 낳는 탐심과, 더 나아가 구체적인 행위도 금지하는 법으로 이해하는 것이 더 설득력 있어 보인다.

도둑질을 금지하는 십계명의 말씀은 자기 자신과 다른 사람이 행사하는 소유 행위의 신성함을 가르친다. 사람이 가지고 있는 모든 물건은 사람의 소유물이기 이전에 본래 하나님의 소유물이기 때문이다. 사람이 소유하는 물건은 살아가는 동안 하나님께 잠시 빌려 쓰는 물건으로 볼 수 있다.[7]

따라서 도둑질에 대한 처벌은 공동체가 하는 것이 아니라, 하나님의 처분에 맡긴다.[8] 다른 사람의 소유물에 피해를 입혔을 경우에 원금에 20%를 덧붙여 배상하는 속건제로 해결하게 했다(레 5:14-6:7). 위탁물이나 전당물에 대한 부정, 도둑질, 임금 착취, 분실물 취득 등의 경우다(레 6:1-3). 그러나 유괴하거나 하나님의 성물을 훔쳤을 때는 돌로 쳐 죽임으로써 그러한 도둑질의 위험성을 단호하게 경고한다.

---

5 박요한 영식, 『십계명』, 152.
6 M. Weinfeld, *Deuteronomy 1-11*, 314; P. D. Miller, *Deuteronomy*, 91; D. L. Christensen, *Deuternomy 1-11*, 127.
7 김이곤, 『출애굽기의 신학』, 232, 각주 87.
8 박요한 영식, 『십계명』, 164.

이러한 점에서 십계명의 여덟째 말씀은 하나님의 이름을 함부로 사용하는 것을 금지하는 둘째 말씀에 견주어 생각해 볼 수 있다. 십계명의 둘째 말씀이 자신의 이익을 위해 하나님의 이름을 악용하듯이, 여덟째 말씀은 자신의 이익을 위해 도둑질을 통해 다른 사람이나 다른 사람의 물건을 악용하는 행위라는 점에서 그러하다.[9]

또한, 이웃이나 이웃의 물건을 도둑질하지 말라는 십계명의 여덟째 말씀은 이웃을 대상화하는 오류를 범하지 말 것을 가르친다. 사람을 소유물로 여기고 사람을 그 사람이 가지고 있는 소유물로 판단하는 잘못을 저지르지 말도록 요구한다. 사람은 어쩔 수 없이 다른 사람이 가지고 있는 소유나 속성으로 그 사람을 판단하는 어리석음을 범한다. 그러나 그러한 경우에 자신 또한 다른 사람에게 나 자신의 존재만으로 존귀하게 대접받는 것이 아니라, 내가 가지고 있는 재산이나 능력 때문에 판단 받는다는 사실도 기억해야 한다.

도둑질하지 말라는 말씀은 단지 도둑질이라는 행위만을 규정해 금지하지 않는다. 개인의 행복이 소유물 여부로 결정되는 문화, 나와 다른 사람이 가지고 있는 소유를 비교하는 것으로 가치를 판단하는 세상의 흐름을 거부한다. 십계명은 물질의 소유만으로 자유로울 수 없다는 불변의 진리를 제시한다.

2. 아간의 도둑질, 죄의 연대성

구약성경에서 도둑질을 한 사건으로 자신의 삶을 파괴하고 공동체에 피해를 입힌 대표적인 사건은 여호수아 7장에 나오는 아간의 도둑질 사건이

---

9 P. C. Craigie, *The Book of Deuternomy*, NICOT (Grand Rapids: Eerdmans, 1976), 162; D. L. Christensen, *Deuteronomy 1-11*, 124; 박요한 영식,『십계명』, 164-165.

다. 여호수아 6장과 7장은 서로 대조를 이룬다. 이스라엘 백성이 여리고 성을 공격하기 전에 하나님의 명령에 순종해 그저 성을 돎으로써 불가능해 보이는 전투에서 승리한 것과 달리(수 6장), 아이 성 전투에서는 이전의 여리고 전투의 승리에 도취해 전쟁을 우습게 여기다가 여리고 성읍보다 작은 규모인 아이 성읍의 사람들과 맞서 싸워 지게 된 것이다(수 7장).

유다 지파 출신인 아간은 하나님의 명령인 진멸법을 어기고, 시날 산의 외투와 은 이백 세겔과 오십 세겔 무게가 나가는 금덩이를 훔친다. 탐심이 발동한 것이다(수 7:21). 앞에서도 언급했듯이 신명기 7장과 20장의 진멸법에 따르면, 이스라엘 백성이 가나안을 공격할 대 사람이나 사물을 부정한 이유로 진멸하거나, 하나님께 바쳐지는 전리품으로 거룩한 이유로 하나님께 바쳐야 했다.[10] 그런데 나중에 메시아 다윗을 낳은 유다 지파 사람 아간이 하나님께 바쳐야 할 전리품을 도둑질한다. 이것 또한 앞의 여리고 전투와 대비되어 이방인 라합이 진멸법 시행에서 제외돼서 하나님의 백성에 편입된 반면에, 순수 이스라엘 혈통을 가진 아간은 하나님께 죄를 지어 진멸법을 통해 신앙 공동체에서 축출되는 사실을 보여준다.[11]

여기에서 중요한 사실은 범죄자 아간만 하나님과 이스라엘 공동체에게 처벌을 받는 것이 아니다. 제비를 뽑아 결국 아간의 범죄 사실을 밝힌 후, 아간의 가족을 함께 돌로 쳐 죽인다(수 7:24). 이것은 죄의 연좌제를 말하고자 하는 것이 아니다. 이미 십계명의 둘째 말씀인 우상 숭배에 대한 가르침에서 이스라엘 백성이 우상을 섬기면 하나님은 아버지로부터 아들까지 삼사 대에 걸쳐 벌을 내리시겠다고 말씀하신 바 있다(출 20:5; 신 5:9).

이것은 한 사람의 잘못이 공동체 전체에 미치는 영향을 강조한다. 다시 말해 공동체는 개인의 잘못을 책임지고, 개인이 잘못한 죄의 결과를 함께 짊어져야 한다는 것이다. 아간 한 사람이 죄를 지은 것은 그가 속한 가족

---

10 박형대, 『헤렘을 찾아서?: 헤렘의 빛에서 본 누가행전 연구』 (서울: 그리심, 2011), 62-77.
11 서명수, "라합의 지혜와 아간의 탐욕," 「구약논단」 9 (2000), 91-108.

의 잘못이며, 그 결과가 삼사 대까지 미친다는 것이다. 이것은 여호수아 7:11에서 하나님이 말씀하신 바 있는데, 거기에서는 아간 개인이 저지른 잘못을 이스라엘 전체가 저지른 잘못으로 말씀하신다.

> **이스라엘이 범죄하여** 내가 그들에게 명령한 나의 언약을 어겼으며 또한 그들이 온전히 바친 물건을 가져가고 **도둑질하며**(2:11) 속이고 그것을 그들의 물건들 가운데에 두었느니라(수 7:11).

3. 신약성경이 말하는 도둑질

신약성경에 도둑질을 금지하는 많은 구절의 대부분은 예수님이 구약의 대표적인 계명을 설명하는 가운데 십계명을 인용하는 부분에서 나온다(마 15:19; 19:18; 막 7:21; 10:19 등). 그리고 이러한 본문에서 살인, 간음, 도둑질, 거짓 증거를 하지 않는 행위가 결국 이웃에 대한 사랑을 실천하는 구체적인 방편으로 나타난다.

이러한 본문과 달리 에베소서 4:28은 에베소 교회 교인들에게 도둑질하지 말라고 명령하면서, 그 이유를 가난한 사람을 구제하기 위한 것이라고 설명하는 것이 이목을 끈다. 교회 공동체 안에서도 서로의 물건을 도둑질한 정황을 알 수 있다.

> 도둑질하는 자는 다시 도둑질하지 말고 돌이켜 가난한 자에게 구제할 수 있도록 자기 손으로 수고하여 선한 일을 하라(엡 4:28).

스탠리 하우어워스(Stanley Hauerwas)와 윌리엄 윌리몬(William Willimon)은 십계명의 여덟째 말씀이 주는 가르침은 재산은 단지 개인이나 공동체가 소유해 누리기 위한 것이 아니라, 가난한 사람을 구제하기 위한 데 있다는 것을 가르친다고 해석한다.[12] 공동체의 이익을 추구하는 것이다. 이러한 점에서 한정돼 있는 재화 가운데에서 부당하게 부를 축적하는 것, 더 나아가 비록 합법적일지라도 대부분의 많은 사람이 빈곤에 허덕일 때 특정한 일부만 부를 소유하는 것도 결국 넓은 의미에서의 도둑질로 여겨야 한다.[13]

이러한 점에서 십계명의 여덟째 가르침은 단지 도둑질을 금지하는 것이 아니라, 필요 이상의 재산을 소유하는 것을 경계한다. 결국 이러한 가르침은 다른 사람의 재물을 탐해 훔치는 것에서 떠나 자족하고 만족해야 한다는 십계명의 마지막 말씀과 연결된다.

복음서와 서신서에서 금령과 교훈의 양식으로 도둑질을 금지하는 가르침이 나온다면, 독자들은 사도행전 5:1-11에 기록되어 있는 아나니아와 삽비라의 이야기에서 여호수아 7장에 나오는 아간의 도둑질과 연속성을 발견한다. 이미 오래전부터 교회의 전통에서는 아나니아와 삽비라가 아간, 게하시, 유다와 함께 십계명의 여덟째 가르침을 어긴 것으로 여겨왔다.[14]

비록 여호수아 7장과 사도행전 5장의 이야기에는 이야기의 배경의 차원에서 앞엣것은 전쟁의 상황에서 다른 민족에게서 빼앗은 전리품을 하나님께 바치는 헤렘법과 관련있고 뒤엣것은 자신들이 기존에 가지고 있던 소유물을 바친다는 점에서 차이가 있는 것은 분명하지만,[15] 하나님께 바친 물건을 도둑질한 점에서는 공통점이 있다.

---

12 하우어워스 외, 『십계명』, 78
13 그륀, 『인생을 떠받치는 열 개의 기둥』, 140.
14 박형대, "헤렘의 관점에서 본 아나니아와 삽비라 사건(행 5:1-11): 수 7:1-26과 행 5:1-11의 본문 간 상관," 「Canon & Culture」 1 (2007), 198.
15 박형대, "헤렘의 관점에서 본 아나니아와 삽비라 사건(행 5:1-11)," 198-203은 두 본문의 상관성을 부인하는 학자들의 입장을 소개한다.

제10장

아홉째 말씀(출 20:16; 신 5:20): 거짓 증거

십계명의 아홉째 말씀은 "거짓 증거하지 말라"고 가르친다.

네 이웃에 대하여 거짓 증거하지 말라(출 20:16; 신 5:20).

(신)וְלֹא־תַעֲנֶה בְרֵעֲךָ עֵד שָׁוְא(출) / :וְלֹא־תַעֲנֶה בְרֵעֲךָ עֵד שָׁקֶר

'거짓 증거'는 히브리어 '에드 샤케르'(עֵד שָׁקֶר)의 형태로는 출애굽기 20:16, 신명기 19:18, 잠언 6:19, 14:5, 25:18에 나오고, 신명기 5:20에서는 '에드 샤베'(עֵד שָׁוְא)의 형태로 나타난다.

'셰케르'(שָׁקֶר)와 '샤베'(שָׁוְא)는 단순한 동의어가 아니다. '에드 샤케르'는 거짓으로 증거하는 행위를 강조하는 반면에, '에드 샤베'는 증거의 내용이 거짓임을 강조한다. '샤베'가 고대 이스라엘에서 법의 배경에서 사용됐지만(출 23:1; 호 10:4), 증인이라는 단어와 결합된 곳은 신명기 5:20이 유일하다.

이러한 점에서 출애굽기와 신명기의 십계명의 아홉째 말씀은 거짓 증거해서 기만하는 행위를 문제 삼는 동시에, 직접적으로 거짓을 표명하지 않더라도 진실하지 않은 증언의 질을 문제 삼는다.[1] 신명기가 특별히 거짓 증거라는 표현을 위해 '샤베'라는 낱말을 사용하는 것이 특별한 의미가

---

1   박요한 영식, 『십계명』, 176-177.

있는데, 십계명의 셋째 말씀인 야웨 하나님의 이름을 망령되이, 함부로 부르지 말라는 금지 명령에 같은 낱말이 나온다는 점에서 그러하다.

> 너는 네 하나님 여호와의 이름을 **망령**(שָׁוְא)되이 일컫지 말라 나 여호와는 내 이름을 **망령**(שָׁוְא)되이 일컫는 자를 죄 없는 줄로 인정하지 아니하리라 (신 5:11).

1. 거짓 증거, 위증

이웃에 대한 거짓 증거는 법정을 삶의 자리로 한다.[2] 거짓 증거를 금지하는 구절은 당시 이스라엘 사회에서도 이웃 사이에 여러 갈등과 다툼이 있었다는 사실을 보여준다. 더 나아가 하나님의 백성이 서로를 법정에 고소하고 고발하는 행위가 벌어진 현실의 문제를 상정하는 것으로 보인다. 당시 기초적인 사회 단위인 가족 안에서 분쟁을 해결하지 못하고 어쩔 수 없이 법정에서 해결해야 할 문제가 생길 때는, 사건의 목격자가 참된 증인의 역할을 해야 한다는 것을 말한다.

우리말 '증거하다'에 해당하는 히브리 동사는 '아나'(עָנָה)로서 일차적으로는 '대답하다'라는 뜻이 있고, '증거하다'라는 뜻은 이차적인 뜻이다. 이러한 이차적인 뜻이 나오게 된 것은 법정에서 신문에 대답하는 배경에서 나오게 된 것으로 볼 수 있다. 검사와 변호사, 고소자와 피고소자가 서로에게 대답하는 것을 가리킨다.[3]

프롭은 특별히 십계명의 아홉째 말씀인 거짓 증거를 금지하는 것이 그 앞의 가르침인 살인, 도둑질, 간음 사건 다음에 나오는 것이 법정의 삶의

---

[2] 제임스 패커, 『십계명』(*Growing in Christ*), 김진웅 역 (서울: 아바서원, 2012), 92.
[3] B. S. Childs, *Exodus*, 424.

자리라는 차원에서 자연스럽다고 관찰한다.[4] 그런데 '거짓 증거하지 말라'라는 표현에서는 '로 아나'(לֹא עָנָה) 관용구로 나오고, 출애굽기 23:2도 소송 절차의 문맥에서 나온다.

> 다수를 따라 악을 행하지 말며 송사에 다수를 따라 **부당한 증언을 하지 말며**(וְלֹא־תַעֲנֶה)(출 23:2).

출애굽기 20:16의 거짓 증거를 금지하는 명령은 잠언 25장 18절에서 같은 형태로 나타난다.

> **자기의 이웃을 쳐서 거짓 증거하는 사람**(עֹנֶה בְרֵעֵהוּ עֵד שָׁקֶר)은 방망이요 칼이요 뾰족한 화살이니라(잠 25:18).

여기서는 히브리 전치사 '브'(בְּ)를 자기의 이웃을 '쳐서'로 옮김으로써 이웃에게 피해를 입히기 위해 고의적으로 하는 거짓 증거를 두드러지게 한다. 이것은 거짓 증언을 하는 행위가 단지 어떤 사람에게 피해를 끼치는 것을 넘어 죽음에까지 이르게 하고, 이웃과 형제, 공동체를 와해시키는 결과를 가져오는 문제를 예고한다. 특별히 십계명의 아홉째와 열째 말씀에서 이웃이라는 히브리 낱말 '레아'(רֵעַ)가 네 번이나 나와(출 20:16; 신 5:20에 한 번, 출 20:17; 신 5:21에 세 번), 거짓 증언과 다른 사람이나 물건을 탐내는 것이 곧 이웃과의 관계, 공동체를 깨뜨리는 치명적인 행위임을 십계명은 경고한다.

이처럼 십계명의 아홉째 말씀은 이웃에게 피해를 끼치는 것을 문제 삼는데, 자신에게 유익을 가져오기 위해 남을 해치기 위해 거짓으로 증거하는 죄는 마치 사람을 죽이는 죄처럼 여겨진다(시 27:12; 35:11). 그래서 거짓

---

4 W. H. C. Propp, *Exodus 19-40*, 179.

증거를 금지하는 것은 단지 법정뿐 아니라 일상생활에서 남을 해치기 위해 중상모략을 일삼는 것을 금지하기 위한 것이다(레 19:16). 이러한 점에서 출애굽기 20:16과 신명기 5:20의 십계명에 대해 개역개정이 '네 이웃에 대하여'라고 번역하는 것은 소극적인 번역으로 평가할 수 있다.

신명기 19:16과 사무엘상 12:3에도 '아나 브'의 표현이 나와서 '누구에 거슬러/반대하여 증언하다'라는 뜻을 가리킨다.[5] 반대로 잠언 14:5은 "신실한 증인(עֵד אֱמוּנִים)은 거짓말을 아니하여도 거짓 증인은 거짓말을 뱉느니라"라고 말함으로써, 거짓 증인이 아니라 신실한 증인이 되는 것이 결국 자신과 공동체를 행복하게 하고 공동체에 유익을 끼치는 슬기로운 삶이라는 가르침을 준다.

거짓 증거를 금지하는 십계명의 말씀을 이해하기 위해 도움이 되는 구절이 신명기 19:15-21에 나오는 증인에 대한 규정이다. 신명기 19:18은 19:15-21의 단락 안에 위치하는데, 15절에서는 사건을 판결하기 위해서는 최소한 두 명의 증인을 필요로 한다고 언급하고, 17-18절은 소송(새번역과 공동개정)과 재판장을 언급함으로써 삶의 자리가 법정임을 분명하게 보여준다. 처음에는 한 사람의 신실한 증언으로 옳고 그름을 판단하기에 충분했던 것으로 보인다(신 19:16). 그러나 위증하는 문제가 생기면서 보다 신중하게 증인의 증언과 목격을 판단하기 위해 두 사람 이상의 증인을 두게 된 것으로 볼 수 있다.[6]

이 단락에서는 어떤 사람이 형제를 모함하기 위해 거짓으로 증언하면, 그 위증자에게 같은 처벌을 내리라고 말하며, 19:21의 결론에서는 "생명에는 생명으로, 눈에는 눈으로, 이에는 이로, 손에는 손으로, 발에는 발"이라는 복수 동태법을 제시한다. 거짓 증언하는 일이 반복해서 일어나지 않도록 위증자를 확실하게 처벌할 것을 명령하는 것이다. 이것은 단지 보

---

5 박요한 영식, 『십계명』, 169-170, 174.
6 박요한 영식, 『십계명』, 179.

복과 복수와 처벌을 위한 것 이전에 보복과 복수에 한계를 주며, 피해 보상과 회복을 통해 깨진 공동체 관계를 회복하기 위한 의도를 가진다.[7] 출애굽기 20:16에 나오는 '이웃'(רֵעַ)과 같은 개념이 19절에서 '형제'(אָח)로 나와 이스라엘 동포 사이의 형제애를 강조하는 것을 보아도 그러하다.

2. 위증과 거짓말

거짓 증언으로 사람을 죽이는 데까지 이르게 된 사건이 벌어지는데, 나봇의 포도원 사건이다. 앞의 권력형 살인에 대한 가르침에서 이미 말했듯이, 북이스라엘 임금 아합이 사마리아 왕실 정원을 만들기 위해 자기가 요구한 대로 나봇이 가지고 있는 포도원을 살 수 없자, 아내 이세벨이 불량배들을 동원해 나봇이 하나님과 아합 임금을 저주했다는 거짓으로 증언하게(עוד) 한 사건이다(왕상 21:10, 13). 이러한 나봇의 이야기는 정치에 결탁한 정치 폭력배들이 거짓으로 증언해 무고한 사람을 죽이기까지 해 권력을 유지시키는 인간 사회의 부정의함을 보여준다.

사람이 거짓 증언을 하고 거짓말을 하는 존재인 것은 인간의 본질을 다루는 창세기 1-11장의 원역사에 이미 나온다. 하나님이 만드신 첫 사람 아담과 하와의 이야기가 그러하다. 뱀이 하와에게 접근해 하나님의 동산에 있는 모든 나무의 열매를 먹지 말라고 말씀하셨느냐고 묻자, 하와는 동산 한가운데 있는 나무의 열매는 먹지도 만지지도 말라고 하셨다고 말함으로써 하나님의 말씀을 왜곡한다(창 3:1-3).

뱀이 거짓말하는 것은 두말할 나위도 없다(창 3:4-5). 그리고 선악과를 따 먹은 다음에도 아담은 자신의 잘못을 부인하고 하나님이 짝지어 주신 하와 때문이라고 핑계를 대며, 하와는 뱀 때문에 그러한 행위를 했다고 자

---

[7] 강사문, "구약의 Talio법에 관한 연구," 「장신논단」 3 (1987), 59-63.

신의 행위를 부인한다(창 3:12-13). 이러한 모든 행위는 곧 자신의 진실을 숨기며, 진실이 아닌 거짓으로 자신의 운명을 이끌어나가려고 하는 사람의 속성에서 기인한다.

이처럼 거짓 증언에 대한 십계명의 가르침은 단지 법정에서의 위증에만 해당하지 않고 일상생활에서의 거짓말의 문제를 포함한다(레 19:11, 16). 특별히 종교적인 영역에서 거짓 예언자의 문제도 포함한다. 십계명의 아홉째 말씀에서 '거짓'을 가리키는 '셰케르'가 예언서에서 55번 나오고, 특별히 예레미야에만 37번 나와, 하나님의 이름으로 이스라엘 백성에게 거짓을 예언하는 거짓 예언자의 문제를 다룬다.[8]

> 선지자들은 거짓을 예언하며(הַנְּבִיאִים נִבְּאוּ־בַשֶּׁקֶר) 제사장들은 자기 권력으로 다스리며 내 백성은 그것을 좋게 여기니 마지막에는 너희가 어찌하려느냐 (렘 5:31).

거짓 예언의 문제는 거짓 증거와 직접적으로 연관되어 있다는 점에서 심각하다. 예언자는 이스라엘 백성을 향한 하나님의 메시지를 말씀과 행위와 몸으로 전하는 사람이다. 참과 진실로 하나님의 메시지를 증거해야 하는 사람이다. 그런데 거짓으로 하나님의 말씀을 전하고 하나님의 말씀을 왜곡하며 하나님이 말씀이 아닌 거짓을 전한다는 것은 그야말로 십계명의 아홉째 말씀을 어기는 직접적인 반역 행위다.

---

8 김한성, "예레미야서의 거짓예언자 규정과 그 의도," 「신학논단」 60 (2010), 7-36.

3. 신약에서의 거짓 증거

복음서에서 예수님은 거짓 증거(ψευδομαρτυρία, ψευδομαρτυρέω)에 대한 문제를 두 번 언급하신다.

먼저 정결법 논쟁의 단락에서 사람의 입으로 들어가는 음식물이 사람을 더럽히는 것이 아니라, 사람의 입에서 나오는 나쁜 생각과 말과 행위가 사람을 더럽힌다고 말씀하신다(마 15:18). 마음에서 나오는 악덕 목록은 주로 십계명에서 이웃과의 관계를 지정하는 목록이다. 특별히 거짓 증언과 비방을 연결하시며 앞에서 말했듯이 법정에서의 거짓 증언의 문제와 일상생활에서 이웃을 비방하는 문제를 같은 차원에서 다루고 계시는 사실을 알 수 있다.

> 마음에서 나오는 것은 악한 생각과 살인과 간음과 음란과 도둑질과 거짓 증언과 비방이니(마 15:19).

다음으로 영생을 얻는 방법을 묻는 젊은 청년에게 예수님은 십계명의 말씀을 지킬 것을 말씀하시며 거짓 증언하지 말 것을 말씀하신다(마 19:18; 막 10:19; 눅 18:20).

> 이르되 어느 계명이오니이까 예수께서 이르시되 살인하지 말라, 간음하지 말라, 도둑질하지 말라, **거짓 증언** 하지 말라, 네 부모를 공경하라, 네 이웃을 네 자신과 같이 사랑하라 하신 것이니라(마 19:18).

여기에서 특이한 것은 마가복음과 달리 마태복음에서는 십계명의 가르침에 레위기 19:18에 있는 이웃 사랑에 대한 가르침을 덧붙이고 계시다는 점이다. 결국 십계명 둘째 돌판의 문제는 이웃과의 관계에 대한 가르침이고, 특별히 거짓 증거로 인해 이웃과 형제 공동체가 파괴되는 점을 다시

한번 알려주신다.

그런데 예수님 자신이 나봇의 경우와 마찬가지로 결국 거짓으로 증언하는 사람들로 말미암아 죽임을 당하게 되신다.

> [57]어떤 사람들이 일어나 예수를 쳐서 **거짓 증언** 하여 이르되 [58]우리가 그의 말을 들으니 손으로 지은 이 성전을 내가 헐고 손으로 짓지 아니한 다른 성전을 사흘 동안에 지으리라 하더라 하되 [59]그 증언도 서로 일치하지 않더라(막 14:57-59).

이처럼 참되거나 거짓된 증거는 어떤 한 사람을 살리기도 하고 죽이기도 한다. 그래서 헬라어에서 증인(μάρτυς)은 순교자라는 뜻도 함께 가지고 있는 것을 충분히 이해할 수 있다(행 1:8).

그래서 오늘날 그리스도인은 거짓 증거를 해서 사람이나 공동체에 피해를 입히지 말라는 문제를 긍정적인 방면에서 해석하고 적용해야 한다. 이것은 곧 자기 자신과 다른 사람에게 진실할 때, 참된 증거를 하는 참된 증인이 될 때, 예수님이 그리스도인에게 주기 원하셨던 자유를 경험하게 된다는 것이다(요 8:32).[9]

따라서 이웃에게 피해를 주기 위해 거짓 증거하지 말라는 말씀은 이웃을 이롭게 하기 위해 참된 자유의 복음을 전하라는 가르침으로 바꾸어 표현할 수 있다. 거짓 증거는 사람의 자유를 박탈하고 이집트의 노예 상태로 다시 되돌리는 문제를 갖고 있다. 그래서 패커(Packer)는 "개들과 점술가들과 음행하는 자들과 살인자들과 우상 숭배자들과 및 거짓말을 좋아하며 지어내는 자는 다 성 밖에 있으리라"라는 요한계시록 22:15의 말씀을 십계명의 거짓 증거를 금지하는 가르침의 맥락에 적용한다.[10]

---

9 그륀, 『인생을 떠받치는 열 개의 기둥』, 156.
10 패커, 『십계명』, 94.

제11장

열째 말씀(출 20:17; 신 5:21): 탐욕

십계명의 마지막 말씀은 이웃에게 속한 사람이나 물건을 탐내지 말라고 가르친다. 십계명이 사람의 외적인 행위를 규제하는 법의 차원을 넘어 도덕적인 가르침이라는 특징이 열째 가르침에서 드러난다. 십계명은 사람이 마음속에서 생각하는 사고방식에 대한 것도 계명의 대상으로 삼는다. 하나님은 사람의 행위뿐 아니라, 감정, 욕망의 대상, 또한 마음의 관심사에도 관심을 두신다는 사실을 보여준다.[1]

탐심을 금하는 십계명의 마지막 말씀은 오늘날 현대 사회와 경제에 그리 어울려 보이지 않는다. 탐심과 이기심이 자본주의 경제 행위의 핵심 원리이자 동력이라는 점에서 그러하다.[2] 자본주의 경제 윤리에 따르면, 금욕과 절제는 악덕이고 소비가 미덕이다.[3]

어떤 사람이 부를 쌓는다는 것은 결국 다른 사람이 가질 수 있는 가능성을 선점하고 빼앗는다는 것을 뜻한다. 이것이 바로 세상이 말하는 성공의 이면에 있다.[4] 그래서 사회주의자들은 자본주의자를 "합법화된 탐욕"을 가진 사람으로, 자본주의자들은 사회주의자를 "합법화된 질투"를 일컫

---

1 하우어워스 외, 『십계명』, 198.
2 아담 스미스, 『국부론』(*Wealth of Nations*), 최임환 역 (서울: 을유문화사, 1976)이 견지하는 입장이다.
3 볼프 외, 『그러니, 십계명은 자유의 계명이다』, 211; 조용훈, 『우리 시대를 위한 하나님의 열 가지 말씀』, 293.
4 고르닉 편, 『십계명의 현대적 이해』, 129.

는 사람으로 여긴다.[5] 자본주의 사회에서는 소비와 구매에서 사회적 시합이 발생하는데, 내가 어떠한 물건을 사느냐에 따라 내가 누구인지가 증명된다. 소비는 더 이상 생산을 낭비하는 것으로 여겨지지 않는다. 자본주의 체제를 확대하고 재생산하기 위해 필수적이다. 그래서 오늘날 사회는 소비와 구매와 생산을 끊임없이 자극한다.[6]

십계명의 마지막 말씀은 이러한 사람 사이에 벌어지는 경쟁과 소외의 문제를 알아차리고 있는 듯하다. 열째 말씀에는 '이웃'이라는 낱말이 세 번이나 나오는데, 이웃을 가리키는 3인칭 대명 접미사까지 합치면 모두 일곱 번이나 된다. 그만큼 이웃과의 평화롭고 평등한 관계를 중요시한다. 십계명의 아홉째 말씀을 담고 있는 출애굽기 20:16에서 이웃에 대해 거짓 증거하지 말라고 할 때도 같은 히브리 낱말 '러아'(רֵעַ)가 나온다. 이웃을 지키고 보호하기 위한 가르침, 공동체를 보존하기 위한 가르침이 바로 십계명의 마지막 가르침이다.

네 이웃의 집을 탐내지 말라 네 이웃의 아내나 그의 남종이나 그의 여종이나 그의 소나 그의 나귀나 무릇 네 이웃의 소유를 탐내지 말라(출 20:17).

לֹא תַחְמֹד בֵּית רֵעֶךָ

לֹא־תַחְמֹד אֵשֶׁת רֵעֶךָ וְעַבְדּוֹ וַאֲמָתוֹ וְשׁוֹרוֹ וַחֲמֹרוֹ וְכֹל אֲשֶׁר לְרֵעֶךָ׃

네 이웃의 아내를 탐내지 말지니라 네 이웃의 집이나 그의 밭이나 그의 남종이나 그의 여종이나 그의 소나 그의 나귀나 네 이웃의 모든 소유를 탐내

---

5 하우어워스 외, 『십계명』, 202.
6 삐에르 부르디 외, 『구별짓기: 문화와 취향의 사회학. 상-하』(*La distinction : critique sociale du jugement*), 최종철 역 (서울: 새물결출판사, 2005); 장 보드리야르, 『소비의 사회: 그 신화와 구조』(*La société de consommation*), 이상률 역 (서울: 문예출판사, 2014); 고재길, "소비문화의 종교성과 소비 이데올로기 비판: 소비인간의 이미지와 대리적 소비를 중심으로," 「장신논단」 39 (2010), 199-222.

지 말지니라(신 5:21).

וְלֹא תַחְמֹד אֵשֶׁת רֵעֶךָ
וְלֹא תִתְאַוֶּה בֵּית רֵעֶךָ שָׂדֵהוּ וְעַבְדּוֹ וַאֲמָתוֹ שׁוֹרוֹ וַחֲמֹרוֹ וְכֹל אֲשֶׁר לְרֵעֶךָ׃

1. 탐하다(חָמַד)

'탐하다'에 해당하는 히브리 동사 '하마드'(חָמַד)는 구약성경에서 21번 나오는데, 대부분 부정적인 뜻으로 사용된다. 이 동사는 다른 사람의 소유물을 갖고자 하는 마음을 가리키는데, 실제로 행동에 이르게 계획하고 도모한다는 점에 문제가 있다(출 34:24; 신 7:25).[7] 탐욕을 일으키는 대상이 모두 보기 좋아 갖고 싶은 욕망을 일으키기 때문에, 생각이 생각에서 멈추지 않고 행위를 불러일으킨다(창 2:9; 3:6; 신 7:25; 잠 6:25 등). 사람은 매혹하는 물건을 보면 마음을 멈추어 자족하기가 어렵다(욥 20:20).

그래서 십계명은 이러한 탐심마저 갖지 말도록 요구한다. 신명기 5:21의 병행 구문에서는 출애굽기 20:16에 없는 동사, '열망하다'를 뜻하는 '아바'(אָוָה)의 강의 재귀형인 '히트아베'(תִתְאַוֶּה)가 나오는데, 이것은 외적 행위를 논하기 전에 마음의 상태와 내적 본능에 호소하는 것이다.[8] '하마드'가 탐심이 가져오는 행위를 가져오는 감정을 강조한다면, '히트아베'는 감정 자체에 초점이 있다는 점에서, 신명기는 아직 실행에 옮기지 않은 내

---

[7] 크뤼제만, 『자유의 보존』, 94. 더 자세한 논의를 위해서는 김이곤, 『출애굽기의 신학』, 233-234를 보라. 크리스토퍼 라이트, 『신명기』, 135는 초기 유대교 해석가들이 이러한 입장을 보였는데, 이것은 "이 계명을 다른 계명들과 맞추어 시행 가능한 법률로 해석하기 위해서였을 것"으로 해석한다.
[8] 카이저, 『구약성경윤리』, 113.

적 욕구를 더 강조한다.⁹ 그런데 여러 외국어 성경(JPS, KJV, NET¹⁰ 등)과 달리 개역개정과 새번역과 공동개정은 이 동사를 번역하고 있지 않다.

십계명의 마지막 가르침은 탐심의 대상이 가까운 이웃과 이웃의 소유물이라는 데에서 더 큰 문제가 있다는 사실을 지적한다. 사람은 이웃이 가진 집, 그의 아내, 남녀 종, 소나 나귀를 비롯한 그의 소유를 가지고 싶어한다. 가지고자 하는 욕심은 끝이 날 줄 모른다. 사실 이러한 사람과 사물의 목록은 이미 십계명의 안식일에 대한 말씀에서도 나와 그들은 탐욕의 대상이 아니라 하나님이 주시는 쉼을 누려야 하는 고귀한 존재임을 밝힌 바 있다.

출애굽기에 있는 십계명의 마지막 가르침이 나타내는 이웃의 소유는 이웃의 가정을 가리킨다. 여기에서 '집'(בית)이라는 낱말은 건축물로서의 집이라기보다 이웃의 '가정'을 뜻하고, 그 다음에 나오는 낱말들은 그 가정의 구성원들을 가리킨다.¹¹ 이웃의 아내를 이웃의 집 다음에 언급하는 것은 고대 이스라엘에서 아내를 남편의 소유물로 간주하는 일반적인 사회 인식을 반영한다.¹² '집'이라는 낱말에서 히브리 문장의 전반절이 끝나는 것은 후반절이 집에 속한 대상임을 지시한다.

따라서 탐심을 금지하는 열째 말씀이 목적으로 하는 것은 이스라엘 가정의 보존을 유지하기 위한 것이다. 구약성경은 고대 이스라엘의 가족이 구체적으로 어떻게 이뤄져 있는지, 또한 당시 사회는 어떤 계층으로 이뤄져 있는지에 대한 많은 정보를 제공하지 않는다. 그렇기 때문에 십계명의 이러한 구절은 이스라엘의 가족 구조를 간파하게 하는 데 중요한 정보를

---

9 B. S. Childs, *Exodus*, 427; 박요한 영식,『십계명』, 162.
10 You must not **desire** another man's wife, nor should you **crave** his house, his field, his male and female servants, his ox, his donkey, or anything else he owns(NET).
11 J. P. Hyatt, *Exodus*, NCBC (London: Marshall, 1983), 216; W. H. C. Propp, *Exodus 19-40*, 302.
12 김판임, "유대교에서의 여성의 지위와 역할 및 이에 대한 예수의 입장,"「한국기독교신학논총」18 (20001), 116.

제공한다. 이스라엘 가족은 여기에서 볼 수 있는 것처럼 남녀 종을 포함하고 있다.

이러한 가족 구성원에 대한 정보를 주는 다른 본문은 출애굽기 12:43-51에 나오는 유월절 규정에 있는 가족 구성원, 레위기 25:6-7에 나오는 안식년 수혜자의 목록,[13] 레위기 22:10-13에 나오는 제사장 가족의 구성원 등이다. 또한, 재물을 나열하는 것은 창세기 12:16의 짜임새를 따르는데, 구약 주변 세계에서 편지를 쓸 때 흔히 사용하는 문구에 해당한다.[14]

다른 한 편 신명기 5:21에는 집과 이웃 아내의 순서가 바뀌어 있다. 출애굽기와 달리 신명기에서는 이웃의 아내가 구절의 전반절을 끝낸다. 이것은 특별히 이웃의 아내의 인권을 보다 높이는 목적이 있는데,[15] 이것은 신명기의 일반적인 특징이다(출 21:2-11에 대한 신 15:12-18; 출 22:15-16에 대한 신 22:28-29 등).[16] 신명기가 이웃의 아내를 이웃의 집 앞에 놓음으로써 출애굽기가 그러하듯이 이웃의 아내를 종과 집짐승과 같은 위치에서 떼어 놓게 된다.[17]

70인역 출애굽기 20:17에서는 신명기 5:21에서처럼 이웃의 아내가 이웃의 집 앞에 나온다. 이것은 앞의 20:12에서와 마찬가지로 70인역 신명기의 영향으로 보인다. 또한, 신명기에서는 출애굽기에는 없는 '밭'을 첨가해 집과 밭(בֵּית דֶּרֶךְ שָׂדֵהוּ), 남종과 여종, 소와 나귀가 서로 짝을 이루는 짜임새 안에 있어서, 집이 단지 가정을 뜻할 뿐 아니라 실제 건축물로서의 집을 가리킬 수 있는 여지를 남겨준다.[18]

---

[13] Sun-Jong Kim, "Les enjeux théologiques des bénéficiaires de l'année sabbatique (Lev 25,6-7)," *ZAW* 122 (2010), 33-43; Sun-Jong Kim, "The Group Identity of the Human Beneficiaries in the Sabbatical Year (Lev 25:6)," *VT* 61 (2011), 71-81.

[14] 박요한 영식, 『십계명』, 215.

[15] 박요한 영식, 『십계명』, 195; D. L. Christensen, *Deuternomy 1-11*, 124.

[16] Weinfeld, *Deuteronomy 1-11*, 318.

[17] Weinfeld, *Deuteronomy 1-11*, 318.

[18] 박요한 영식, 『십계명』, 217; W. H. C. Propp, *Exodus 19-40*, 180-181.

출애굽기 20:17	신명기 5:21
네 이웃의 집을 탐내지 말라(전) 네 이웃의 아내나 그의 남종이나 그의 여종이나 그의 소나 그의 나귀나 무릇 네 이웃의 소유를 탐내지 말라(후)	네 이웃의 아내를 탐내지 말지니라(전) **네 이웃의 집이나 그의 밭이나 그의 남종이나 그의 여종이나 그의 소나 그의 나귀**나 네 이웃의 모든 소유를 탐내지 말지니라(후)

　남의 이웃과 이웃의 물건을 탐내지 말라는 십계명의 마지막 말씀은 사물의 가치를 우상화하지 말라는 둘째 말씀과 관련된다.[19] 사물을 우상화해 소유를 하나님 앞에 두는 행위, 거짓된 신으로서 재화를 섬기는 십계명의 첫째 말씀과도 관련된다.[20]

　그러나 이웃의 아내를 탐하지 말라는 말씀은 간음 금지와는 구별된다. 십계명의 일곱째 말씀에서 말하는 간음은 구체적 행위를 가리킨다면, 열째 말씀에서는 행위 이전에 마음의 의도와 경향성을 지적한다. 남의 재산을 탐내지 말라는 것도 도둑질하지 말라는 십계명의 말씀과 이러한 차원에서 구별할 수 있다.[21] 결국 이웃과 이웃의 물건을 탐내어 도둑질하는 행위는 다시 자유인에서 노예로 전락하는 과정을 말한다.[22]

2. 탐심을 이기지 못한 이야기

　'탐하다'라는 동사 '하마드'가 구약성경에서 가장 먼저 나오는 곳이 에덴동산을 묘사하는 창세기 2장이다. 창세기는 2:9과 3:6에서 처음 사람이 탐하게 하는 사물의 속성과 죄의 연관성을 말한다.

19　그륀델, 『십계명: 어제와 오늘』, 151.
20　자본이 신의 자리까지 차지하게 되는 것에 대한 사회학적 분석을 위해서는 김선종, "성, 자본, 권력: 성(sexuality)의 메타신학," 101-127을 보라.
21　박요한 영식, 『십계명』, 204, 211.
22　박요한 영식, 『십계명』, 214.

> 여호와 하나님이 그 땅에서 **보기**(מַרְאֶה)에 **아름답고**(נֶחְמָד) 먹기에 좋은(טוֹב) 나무가 나게 하시니 동산 가운데에는 생명 나무와 선악을 알게 하는 나무도 있더라(창 2:9).

창세기 2:9에서 우리말 성경은 (보기에) '아름답고(개역개정, 새번역)/좋고(공동개정)'로 옮기는데, '아름답고'와 '좋고'에 해당하는 히브리 낱말은 '탐하다'를 뜻하는 '하마드'의 단순재귀형이다. 그런데 여기에서 보기에 아름다우며 좋은 나무는 하나님이 사람에게 주시는 음식의 풍성함을 가리키고,[23] 하나님이 만드신 피조물의 아름다움을 긍정적으로 묘사한다. 탐스러움 자체는 악하지 않고 죄와 관련되지도 않는다.

그런데 3:6에서는 다른 양상이 펼쳐지게 된다.

> 여자가 그 나무를 **본즉**(וַתֵּרֶא) 먹음직도 하고(טוֹב) 보암직도 하고(תַאֲוָה) 지혜롭게 할 만큼 **탐스럽기도**(וְנֶחְמָד) 한 나무인지라 여자가 그 열매를 **따먹고**(וַתִּקַּח) 자기와 함께 있는 남편에게도 주매 그도 먹은지라(창 3:6).

이 본문은 아담과 하와가 뱀에게 유혹받은 것과 상관없이 동산 가운데에 있는 나무 자체가 사람의 눈에 탐스럽다고 말한다. 하나님이 사람에게 주신 선물 안에 탐스러움의 속성이 자체적으로 들어 있다.[24]

그런데 이 구절은 이러한 탐스러움으로 말미암아 사람이 유혹에 넘어갈 수 있는 위험에 노출될 수 있는 사실을 예고한다. 창세기 3:6에는 출애굽기와 신명기의 십계명의 열째 말씀에 있는 '하마드' 동사가 같이 나오고 신명기 십계명에 나오는 '아바' 동사의 명사형인 '타아바'(תַאֲוָה)도 함께 나오는 점에서 그러하다.

---

[23] G. Wenham, *Genesis 1-15*, WBC 1 (Waco, Texas: Word Books, 1987), 62.
[24] C. Westermann, *Genesis 1-11*, 249.

더욱이 이 구절에서 문제 삼는 것은 동산 한가운데에 있는 나무가 지혜롭게 할 만큼 탐스럽다고 말하는 점에 있다. 뱀이 말한 것처럼 사람이 선과 악(창 3:5), 곧 모든 것을 알게 되기를 은연중에 바라게 되는 것이다. 선과 악을 안다고 할 때, 선과 악은 단순히 윤리와 도덕의 차원에서 두 가지 덕목을 말하지 않고, 선과 악이라는 양끝을 언급함으로써 모든 것을 뜻하는 히브리 표현법에 해당한다(merismus).

그런데 여기에서 한 가지 오해하지 말아야 할 사항은 하와가 탐스러운 열매를 따 먹는 현장에 자신의 남편 아담도 함께 있었다는 사실이다. 창세기 3:6은 분명하게 "자기와 함께 있는 남편에게도 주매 그도 먹은지라"라고 밝히고 있다.[25] 사람이 죄로 타락하게 된 것을 하와에게만 돌리는 것은, 그러한 읽기가 의도적이든 무지에서 비롯한 것이든 본문을 잘못 읽어 곡해하는 것이다. 아담은 하와의 제안을 질책하지 않고, 거부하지도 않는다. 아담과 하와는 공범이다.

에덴동산 한가운데에 있는 나무가 보기에, 먹기에, 또한 지혜롭기에 탐스럽다고 하는 말 자체에는 죄의 속성이 있다기보다 하나님이 창조하신 피조물의 아름다움과 풍성함을 표현하는 반면에, 여호수아 7장에 나오는 아간의 도둑질 사건에서는 탐심이 분명하게 죄의 원인으로 나타난다. 앞의 도둑질에 대한 십계명의 여덟째 말씀에서 다루었듯이 아간은 전쟁에서 탈취해 하나님께 바쳐야 하는 전리품을 자기의 것으로 훔쳤다. 그러한 잘못된 행위의 대가로 자신만 처벌받은 것이 아니라, 죄에 대한 연대감으로 모든 가족이 죽임을 당한다. 그런데 이러한 죄의 근원에 바로 아간의 탐심이 있었다고 말한다.

> 내가 노략한 물건 중에 시날 산의 아름다운(תבֹשַ) 외투 한 벌과 은 이백 세 겔과 그 무게가 오십 세겔 되는 금덩이 하나를 **보고**(רָאָה) **탐내어**(חָמַד) **가졌**

---

25 Wenham, *Genesis 1-15*, 75-76.

나이다(לָקַח) 보소서 이제 그 물건들을 내 장막 가운데 땅 속에 감추었는데 은은 그 밑에 있나이다 하더라(수 7:21).

탐심과 죄의 관련을 암시하는 창세기 2:9과 3:6, 또한 여호수아 7:21에서 흥미로운 한 가지 사실은 동산 한가운데에 있는 탐스러운 나무와 시날산 외투가 모두 아름답다는 점에 있다. 세 본문에는 모두 '아름답다'를 뜻하는 히브리 형용사 '토브'(טוֹב)가 있는데, 이 형용사는 윤리적으로는 '착하다'라는 뜻과 함께 용모의 차원에서 '아름답다'라는 뜻도 가지고 있다.[26]

보기에 아름다운 사물이 사람을 악에 떨어뜨리는 이야기에서 탐심과 함께 선과 아름다움을 뜻하는 '토브'가 사용되는 것이 의미심장하다. 사람을 유혹하는 탐심은 악의 모습을 띠고 오지 않는다. 선의 모습, 아름다움의 모습으로 다가온다.[27]

또한, 창세기 3:6과 여호수아 7:21은 아담과 하와, 또한 아간이 아름다운 사물을 보고(רָאָה), 탐내(חָמַד), 갖는(לָקַח) 삼 단계의 과정을 거치고 있으며 각 단계마다 같은 동사를 사용하고 있다.[28] 다윗과 밧세바의 범죄를 보도하는 사무엘하 11:2-4은 다윗이 아름다워 보이는 밧세바를 보고(רָאָה) 그저 빼앗는(לָקַח) 것으로 그린다. 여기에서는 '탐내다'라는 동사를 사용하지 않아, 마치 다윗의 행위가 탐내지도 않은 채 즉각적이었음을 보게 한다.

> ²저녁 때에 다윗이 그의 침상에서 일어나 왕궁 옥상에서 거닐다가 그 곳에서 **보니**(רָאָה) 한 여인이 목욕을 하는데 심히 **아름다워 보이는지라**(טוֹבַת מַרְאֶה) ³다윗이 사람을 보내 그 여인을 알아보게 하였더니 그가 아뢰되 그는 엘리

---

26 BDB, 375; HALOT, 371.
27 이은애, "구약성서에 나타난 인간의 아름다움," 「한국기독교신학논총」 74 (2011), 7-10은 위험을 가져오는 성적 매력으로서의 '아름다움'에 대항하는 구약의 본문을 다룬다.
28 서명수, "라합의 지혜와 아간의 탐욕," 100-101.

암의 딸이요 헷 사람 우리아의 아내 밧세바가 아니니이까 하니 ⁴다윗이 전령을 보내어 그 여자를 자기에게로 **데려오게 하고**(חקל) 그 여자가 그 부정함을 깨끗하게 하였으므로 더불어 동침하매 그 여자가 자기 집으로 돌아가니라(삼하 11:2-4).

이 모든 사건의 결과는 가족 공동체가 파괴되고, 인생에서 실패하게 되는 것으로 이어진다. 그들 모두는 하나님과 공동체로부터 관계가 끊어지는 죽음을 맞이하게 되는 것이다. 더 심하게는 다윗의 경우처럼 자신이 죽지 않더라도, 자식을 죽이게 하는 운명에 처하게 된다(삼하 12:15-23).

3. 탐심은 곧 죄와 죽음

구약성경의 이야기에서 사람은 탐심으로 말미암아 죄로 타락하게 되고, 결국 아담과 하와, 아간처럼 죽음에 이르게 되는 것을 보여준다. 신약성경에서는 이러한 사실을 보다 신앙적으로 체계화하는 것을 관찰할 수 있다. 탐심이 결국 죽음과 죄를 가지고 오는 원인에 있다는 사실을 강조한다. 그래서 마음가짐에 대한 가르침을 강조하고 삶의 방향과 인격 도야를 위한 목적으로, 실정법보다는 윤리적이고 도덕적인 가르침을 지향한다.

먼저 예수님은 십계명에 나오는 간음 금지에 대한 말씀을 해석하시며 여자를 보고 음욕을 품는 것 자체를 간음이라고 말씀하신다.

또 간음하지 말라 하였다는 것을 너희가 들었으나 나는 너희에게 이르노니 **음욕을 품고**(ἐπιθυμῆσαι) 여자를 보는 자마다 마음에 이미 간음하였느니라(마 5:27-28).

'음욕을 품다'에 해당하는 헬라어 동사 '에피튀메오'(ἐπιθυμέω)는 십계명의 마지막 말씀에서 '탐하다'에 해당하는 히브리 동사 '하마스'를 번역하기 위해 사용되었다는 점에서 마태복음 5:27-28의 말씀은 간음을 금지하는 가르침과 동시에 탐심을 금지하는 가르침에도 해당한다.

이러한 탐심의 문제는 바울과 야고보 등 교회 공동체를 이끌어나가는 지도자들에게도 경계의 대상이었다. 바울은 갈라디아서 5:16-17에서 이렇게 말함으로써 탐심을 제어할 것을 가르친다.

> 내가 또 말합니다. 여러분은 성령께서 인도해 주시는 대로 살아가십시오. 그러면 육체의 욕망(ἐπιθυμία)을 채우려 하지 않을 것입니다. 육체의 욕망(ἐπιθυμεῖ)은 성령을 거스르고, 성령이 바라시는 것은 육체를 거스릅니다. 이 둘이 서로 적대관계에 있으므로, 여러분은 자기가 원하는 일을 할 수 없게 됩니다(갈 5:16-17, 새번역).

에베소서 5:5과 골로새서 3:5은 탐하는 행위를 우상을 숭배하는 행위와 일치시키고 있다.

> 너희도 정녕 이것을 알거니와 음행하는 자나 더러운 자나 **탐하는 자**(πλεονέκτης) 곧 **우상 숭배자**(εἰδωλολάτρης)는 다 그리스도와 하나님의 나라에서 기업을 얻지 못하리니(엡 5:5).

> 그러므로 땅에 있는 지체를 죽이라 곧 음란과 부정과 사욕과 악한 **정욕**(ἐπιθυμία)과 **탐심**(πλεονεξία)이니 **탐심**은 **우상 숭배**(εἰδωλολατρία)니라(골 3:5).

그래서 결국 야고보서 1:15은 욕심, 탐심이 죄를 낳고 죽음에 이르게 한다고 결론을 맺는다.

욕심(ἐπιθυμία)이 잉태한즉 죄를 낳고 죄가 장성한즉 사망을 낳느니라 (약 1:15).

'탐심'을 가리키는 헬라어 '플레오넥시아'(πλεονεξία)는 더 많이 갖는 것을 뜻하는 합성어다. 결국 욕심과 탐심은 자기가 가진 것을 만족하지 않고, 끊임없이 더 많은 것을 갖기 원하는 정신을 가리킨다.[29] 그래서 예수님은 누가복음 12장의 어리석은 부자의 비유에서 "모든 탐심(πλεονεξία)을 물리치라"(눅 12:15)라고 말씀하신다. 사람의 생명이 재산 여부에 달려 있지 않기 때문이라고 말씀하신다.

탐심을 우상 숭배와 일치시키는 것은 사물을 경배하게 되면서 그리스도인이 하나님으로부터 멀리 떠나가게 해 결국 신의 자리에 차지하게 되기 때문이다. 이러한 점에서 십계명의 마지막 열째 말씀은 다시 십계명의 첫째 말씀인 하나님 앞에 다른 신을 두는 것, 십계명의 둘째 말씀인 우상을 만들어 섬기는 것을 가리키게 된다.[30] 크리스토퍼 라이트(C. J. H. Wright)는 다음과 같은 흥미로운 관찰을 한다.

> 인간의 도덕과 관련해 하나님이 우선순위는 하나님, 사회, 가정, 생명, 성, 재산의 순서다. 적어도 현대 서구 사회의 문화가 이러한 우선순위를 거의 정확히 뒤집는다는 것은 굳이 말할 필요가 없겠다.[31]

십계명의 첫째 말씀이 하나님에 대한 신앙을 절대시한다면, 현대인은 물질에 대한 탐욕을 절대시한다는 말이다.

탐심을 금지하는 명령을 긍정적인 덕목으로 이해하면 자족하는 삶이다

---

[29] 바클레이, 『오늘을 위한 십계명』, 229.
[30] 크리스토퍼 라이트, 『신명기』, 131.
[31] 크리스토퍼 라이트, 『신명기』, 104. 그에 따르면 하나님은 1-3계명, 사회는 4계명, 가정은 5계명, 생명은 6계명, 성은 7계명, 재산은 8-10계명에 해당한다.

(행 20:33-35; 빌 4:11-13; 딤전 6:6). 하나님이 나에게 주신 것, 내가 가진 것에 대한 감사의 태도로 살아가는 것이다.[32] 사람의 참된 행복은 소유에 있지 않고, 그 사람됨, 존재에 있기 때문이다.[33]

그런데 탐심을 제거할 수 있는 것은 단지 금욕적인 생활이나 자족과 만족을 통한 것이 아니다. 여기에서 더 나아가 적극적으로 성령의 길을 따름으로, 예수 그리스도의 제자가 됨으로 가능하다.[34] 이것은 곧 그리스도인은 하나님이 주시는 능력으로 자기가 가진 것을 이웃과 나누고 이웃에게 주는 사랑의 행위를 통해 탐심을 극복할 수 있다.

그래서 바울이 십계명에 나오는 이웃과의 관계의 정점과 결론에서 이웃을 사랑하라는 말씀을 놓는 것을 이해할 수 있다. 이웃을 사랑하는 것은 간음, 살인, 도둑질, 탐심을 비롯한 그 밖의 계명을 무시하는 것이 아니다. 이웃을 사랑하는 구체적인 방법이요, 그러한 계명들을 구체화하고 완성하는 것이다. 이웃 사랑이야말로 사람이 극복하기 어려운 탐심에 대한 대안이다.[35]

> 간음하지 말라, 살인하지 말라, 도둑질하지 말라, 탐내지 말라 한 것과 그 외에 다른 계명이 있을지라도 네 이웃을 네 자신과 같이 사랑하라 하신 그 말씀 가운데 다 들었느니라(롬 13:9).

---

[32] 그륀, 『인생을 떠받치는 열 개의 기둥』, 180.
[33] 에리히 프롬, 『소유냐 존재냐』(*To Have or To Be?*), 차경아 역 (서울: 까치, 2003).
[34] 문시영, "탐욕의 길 vs. 제자의 길: 본회퍼 윤리의 한 응용 - 『나를 따르라』를 중심으로," 「한국기독교신학논총」 98 (2015), 177-201.
[35] 부르그만, 『안식일은 저항이다』, 158-159.

제3부

십계명과 오경 율법의 정치, 종교, 사법 체제

제1장 모세 시대의 제국과 오경의 율법
제2장 신명기의 정치, 종교, 사법 체제

제1장

모세 시대의 제국과 오경의 율법*

1. 머리말

끊임없이 변화하는 정세와 외교, 생태계 파괴, 종교의 혼란 등으로 여러 위기가 전 세계적으로 일어나고 있다. 그리스도인은 공동체의 갈등과 위기에 직면해 세상의 질서를 하나님의 뜻대로 건설하려는 성서의 율법에 귀를 기울여 현실에 대한 성경의 해답을 숙고할 필요가 있다.

이스라엘은 늘 주변 제국의 위협 아래 살고 있었다. 이스라엘은 이집트, 앗수르, 바벨론, 페르시아, 그리스-로마라는 제국의 통치를 받으며 살았다. 그 후 2천 년 동안 땅 없이 살다가 1948년에 나라를 다시 세우게 된다. 성서 시대의 이스라엘이 실질적인 독립 국가의 지위를 가진 시대가 거의 없다.

그런데 이러한 위협의 현실은 단지 이스라엘뿐 아니라 우리 겨레도 마찬가지다. 예로부터 지금까지 주변 강대국들과 때로는 협력하고 때로는 대립하며 살아가는 한반도 겨레의 상황도 암울하다. 민족지도자 함석헌 선생은 1934-1935년에 '성서적 입장에서 본 조선 역사'라는 연재물을 통해 우리 겨레와 이스라엘의 역사를 비교했다.[1] 우리 겨레는 2019년 3·1운동 100주

---

* 이 글은 2019년 10월 1일에 부산 동래중앙교회 예람신학연구소에서 목회자와 평신도를 대상으로 주최한 예람기독교인문학강좌에서 "모세 시대의 제국과 예언자적 선포"라는 제목으로 강연한 내용을 수정하고 보완한 것이다.
1 함석헌, 『뜻으로 본 한국역사』(서울: 한길사, 1987).

년이 되는 해를 보냈고, 여러 분야의 많은 학자들이 3·1운동 100주년의 의미를 되새긴 바 있다.[2] 그러나 『반일종족주의』라는 책을 통해 볼 때, 과연 겨레가 일본제국주의의 압제에서 완전한 해방을 이룬 것인지 의심하게 된다. 국내의 복잡한 정치 상황과 북한과의 관계, 일본과의 지속되는 갈등에 직면해, 이러한 역사와 정치의 문제를 푸는 해법을 고대인의 지혜가 담긴 성서에서 찾아보도록 시도하는 것이 결코 의미 없지 않다.

이 글에서는 한반도가 처한 상황을 분석하고 문제를 해결하기 위한 하나의 해법으로서 고대 이스라엘 백성이 어떠한 정치 신학을 바탕으로 당시 최강대국인 이집트 제국에서 해방하게 되었는지, 모세 시대의 제국의 정치, 경제, 종교, 문화 정책과 오경의 율법 정신에 대해 살펴보도록 하겠다.

2. 모세 시대의 제국: 이집트의 제국주의 통치방식과 이상

모세 시대에 이스라엘의 종교와 정체에 가장 큰 영향을 끼친 제국은 이집트다. 이집트는 고왕조, 중왕조, 신왕조의 유구한 역사가 있고, 기원전 14-13세기 모세 당시에는 가나안을 식민통치했다.[3]

오경의 출애굽기에서 신명기까지 이집트에 대한 언급이 나타나는 곳은 주로 출애굽기 전반부다. 출애굽기의 짜임새를 이집트에서의 이스라엘(출 1:1-15:21), 광야에서의 이스라엘(15:22-18:27), 시내 산에서의 이스라엘(19:1-40:38)로 나눌 수 있고,[4] 출애굽기 이후 레위기부터 신명기까지는

---

2 구약의 분야에서의 연구를 위해서는 김회권, "3·1운동과 구약성경의 구속사적 의미," 「구약논단」 71 (2019), 12-52를 보라.
3 이집트의 역사, 이스라엘과의 관계, 팔레스타인 침략사를 위해서는 문희석 편저, 『구약성서배경사』(서울: 대한기독교서회, 1998), 89-132, 217-276을 보라.
4 박동현, 『구약성경개관』(서울: 장로회신학대학교출판부, 2010), 48-50.

이러한 시내 산과 시내 광야를 배경으로 한다. 따라서 이집트의 제국주의 통치방식과 제국주의의 이상을 파악하기 위해서는 출애굽기 1:1-15:21에 묘사되어 있는 이집트를 살펴보고, 이에 대항하는 오경 율법의 신학을 위해서는 레위기와 신명기의 신학적 메시지를 살펴봐야 한다.

그런데 이집트의 제국주의와 오경의 율법을 고찰하기 이전에 이스라엘과 이집트의 역사를 바라보는 다양한 시각을 밝힐 필요가 있다. 이스라엘 역사가가 객관적인 이스라엘 역사를 서술하는 데는 역사가의 관점에 따라 성경을 바라보는 서로 다른 입장이 존재하기 때문이다. 이른바 최소주의(minimalism)와 최대주의(maximalism)가 그것이다.

최소주의는 역사 실증주의의 입장에서 일반고고학이 증언하는 테두리에서 성경이 진술하는 역사를 사실에 대해 진술 가치를 가진 것으로 받아들이겠다는 입장이고, 대표적으로 이스라엘 고고학자 핑컬스타인(Finkelstein)이 이러한 입장에 서 있다.[5]

반대로 성경의 진술을 최대한 사실로 받아들이겠다는 역사와 고고학의 입장이 있는데, 키친(Kitchen)의 입장이 바로 그러하다.[6] 반면 비교적 중도적인 입장에서 객관적 역사의 방법론과 성경의 진술을 함께 바라보는 입장이 밀러(Miller)와 헤이스(Hayes)의 입장이다.[7] 최근에 그래비(Grabbie)는 기존의 이러한 이스라엘 역사 방법론을 고려해 고고학 자료를 1차 자료로 여기고, 성서의 자료를 2차 자료로 여겨 이들을 종합적으로 분석해 역사를 서술한다.[8]

---

[5] 이스라엘 핑컬스타인, 닐 애셔 실버먼, 『성경: 고고학인가 전설인가』(*The Bible Unearthed*), 오성환 역 (서울: 까치, 2002).

[6] K. Kitchen, *On the Reliability of the Old Testament* (Grand Rapids – Cambridge: Eerdmans, 2003).

[7] J. 맥스웰 밀러, 존 H. 헤이스, 『고대 이스라엘 역사』(*A History of Ancient Israel and Judah*), 박문재 역 (서울: 크리스챤다이제스트, 1998).

[8] 레스터 L. 그래비, 『고대 이스라엘 역사 – B.C. 2000년경~B.C. 539년 –』(*Ancient Israel: What Do We Know and How Do We Know It?*), 류광현, 김성천 역 (서울: CLC, 2012).

이 글은 역사비평을 통한 고대 이스라엘의 객관적 역사와 고고학의 관점에서 접근하지 않고, 성경이 진술하는 이야기(narrative)에 근거해 이야기가 표상하는 신학 체계를 추적하는 것을 주된 방법으로 삼는다.

1) 제국주의 정치와 경제

이집트의 파라오는 신의 형상에 따라 지음 받은 신 자체였다. 그러한 점에서 사람을 하나님의 형상에 따라 지음 받았다고 선언하는 창세기 1:26-27은 가히 혁명적이다.[9] 구약성경의 인간관과 달리 이집트에서 일반 백성은 파라오라는 신을 섬기는 노예에 불과하다.

사람이 다른 사람의 노예가 되는 이러한 조짐이 이미 창세기 후반부에 나타나는데 이집트에 흉년이 들게 되자 파라오는 총리 요셉의 정책의 도움으로 식량을 주는 대신에 이집트에 거주하는 모든 백성의 땅을 얻는다. 결국 파라오는 이집트의 모든 땅을 소유하게 되고, 모든 백성은 파라오의 노예로 전락하게 된다.

창세기 47장에는 백성이 가난해지는 단계가 나타나는데, 백성은 돈으로 요셉에게 먹거리를 산다. 그러나 돈이 떨어지자 집짐승으로 먹거리를 사고, 그래도 굶주림을 해결하지 못하자 백성은 땅을 팔고 결국 자신의 몸을 팔아 노예가 된다(창 47:13-26).[10] 그야말로 파라오가 시행한 정책은 민중을 빈곤화하는 정책이었다.

그런데 이집트의 파라오가 경제 정책을 통해 백성을 노예로 전락시키는 것이 구약 주변 세계의 신화에 따르면 그리 이상하지 않다. 백성이 파라오의 노예가 된 것은 신의 노예로서의 백성의 본질에 합당한 것이기 때문이다. 이러한 신정 정치(theocracy)는 그야말로 거짓된 신정 정치다. 실제로

---

9 박준서, "하나님의 형상(Imago Dei)에 관한 성서적 이해," 13-37.
10 자세한 내용을 위해서는 김선종, "토라! 율법인가, 이야기인가?: 레위기 25장의 안식년 규정을 중심으로," 7-22를 보라.

구약 주변 세계의 많은 인간 창조 신화에 따르면, 신이 사람을 만들 때 사람을 신에게 음식을 바치는 신의 노예로 만들었다.[11] 신은 원할 때 잠을 자고, 게으를 수 있는 것은 구약 주변 세계 신의 특권이었다.[12] 이처럼 이집트의 신으로서의 파라오 통치하는 신정 정치는 백성을 착취해 부를 축적하는 경제 정책으로 자연스럽게 이어진다.

그런데 파라오의 이러한 강압 통치는 요셉 총리 시대 이후 출애굽기 1장에서도 계속된다. 요셉과 함께 이집트로 내려간 요셉의 가족이 모두 70명에 불과했다면, 이제 시간이 흘러 이스라엘 백성이 생육하고 번성해 이집트 땅에 가득 퍼지게 된다(출 1:1-7). 하나님이 사람을 창조하시고 생육하고 번성하라고 하신 창조 명령이 고난의 노예의 땅인 이집트에서 진행되는 것이 의미심장하다.

그러나 하나님의 명령과 축복에 따라 이스라엘 백성이 번성하게 되자, 파라오는 수가 많아진 이스라엘 백성이 반란을 일으킬 것을 두려워하게 된다(출 1:10). 제국주의와 민족주의의 충돌이 본문에 나타나게 된다.[13] 그래서 파라오는 이스라엘 백성의 민족주의 운동을 통제하기 위해 강제노역을 통한 억압 정책을 실시한다. 파라오는 히브리 백성으로 하여금 곡식을 저장하는 성읍인 비돔과 라암셋을 짓게 하는데, 이것은 성읍 건축과 건축 공사를 통해 이스라엘 백성을 억압하는 동시에 가나안과 시리아 출정 기지로 강화시키고자 하는 일석이조의 효과를 거두기 위한 것이다.[14]

---

11 필리스 A. 버드, "히브리 성경과 신학적 인간학," 레오 G. 퍼듀 편집, 『히브리 성경 연구』(*The Blackwell Companion to the Hebrew Bible*), 임요한 역 (서울: CLC, 2016), 369; W. H. C. Propp, *Exodus 19-40*, 177; 윤형, "창세기 원역사에 나타난 노동과 주권," 「구약논단」 41 (2011), 140-141; 클라우스 베스터만, 『창조』, 77-78.

12 김선종, "깊은 잠(타르데마)의 신학적, 상징적 의미," 「성경원문연구」 36 (2015), 99-115.

13 제국주의와 관련된 민족주의 문제를 위해서는 J. A. 홉슨, 『제국주의론』(*Imperialism: a Study*), 신홍범, 김종철 역 (서울: 창작과비평사, 1983); 박지향, 『제국주의: 신화와 현실』 (서울: 서울대학교출판부, 2000)을 보라.

14 노만 K. 갓월드, 『히브리 성서 1: 사회·문학적 연구』(*The Hebrew Bible: A Socio-Literary Introduction*), 김상기 역 (서울: 한국신학연구소, 1987), 235.

이러한 제국의 통치라는 정치와 경제의 배경에서 모세가 태어난다.

2) 제국주의 종교와 문화

미디안 광야에서 세월을 보낸 후 이집트로 돌아온 모세는 이스라엘 백성과 함께 광야 3일 길을 가서 하나님을 섬기고 돌아오겠다고 파라오에게 요청한다(출 3:18; 5:1,3). 그러나 그때 파라오는 자신이 야웨를 모른다고 대답한다(출 5:2).

여기에서 사용된 '알다'라는 히브리 동사 '야다'(ידע)는 인식의 차원에서 안다는 뜻이 아니라, 인정의 차원을 가지고 있다. 요셉이 총리인 것을 알지 못한 새 임금이 일어났다고 할 때, 그 임금이 요셉을 알지 못했다기보다 요셉을 무시해 인정하지 않았다는 것으로 이해할 수 있다(출 1:8). 하나님을 대항하는 파라오에게 하나님은 '내가 야웨인 줄 알리라'(출 7:5 등)라고 말씀하심으로써 자신의 권위를 드러내실 것을 예고하신다.

정치와 경제와 군사 차원에서의 제국주의의 억압은 종교 차원에서의 억압도 가져왔다. 식민지 백성의 종교를 인정하는 순간, 식민지 백성의 해방으로 이어지고 경제적 착취도 불가능해지기 때문이다.

제국주의 종교는 제국주의의 정치 구조를 유지하고 제국주의 경제를 실행하기 위한 도구로 작용한다. 제국주의 신화는 권력의 정점에 있는 권력자들을 합법화하는 기능을 한다.[15] 그래서 이스라엘 백성이 사흘 길을 가서 하나님께 제사하겠다는 요구를 파라오는 노동을 게을리하거나 탈출하고자 하는 구실과 핑계로 여기고, 이스라엘 백성을 더욱 학대하게 된다. 파라오의 제국주의 경제 체제에서는 오직 생산만 있을 뿐, 노예에게 쉼은 존재하지 않는다.[16]

---

15 울리히 두크로, 『성서의 정치경제학』(Alternativen zur kapitalistischen Weltwirtschaft), 손규태 역 (한울, 1997), 156-160; 크리스토퍼 라이트, 『신명기』, 234.
16 부르그만, 『안식일은 저항이다』, 26-60.

헤케트(Heket)

이러한 점에서 십계명의 안식일 규정은 이집트 경제 정책에 대한 저항으로 볼 수 있다. 이집트의 제국주의 경제 정책과 종교 정책을 수백 년이 지난 기원전 8세기 이후에도 앗수르와 바벨론 제국이 똑같이 시행한다.

그러나 이후 식민지 백성의 민족주의적 저항이 끊이지 않은 것을 관찰한 페르시아 제국은 식민지 백성에게 종교의 자유를 어느 정도 허락한다. 성전을 짓게 해 제사를 허락하지만, 세금을 거둬들이는 정책을 사용한다(스 4:20; 6:8; 느 5:4, 15).[17]

출애굽기 7장 이하에서는 열 가지 재앙 이야기가 나오는데, 이것은 단순히 이스라엘 백성을 이집트에서 끄집어 내시기 위한 야웨 하나님의 수단이 아니다. 이 재앙 이야기는 '누가 참된 신인가, 파라오인가 야웨 하나님인가'에 대한 종교 논쟁을 담고 있다. 재앙 이야기 이전에 파라오는 사흘 길을 떠나 하나님을 섬기게 해달라는 이스라엘 백성의 요구를 정치적이고 경제적인 이유로 거절했다. 그러나 이제 여러 재앙을 당한 파라오의 신하들은 출애굽기 10:7에서 이스라엘 백성이 그들의 하나님을 섬기도록 허락하라고 파라오에게 요청한다.

출애굽기의 재앙 이야기에서 제국주의 종교의 한 단면이 나타나는 것은 일곱째 재앙인 개구리 재앙이다. 이집트에서 개구리는 풍요를 가져오는 짐승, 다산의 신적인 능력이 있는 존재로 여겨졌다. 나일강이 범람할 때 생기는 수많은 개구리가 풍요를 상징했다. 이집트 신 헤케트(Heket)는 개구리 모습의 머리를 가지고 있는데, 출애굽기는 이러한 이집트의 신이

---

17 김선종, "에스라-느헤미야 연구 서설," 「구약논단」 73 (2019), 49-73.

이제는 자신의 백성에게 재앙을 내리는 것으로 희화화하고 있다.[18] 이러한 이집트 신에 비해 야웨 하나님은 창조주 하나님이시다. 출애굽기 1:7부터 생육하고 번성하라는 창세기 1:28의 창조 명령이 나타남으로써, 재앙을 가져오는 이집트에 하나님은 대항하신다. 이러한 점에서 출애굽기의 10개의 재앙 이야기는 단순히 이스라엘 백성을 구원하시기 위한 재앙 이야기뿐 아니라, 창조 신학을 담고 있다.[19]

도브(Daube)가 적절하게 지적했듯이, 출애굽 이야기는 주인이 바뀌는 (change of master) 이야기다.[20] 이집트에서는 바로를 신으로 섬기는 백성이 바로의 노예였다면, 새로운 주인인 야웨 하나님이 이 노예들을 돈으로 사셔서 해방시키시고 그들이 거주할 가나안 땅을 주신다(레 25:38). 이집트에서 바로의 종이었던 이스라엘 백성이 이제는 하나님의 성소에서 하나님을 섬기는 하나님의 종이 되는 것이다(레 25:42, 55). 앞에서 말한 것처럼, 이러한 모델은 갈라디아서에서 바울도 차용하는데, 바울은 그리스도인이 더 이상 죄의 종(δουλεία)이 되면 안 되고(갈 5:1), 서로를 섬기는 종이 되어야 한다(δουλεύω)고 말한다(갈 5:13).

이처럼 하나님이 파라오의 노예였던 이스라엘 백성의 하나님이 되시겠다는 약속은 출애굽기의 여러 구절에서 하나님이 이스라엘에게 하나님이 되시고 이스라엘은 하나님에게 백성이 된다는 계약 체결 양식에서 명시된다(출 6:7). 또한, 출애굽기에서 여러 차례 나오는 '기억하다'라는 동사는 하나님과 이스라엘 백성이 맺은 계약 관계가 유지되는 것을 나타낸다(출 2:24-25).[21]

---

[18] J. I. Durham, *Exodus*, 104.
[19] T. E. Fretheim, *Exodus*, 105-106.
[20] D. Daube, *The Exodus Pattern in the Bible*, All Souls Series (London: Faber and Faber, 1963).
[21] 김선종, "성결법전의 계약신학," 195-222.

이집트의 신 파라오가 이스라엘 백성을 폭압으로 다스린다면, 이스라엘의 하나님은 백성을 은혜로 다스리신다(출 1:20; 18:9). 이집트의 신이 사람의 형상으로 구체화돼서 나타난다면, 이스라엘 하나님은 인간 왕을 허락하지 않으신다.

사사 시대 이후에 임금을 요구하는 이스라엘 백성에게 하나님은 임금을 용인하실 뿐이지 적극적으로 허락하지 않으신다. 비록 신명기 17장에서 임금의 규례를 제정하고 있지만, 이것은 많은 금은과 마병과 아내를 가져 이스라엘을 멸망시킨 솔로몬을 부정적으로 암시한다. 솔로몬이 수많은 재산과 군사와 아내를 가졌다는 진술(왕상 10:14-11:13) 다음에 연이어 이스라엘이 북이스라엘과 남유다로 분열된 이야기가 나오는 사실이 왕정 제도에 대한 부정적인 인식을 반영한다(왕상 12장).

신명기가 임금에 대한 규정을 제정하는 것과 달리 시내 산에서의 체류를 배경으로 하는 레위기는 아예 임금(מֶלֶךְ)이라는 낱말을 언급하지 않는다.[22] 참된 임금은 야웨 하나님 한 분이시기 때문이다. 이러한 사실은 법의 양식뿐 아니라 하나님이 통치하시는 하나님 나라의 이상을 묘사하는 예언서에서도 나타난다.

예언자 이사야는 이스라엘 백성이 이방의 압제로 평화를 누리지 못할 때, 하나님이 평강의 왕(שַׂר־שָׁלוֹם)을 보내셔서 하나님의 정의와 공의로 다스리는 다윗 왕조를 회복시켜 주실 것을 약속한다(사 9:5[한글 9:6][23]. '평강의 왕'에서 왕에 해당하는 히브리 낱말은 '멜렉'(מֶלֶךְ)이 아니라, '사르'(שַׂר)인데, 엄밀하게 그는 임금이 아니라 참된 임금이신 야웨께 파송 받은 사람에 불과하다.[24] 다시 말해 새 임금은 백성에게는 '멜렉'이지만, 하나님과의

---

[22] J. Milgrom, *Leviticus 17-22*, 1414-1416.
[23] "이는 한 아기가 우리에게 났고 한 아들을 우리에게 주신 바 되었는데 그의 어깨에는 정사를 메었고 그의 이름은 기묘자라, 모사라, 전능하신 하나님이라, 영존하시는 아버지라, **평강의 왕**이라 할 것임이라."
[24] G. von Rad, "The Royal Ritual in Judah," trans. by E. W. T. Dicken, *The Problems of the Hexateuch and Other Essays*(London: Oliver & Boyd, 1966), 230-231; 김근주, 『이사야가

관계에서는 '사르'다.[25] 이집트 제국의 임금이 인간 파라오라면, 이스라엘의 참된 임금은 야웨 하나님 한 분뿐이다. 억압적인 파라오의 제국주의 정책에 맞서 하나님의 신정 통치는 하나님 한 분 아래 모든 백성이 형제라는 사상을 지니고 있다.

특히 레위기의 성결법전(레 17-26장)은 이스라엘 백성을 서로 '형제'(אח)라고 부른다(레 25:14, 25, 35 등). '형제'라는 낱말이 레위기에 모두 23번 쓰이는데, 성결법전에 20회 등장하고 그 가운데 레위기 25장의 희년 단락에서만 10회 나타나서(레 10:4, 6; 16:2; 18:14, 16[x2]; 19:17; 20:21[x2]; 21:2, 10; 25:14, 25[x2], 35, 36, 39, 46[x2], 47, 48), 가난해진 형제를 구제하는 데에 관심을 기울이며 형제애를 강조한다.

레위기는 이집트의 영향을 받은 가나안의 종교에 대해서도 기술한다. 가나안 사람들은 관자놀이의 머리를 둥글게 깎고, 구레나룻을 밀었고(레 19:27), 죽은 사람을 애도한다고 몸에 상처를 내고 문신을 새겼던 것으로 보인다(레 19:28). 몰렉신에게 자식을 제물로 바치는 풍습도 있었던 것으로 성경은 기록하고 있다(레 20:2). 몸에 문신을 하는 것은 사후 세계와 관련이 있는 것으로 죽은 사람의 귀신이 가하는 피해로부터 자신의 얼굴 모습을 바꾸기 위한 것으로 보이고, 몰렉에게 자식을 바치는 것은 이를 통해 특히 국가의 위기 시에 더 많은 후손을 기대하는 행위로 보인다.[26]

이스라엘은 이집트 제국을 떠받드는 이집트의 풍요의 종교뿐 아니라 이집트의 문화와 이집트의 영향 아래 있었던 가나안의 문화도 받아들이지 말아야 한다. 문화와 종교는 결국 동전의 다른 한 면에 불과하기 때문이

본 환상』 (서울: 비블리카 아카데미아, 2010), 134.
25 H. Wildberger, *Isaiah 1-12*, 402.
26 갓월드, 『히브리 성서 1』, 263-264; 김선종, 『레위기 성결법전의 신학과 윤리』 (서울: CLC, 2018).

다.[27] 종교의 메시지는 결국 문화와 선진 문명의 옷을 입고 전파된다.[28]

> 너희는 너희가 거주하던 애굽 땅의 풍속을 따르지 말며 내가 너희를 인도할 가나안 땅의 풍속과 규례도 행하지 말고(레 18:3).

물론 레위기 18:3이 말하는 이집트 땅의 풍속은 레위기 18장에서 볼 때 특별히 근친상간의 성 풍속을 말한다. 또한, 가나안 땅의 풍속이라고 말할 때 당시 가나안은 이집트의 영향 아래 있었기에 결국 넓은 의미에서 이집트 제국의 풍속을 말한다. 이스라엘이 아무리 이집트에서 나온다고 할지라도 미래에는 잠재적 이집트 문명이 도사리고 있고, 또다시 이집트 문화를 그리워할 수 있다는 위협을 암시한다. 곧 이스라엘은 과거와 미래의 이방 문화의 위협 가운데 있는 중간적 존재를 살아가고 있는 존재다.

그런데 레위기 18장과 20장의 근친상간을 금지하는 법은 단지 윤리적이고 도덕적인 법이 아니다. 성관계가 가능하지 않은 사람은 근친으로서, 이 두 개의 장은 고대 이스라엘의 가족 구조를 보여준다.[29] 당시 3-4대, 60-70명으로 이뤄진 대가족이 이스라엘 백성의 정치, 경제, 법의 기초 단위였는데, 임금이 없던 시절 대가족의 가부장이 다스리는 국가 이전의 체제를 반영한다.

---

[27] 예를 들어 폴 틸리히, 『문화의 신학』(Theology of Culture), 남성민 옮김 (서울: IVP, 2018); 리처드 니버, 『그리스도와 문화』(Christ and Culture), 홍병룡 역 (서울: IVP, 2007).

[28] 에드워드 사이드, 『문화와 제국주의』(Culture and Imperialism), 김성곤, 정종호 역 (서울: 창, 2011); 다니엘 R. 헤드릭, 『과학기술과 제국주의』(The Tools of Empire), 김우민 역 (서울: 모티브북, 2013).

[29] 왕대일, "레위기 18장의 가족법 재고," 「구약논단」 11 (2001), 27-48; 이은애, "레위기 18장의 성관계 금지조항들," 「구약논단」 19 (2005), 53-72; 조미형, "레위기 18장의 성행위 금령 연구 - '벗은 몸(에르바트)에 관한 10계명'(레 18: 7-16) -," 「구약논단」 23 (2007), 120-146; 조미형, "레 18장과 고대 서아시아 법전의 성 금령 비교 연구: 혈족과 인척 안에서의 성행위에 대한 금령," 「구약논단」 25 (2009), 167-191.

이러한 점에서 고대 이스라엘의 가족은 제국이라는 이집트의 거대 정치 구조의 모델과 달리 국가가 없던 시절에 실제적인 정치, 경제, 종교, 문화를 이루고 이끌어가는 소규모의 자급자족하는 기초 단위였다. 이스라엘에는 이러한 "가족에 기초를 둔 계약 백성의 사회조직을 인정하는 최고의 신만이 있을 뿐"임을 이스라엘의 가족 구조는 의도한다.[30] 생산 주체와 소비 주체가 일치하는 가족 제도는 다른 공동체에 대한 억압과 착취가 필요하지 않다는 점에서 제국주의 이념에 맞서는 평화 공동체로 평가할 수 있다.

3. 대안 정치: 오경의 신정 정치

거대 제국 이집트의 정치, 경제, 종교, 문화에 닷서 성경은 하나님의 백성이 어떻게 대응하며 살기를 요구하는가?

이 문제에 답하기 위해서는 구약성경에 나타나는 많은 종교 전승 가운데 특별히 율법 전승과 예언 전승에서 출발하는 것이 적절하다. 특별히 히브리 종교를 이루고 있는 제사장 전승, 예언자 전승, 지혜 전승, 묵시 전승, 서기관 전승 등에서 이스라엘의 주변 나라들이 가장 관심을 기울이고 민감하게 반응한 종교 그룹이 바로 예언자 그룹이다. 물론 이러한 다양한 신앙 전승들이 독립적으로 단선적으로 발전한 것은 아니다. 하나의 전승이 다른 전승에 상호작용을 하며 서로에게 영향을 끼치기도 했다.

아래에서 주로 살펴보게 될 레위기의 성결법전과 신명기법전은 각각 제사장 전승과 서기관 전승이 주된 전승이지만, 단지 제사장과 서기관의 사상으로만 이뤄지지 않고 사회정의에 대해 예언자들이 가지고 있는 관심사가 반영되고 있다. 이러한 점에서 모세 시대의 이집트와 가나안의 영향에 대해 특별히 구약의 제사장과 예언자 그룹이 함께 현실 문제에 대한 해답

---

30 갓월드, 『히브리 성서 1』, 253.

을 제공하려고 시도했다고 보는 것이 보다 합리적이다.

1) 임금을 언급하지 않는 레위기, 임금에 최소한의 권력만 부여하는 신명기

위에서 언급했듯이 우선 레위기는 임금 자체를 단 한 번도 언급하지 않는다. 흥미로운 사실은 임금을 가리키는 히브리 낱말 '멜렉'의 자음에 다른 모음을 붙인 이방신 '몰렉'(מלך)이 레위기 18장과 20장에 다섯 번 나온다는 점이다. 비록 레위기에서 제사장이 종교 지도자로 나타나지만, 제사장에게도 어떠한 정치적인 힘이 주어지지 않는다.

신명기에서와 달리(신 17:9, 12; 19:17; 21:5) 레위기에서는 제사장이 재판의 문맥에도 등장하지 않는다.[31] 비록 신명기에서는 임금의 규례가 나타나지만 가능한 한 임금의 권력을 제도적으로 억제한다. 아래에서 더 자세하게 다루는 것처럼, 많은 재산과 군사력과 여성을 소유할 것을 금지하는데, 이들이 서로 유기적으로 긴밀하게 연관되어 있기 때문이다.[32]

신명기에 나오는 임금에 대한 규례는 임금이 율법책을 복사해 묵상하며 오직 하나님을 경외하기를 배우도록 규정한다(신 17:19). 이것은 임금에게 하나님만이 유일한 통치자이시고, 인간 왕은 대리자에 불과하다는 사실을 잊지 않게 하기 위함이다. 권력자나 사회적 약자나, 모든 사람이 하나님의 법 앞에서는 평등하다는 사실을 강조한다. 임금도 백성의 형제에 불과하다(신 17:15). 실제로 초대 임금 사울이 가장 작은 지파인 베냐민 출신인 것은 사울이 속한 지파가 전체 국가에 최소한의 영향만 끼치게 하기 위한 것

---

[31] J. Joosten, "Moïse, l'assemblée et les fils d'Israël: La structure du pouvoir dans le Code de Sainteté," D. Luciani et A. Wénin(eds.), *Le Pouvoir: Enquêtes dans l'un et l'autre Testament*, Lectio Divina 248 (Paris: Cerf, 2012), 23-41.

[32] 김선종, "성, 자본, 권력: 성(sexuality)의 메타신학," 101-127. 울리히 두크로, 『성서의 정치경제학』도 참조하라.

이었다. 신명기에 등장한 임금의 규례에는 솔로몬이 이 규례를 어겨 나라가 둘로 분열하게 된 역사에 대한 반성이 담겨 있다.

2) 예언자와 제사장의 왕정에 대한 입장

하나님이 이스라엘에 임금을 적극적으로 허락하지 않으시고 왕정이 백성들의 요구에 따라 허용되었다 할지라도 예언자들을 통해 불의한 권력을 억제하도록 했다.

왕정기 때 왕궁에서 궁중 예언자로 활동한 권력 주변부의 예언자들도 있었지만, 문서 예언자들은 국가가 가지고 있는 힘에 대해 정의와 공의를 외침으로써, 권력의 문제, 경제의 빈익빈부익부 현상, 종교의 허위의식 등 백성의 삶의 모든 문제에 대해 비판 의식을 가지고 하나님의 본래적인 뜻을 현실에 실현하려고 했다. 예언자들이 주로 왕정기 때 활동한 것 또한 예언자들이 정치인들에 대해 가지고 있던 활동과 무관하지 않다.

다른 한 편, 제사장들은 하나님의 축복을 제사 제도를 통해 영속화하려고 했다. 베스터만은 왕정은 정치적으로, 제의는 종교적으로 이 땅과 백성의 안녕을 다루는 것이라고 관찰한다.[33] 이러한 점에서 하나님의 창조와 축복을 긍정하는 제사장과 세상의 불의를 개혁하려는 예언자들은 기본적으로 갈등 구조 가운데 놓여 있다.[34]

(1) 예언자 모세

개역개정이 '선지자'로, 새번역이 '예언자'로 번역하고 있는 히브리 낱말 '나비'(נָבִיא)는 하나님의 부르심을 받은 사람으로 하나님의 말씀을 맡아 대신 전하는 대언자, 중재자를 가리킨다.[35] 예언자들이 행한 일은 하나님

---

[33] 베스터만, 『구약신학 입문』, 139.
[34] 성경의 다양성을 위해서는 폴 D. 핸슨, 『성서의 갈등구조』를 참조하라.
[35] 김유기, "성서 히브리어 <나비>의 어원," 「장신논단」 29 (2007), 41-74.

의 메시지를 전하는 것으로서, 이들은 말로 하나님의 말씀을 전했고, 행위로 하나님의 뜻을 표현했으며, 결국 말씀 자체를 살아내는 사람들이었다.[36] 이들은 이스라엘 백성이 하나님과의 관계, 이웃과의 관계를 깨뜨리는 죄를 범하였을 때 그들에게 심판의 메시지를 전하고, 정작 하나님의 심판을 받아 고난 가운데 있을 때 위로와 구원의 메시지를 전했다. 이 가운데에서도 주로 예언자들이 본질적으로 하는 일은 사회 비판 기능이었고, 구원 예고는 제사장들의 영향을 받은 것으로 보인다.

구약성경에서 문서 예언자들은 기원전 8세기부터 등장하는데, 이미 왕국 시대에 엘리야 등 고전 예언자들이 활동했다. 히브리 낱말 '나비'는 오경에 14회 나오는데, 창세기 20:7에 아브라함을 가리키기 위해 가장 먼저 나오고, 그 다음으로 출애굽기 7:1에서 모세를 대신해서 말할 아론을 가리키는 데 나타난다. 그런데 신명기 34장은 모세를 가장 위대한 예언자로 평가함으로써 예언자의 원형으로 묘사하고 있다.[37] 말라기의 마지막 장도 모세와 엘리야를 같은 지위에 놓음으로써 가장 위대한 예언자로 평가받는 엘리야의 모델로 모세를 들고 있다.[38]

이러한 점에서 이집트와 가나안의 정치와 종교와 문화를 거부하고 후에 앗수르와 바벨론의 제국주의에 맞서는 정신은 오경의 예언자 전승에 영향을 받은 것으로 생각할 수 있다. 이들이 하나님의 말씀을 전할 때에는 '야웨께서 이렇게 말씀하셨다'(כה אמר יהוה)라고 하는 사자 전언 양식(Botenformel, messenger formula)을 사용하는데, 이 양식은 예언자가 전하는 말이 예언자의 말이 아니라 하나님의 말이며, 따라서 예언자는 하나님의 대언자,

---

36 김선종, "예언자와 목회자," 73-96.
37 신명기 문서와 예언 전승의 관계, 신명기에서 모세의 예언자로서의 모습에 대해서는, E. W. 니콜슨, 『신명기와 전승』(*Deuteronomy and Tradition*), 장영일 역 (서울: 장로회신학대학교출판부, 2003)과 J. Stackert, "Mosaic Prophecy and the Deuteronomic Source of the Torah," K. Schmid and R. E. Person, Jr. (eds.), *Deuteronomy in the Pentateuch, Hexateuch, and the Deuteronomistic History*, FAT 2(Tübingen: Mohr Siebeck, 2012), 47-63을 보라.
38 김선종, "말라기의 마지막 부분에 나타난 모세와 엘리야," 13-35.

하나님의 말씀의 심부름꾼이라는 자의식을 드러낸다. 이 양식이 오경에서 출애굽기에서만 8회 나타나는 점이 이집트 제국에 심판의 말씀을 전하는 예언자로서의 모세의 모습을 두드러지게 한다(출 4:22; 5:1; 7:17, 26[한글 8:1]; 8:16; 10:3; 11:4; 32:27).

예언자는 말로만 하나님의 메시지를 전하지 않고 행위로도 전한다. 일종의 아방가르드(avant-garde)로서 메시지의 뜻을 충격적 행위로 전한다. 구약의 예언서에는 40여 개의 상징 행위가 나오는데, 이것은 하나님에 대한 정념(情念, pathos)에서 발생한다.

하나님과 백성 사이에서 둘 사이를 중재하는 예언자는 하나님의 정념을 품고 백성의 불의한 현실을 볼 때, 도저히 정상적인 삶을 살 수 없었다. 하나님의 정념이 내적으로 충만해서 외부적으로 폭발하게 된 것이 예언자들이 행하는 상징 행위였다.[39] 말이 둔하다고 하며 하나님의 부르심을 거부한 모세에게 예언자(대언자) 역할을 한 아론이 행한 기적(출 7:9-10, 19; 8:4-5, 16-17) 또한 일종의 상징 행위로 이해할 수 있다.

(2) 제사장 신학: 레위기의 성결법전

반면에 제사 제도는 하나님이 주신 창조와 구원을 영속화하고 제도화하려고 하는 의미를 가지고 있다. 따라서 기본적으로 제사장들은 주로 종교적인 영역에서 하나님의 질서를 긍정하고 하나님의 율법을 강조하며 하나님의 축복을 선언한다. 이러한 점에서 사회 비판적인 예언자들과 전통적으로 갈등을 빚고 충돌을 일으킨 것이 예레미야 등 이스라엘 종교사에 나타난다.

그렇다면 흔히 아론계 제사장들의 문서로 여겨지는 레위기에서 예언적 메시지를 찾을 수 있는가?

---

39 아브라함 J. 헤셀, 『예언자들』(The Prophets), 이현주 역 (서울: 삼인, 2015).

일반적으로 레위기를 두 부분으로 나눌 때, 레위기 1-16장의 전반부는 주로 성소를 중심으로 거룩함을 추구하는데 관심을 갖는 제사장 전통의 문서로, 17-26장의 후반부는 성소 밖에서 일상생활에서 종교, 사회, 법집행 등의 부분에서 개혁을 시행해 거룩함을 추구할 것을 강조하는 성결법전으로 불린다. 구체적으로는 짐승 도살의 문제(17장), 성 윤리를 통한 국가의 기본 단위로서의 가족 보호(18, 20장), 약자 보호를 통한 공동체 회복(19장), 민중 절기와 종교에 대한 토착화(23장), 안식년과 희년을 통한 땅의 보존과 노예 해방(25장) 등을 통한다.

이것은 이스라엘 크놀(Israel Knohl)에 따르면 침묵의 성소 안에 갇혀 세상과 무관했던 제사장들이 사회 친화적인 예언자들의 영향을 받은 것으로 개혁적 제사장 사상이 나타나고 있다는 것이다. 또한, 요스튼(Joosten)에 따르면 성결법전은 단지 지상에 만든 성소만 성소가 아니라, 온누리가 하나님이 거하시는 확장된 성소(enlarged Temple)라는 의식을 지니고 있었다.[40]

이러한 세계상 또한 이집트 제국의 세계상과 대치한다. 이집트가 파라오가 통치해 비돔과 라암셋 등 건축 사업을 통해 자신의 권력을 최대화하려는 제국주의 이념이 있다면, 야웨 하나님이야말로 이스라엘과 온누리를 다스리시는 우주적 하나님이시고, 온누리는 하나님을 섬기는 하나님의 성전이다. 온누리를 만드시고 구원하시는 하나님이 사람, 짐승과 계약을 맺으심으로써 자기 비하와 포기의 길을 걸으신다.[41]

제국주의의 정치, 경제 정책에 저항해 시내 산에서 하나님의 거룩한 백성의 삶의 이념을 제시한 레위기의 성결법전은 이스라엘이 정의롭고 공의로운 경제 활동을 수행할 것을 명령한다. 이미 레위기의 제사법에서도 속

---

[40] 성결법전이 보여주는 민중이 지니고 있는 관심사를 위해서는 대표적으로 아래의 두 책을 참조할 수 있다. I. Knohl, *The Sanctuary of Silence: The Priestly Torah and the Holiness School* (Minneapolis: Fortress Press, 1995); J. Joosten, *People and Land in the Holiness Code: An Exegetical Study of the Ideational Framework of the Law in Leviticus 17-26*, SVT 67 (Leiden: Brill, 1996).

[41] 김선종, "하나님과 사람과 땅의 교향악: 성결법전의 신학과 설교," 177-203.

건제 규정을 통해 하나님의 물건과 사람의 물건을 침해하였을 때 20%의 피해보상을 하게 함으로써 경제 활동을 신앙의 빛에서 수행할 것을 명한다. 그리고 무엇보다 희년 제도를 통해 가난한 사람이 계속해서 더욱 가난하게 되는 것을 철저하게 방지하고 가난의 대물림을 끊게 함으로써 하나님의 형상을 원상회복시켜 주신다. 땅을 영구히 팔지 못하게 하심으로써(레 25:23) 경제 평등을 실현하신다.[42]

레위기의 성결법전이 예언자 사상의 영향을 받았다는 주장은 단지 예언자적 선포의 내용에서뿐 아니라, 최근에 레위기에서 문학 기법, 특별히 수사 기법을 발견하는 학자들의 주장에서도 발견할 수 있다.[43] 이전까지 학자들은 주로 시문과 예언서에서 수사적인 기법을 발견했는데, 최근에는 율법에서도 독자와 청중을 설득하기 위한 수사적 표현들을 발견하고 있는 것이다.[44]

예를 들어 레위기 19장에서 모든 구절의 반에 걸쳐 반복되는 '나는 야웨다'라는 자기소개 양식은 법의 제정자가 임금이 아니라 하나님임을 선포해 법을 어떠한 권력자라도 개정하지 못하게 하는 기능을 갖는다. 이러한 야웨의 자기소개 양식은 예언자가 하나님의 말씀을 선포할 때 사용하는 사자 전언 양식에 해당하는데, 레위기 19장이 언약 공동체로서의 이스라엘 백성이 지켜야 할 규정의 모음이라는 점에서 계약 양식에 해당하는 것으로 볼 수 있다. 이러한 제사장 문서에 나오는 계약 양식과 예언서에 나오는 예언 선포 양식은 앞으로의 과제로 삼을 수 있다.

---

[42] 구약성경이 평등주의 정치, 경제, 기술 사상을 보여준다는 입장을 위해서는 Joshua A. Berman, *Created Equal: How the Bible Broke with Ancient Political Thought*(Oxford - New York: Oxford University Press, 2008)를 보라.

[43] J. W. Watts, *Ritual and Rhetoric in Leviticus: From Sacrifice to Scripture*(Cambridge: Cambridge University Press, 2007); D. Luciani, *Sainteté et pardon, vol. 1 : Structure littéraire du Lévitique*, BETL 185A(Leuven – Paris – Dudley: Peeters, 2005).

[44] 김선종, "성결법전의 수사학과 신학," 192-217.

4. 맺음말

　인류 역사에서 제국은 정치, 경제, 군사, 종교, 문화의 모든 측면에서 자신의 힘을 확장하려는 공통점을 가지고 있다. 제국주의는 식민 통치를 통해 평화의 이름으로 식민지 백성을 억압하게 되는 속성을 지니고 있다. 식민지 백성에 자유를 허락하는 순간 제국주의는 종말을 고하기 때문이다. 오경이 묘사하는 모세 당시 이집트도 그러했다. 정치적으로는 파라오가 신의 지위를 가지고 경제적으로 백성을 수탈했다. 식민지 백성이 섬기는 신을 무시하고 파라오를 섬길 것을 요구했다. 제국의 패권주의가 가질 수밖에 없는 풍요의 종교와 문화를 통해 식민지 백성을 유혹한 것이 오경의 이스라엘 역사에 고스란히 반영되고 있다.

　이러한 제국주의의 정치, 경제, 종교 사상에 맞서 오경은 파라오가 신이 아니라 이스라엘을 종 된 땅 이집트에서 해방시키신 야웨 하나님이 참된 신이라는 것을 선포한다. 하나님 이외에 사람 사이의 우열을 인정하지 않고, 억압에서 사람을 해방해 자유롭게 하며, 죽음의 문명에 경제 정의를 통해 생명을 불어넣는다.

제2장

신명기의 정치, 종교, 사법 체제*

1. 머리말

이스라엘은 이집트 제국에서 탈출해 야웨 하나님으로부터 약속의 땅 가나안을 선물로 받는다. 이것은 이스라엘이 섬기는 주인이 파라오에서 야웨 하나님으로 바뀐 것을 뜻한다. 파라오의 노예에서 하나님의 종이 된 이스라엘은 정치, 경제, 사회, 종교, 문화의 모든 분야에서 하나님의 뜻에 따라 살아야 한다.

이집트 제국의 정치 이념은 파라오를 중심으로 피라미드 구조를 이루는 중앙집권 체제였고, 파라오를 제외한 나머지 모든 사람은 파라오를 섬기기 위한 노예에 불과했다. 이러한 중앙집권 체제를 유지하기 위해 경제, 종교, 문화가 활용되었다. 이러한 이집트의 제국주의 정치, 경제, 종교, 문화의 모습은 이집트에서의 이스라엘을 묘사하는 출애굽기 전반부에서 찾아볼 수 있다(출 1:1-15:21). 다른 한 편 이러한 제국주의 통치에 맞서는 야웨 하나님의 통치 이념은 오경의 세 법전인 계약법전(출 20:22-23:33), 성결법전(레 17-26장), 신명기법전(신 12-26장)에서 찾을 수 있다.

앞의 '모세 시대의 제국과 오경의 율법'에서는 주로 레위기 성결법전에 나타난 법의 정신을 살펴보았다. 레위기의 성결법전은 땅을 하나님이 거하시는 확장된 성소로 보았기 때문에, 단지 종교의 삶에서뿐만 아니라 일상의 삶에서도 거룩한 삶을 살도록 요구한다.

성결법전에 나타난 하나님은 짐승과 식물 등 미물의 생명도 보존하시고 성 윤리를 통해 이스라엘의 기초 단위인 가족을 보호하기를 원하시며, 정치와 경제의 삶에서 정의롭고 공의로운 삶을 살기를 바라신다. 이집트의 파라오가 자신을 정점으로 자신의 영향력을 절대적으로 확장시키기를 바란다면, 성결법전에 나타난 하나님은 백성과 맺은 계약을 통해 자신의 자유를 제한하시며 오히려 피조물의 생명을 보호하신다. 이스라엘을 노예로 다스린 이집트 제국에서 탈출해 하나님을 유일한 참된 지도자로 모시는 새로운 공동체를 만드는 백성의 모습을 살펴보기 위해, 성결법전에 이어 신명기의 신학을 고찰하는 것이 의미 있다.

신명기(申命記, Deuteronomy, 신 17:18)는 이전의 법을 반복하고 재해석하는 오경의 결론으로서 이스라엘이 가나안 땅에 들어가기 전 모세가 유언 형식으로 선포하는 설교에 해당한다.[1] 이스라엘 백성이 가나안 땅에 도달하기 전 과거에 저지른 잘못을 회상하고 앞으로 미래의 땅에 들어가 살아갈 하나님의 백성으로서의 공동체에 대한 청사진을 제공한다. 그래서 신명기는 백성이 새로운 땅에서 살아야 할 행정(출 18:13-27; 신 1:9-18[2]), 입법, 사법 등 여러 차원에서의 법을 제시하는데, 이는 이집트 제국의 질서에 맞서는 하나님의 백성의 질서다.

이 글에서는 특별히 신명기가 제시하는 정치, 사회, 종교 제도를, 그러한 제도를 구성하는 정치인(임금)과 종교인(제사장, 레위인, 참/거짓 예언자)과 법조인(재판관) 등 신명기가 제시하는 사회 계층과 사회 구조를 살펴봄으로써, 이집트의 제국주의에 맞서 신명기가 제시하는 이스라엘의 제도의 이상을 살펴보겠다.[3]

---

* 이 글은 2019년 10월 8일에 부산 동래중앙교회 예람신학연구소에서 목회자와 평신도를 대상으로 주최한 예람기독교인문학강좌에서 강연한 내용을 수정하고 보완한 것이다.
1 김선종, "면제년의 땅(신 15:1-11)," 「장신논단」 44 (2012), 13-32.
2 출 18장과 신 1장의 관계를 위해서는 B. M. Levinson, *"The Right Chorale": Studies in Biblical Law and Interpretation*, FAT 54(Tübingen: Mohr Siebeck, 2008), 58-68을 보라.
3 성경을 사회·정치학의 관점에서 보는 대표적인 학자는 Norman K. Gottwald, *The Tribes*

2. 계약신학

　신명기가 제시하는 하나님, 하나님과 백성과의 관계를 파악하기 위해서는 무엇보다 먼저 신명기가 제시하는 계약신학(covenant theology)의 내용과 성격을 파악해야 한다. 계약신학이란 하나님과 백성과 땅으로 대표되는 피조물이 계약 관계로 이뤄져 있다는 것으로 단지 구약뿐 아니라 구약과 신약 역시 계약(언약, 약속) 개념으로 이해할 수 있다.[4] 그런데 대부분의 구약학자는 계약신학이 오경의 다른 책에 비해 신명기에 특징적으로 나타나고 있는 신학이라고 생각한다.[5]

　계약, 언약, 약속이라는 낱말은 종교적인 용어이면서 동시에 조약을 가리키는 정치적인 용어이기도 한다.[6] 실제로 기원전 14-13세기의 히타이트 조약과 기원전 7세기 아람의 에살핫돈 조약(VTE; Vassal-Treaties of Esarhaddon)의 짜임새가 그대로 신명기에 반영되고 있다.[7]

　종주와 봉신이 맺은 종주권 조약의 구조는 다음과 같다.[8]

- 전문: 조약 당사자/상급자의 직책 소개(출 20:2a; 신 5:6a; 수 24:2a)
- 역사적 서언: 조약 당사자들 간의 관계에 대한 과거사 요약(출 20:2b; 신 1-3장; 5:6b; 수 24:2b-13)
- 조약의 하급자 또는 봉신에게 부과된 의무를 명시한 조항들(출 20:3-

---

of Yahweh: A Sociology of the Religion of Liberated Israel 1250-1050 B.C.E. (London: SCM Press, 1979); 노만 K. 갓월드, 『히브리 성서: 사회·문학적 연구 1』(*The Hebrew Bible*), 김상기 역 (서울: 한국신학연구소, 1987)이다.

4　발터 아이히로트, 『구약성서신학 I』(*Theologie des Alten Testaments*), 박문재 역 (서울: 크리스챤다이제스트, 1994), 35-45.
5　김선종, "성결법전의 계약신학," 195-222.
6　김선종, "에스겔의 계약신학," 107-132.
7　M. Weinfeld, *Deuteronomy 1-11*, 6-9.
8　갓월드, 『히브리 성서: 사회·문학적 연구 1』, 250. 에살핫돈 종주권 조약의 초록을 위해서는 밀러 외, 『고대 이스라엘 역사』, 467-468을 보라.

17; 신 5:7-21; 12-26; 수 24:14)
- 계약서를 신전에 보존하고 정기적으로 공개 낭독할 것에 대한 규정 (출 25:21; 40:20; 신 10:5; 27:2-3; 31:10-11)
- 조약의 증인으로 채택된 제신 명부(수 24:22, 27; 사 1:2; 미 6:1-2)
- 조약 조항들의 준수/ 위반에 대한 저주와 축복 기원(신 27-28장)
- 조약의 준수를 선서하는 봉신의 서약(출 24:3; 수 24:24)
- 조약의 정식화를 위한 엄숙한 의식(출 24:3-8)
- 반역 봉신에 대한 제재 절차(호 4:1-10; 사 3:13-15)

1) 주군 하나님에 대한 봉신으로서 이스라엘 백성

위에서 볼 수 있는 종주권 조약은 구약 주변 세계의 대표적인 제국인 히타이트와 앗수르의 임금이 그들이 통치한 식민지 국가의 봉신들과 맺은 외교 조약이다. 조약 체결의 당사자는 양 국가의 임금이다.

역사적으로 기원전 722년에 북이스라엘이 앗수르에 멸망하고 난 이후에 남유다 역시 실제적으로는 앗수르 통치기에 접어든다. 따라서 남유다 역시 기원전 672년에 형성된 것으로 보이는 에살핫돈 정치·외교 조약을 알고 있었던 것으로 보이고, 특히 이 조약과 신명기 사이에는 여러 병행 문구들이 나타나고 있다.

에살핫돈 왕위 계승 조약은 식민지 통치에 대한 앗수르의 이념을 담고 있는 정치 문헌인데, 신명기는 이스라엘 백성의 정체성을 신명기의 신학의 관점에서 표현하기 위해 이러한 정치 문서를 적극적으로 받아들인 것으로 보인다. 이스라엘의 참된 주군은 앗수르의 대왕이 아니라, 한 분이신 야웨 하나님이라고 주군을 대체해 정치 문서를 신학적으로 해석해 대체하고 있다.[9] 이스라엘은 당대 최강대국 앗수르에 맞서 야웨 하나님과 이스라

---

9 M. Weinfeld, *Deuteronomy and the Deuteronomic School*, 57-157; 윤영준, "쉐마(신 6:4-5)

엘의 혈통을 강조하는 민족주의적이고 배타주의적인 성격을 보인다.

그런데 여기에서 더 주의 깊게 살펴보아야 하는 것은 신명기는 외교 조약에서 봉신의 신분을 차지하고 있는 임금의 자리에 이스라엘의 일반 백성을 위치시키고 있다는 점이다. 다시 말해 신명기에서는 하나님이 언약을 맺으시는 상대자는 이스라엘의 임금이 아니다. 야웨 하나님은 이스라엘의 모든 백성과 언약을 맺으시고, 이것은 일관적으로 백성을 가리키는 2인칭 복수 '너희'로 나타난다는 점을 주목해야 한다.[10] 앞에서 본 것처럼 십계명의 경우에는 십계명을 받는 수신인을 이스라엘의 성인 남성 2인칭으로 나타나고 있어, 백성 개개인이 하나님과 맺는 언약의 당사자임을 보여준다.

구약은 철저하게 야웨 하나님 한 분을 유일하신 통치자로 인정하는 신정 정치 이념을 견지한다. 임금이 통치하는 왕정 제도는 백성이 요구해 하나님이 어쩔 수 없이 용인하신 제도에 불과하다. 레위기는 이스라엘의 '임금' 자체를 언급하지도 않고, 다음 단락에서 살펴보듯이 신명기는 임금의 권력을 최소화한다.

반면 야웨 하나님의 상대자로서 하나님은 이스라엘 백성 전체를 지목하신다. 그야말로 백성은 임금에게 통치를 받는 대상이 아니라, 임금과 평등한 형제 관계에 있고 하나님의 대리자로서의 신분을 가지고 있다. 이스라엘 백성은 구약 주변 세계에서 신의 노예로 나타나는 백성과 달리 하나님의 종, 하나님의 상대자, 하나님의 대리자로 나타난다.

그렇다면 이스라엘에서 임금의 지위는 어떠한가?

와 에살핫돈의 왕위계승조약과의 비교연구," 「구약논단」 29 (2008), 31-46; 박준서, 김영진, "고대 근동의 국제 관계와 국제 조약에 관한 비판적 연구," 「구약논단」 12 (2002), 171-211.171-211.

10 Joshua A. Berman, *Created Equal: How the Bible Broke with Ancient Political Thought*(Oxford - New York: Oxford University Press, 2008).

2) 왕의 규례(신 17:14-20)[11]

임금에 대한 규례를 담고 있는 신명기 17장은 오경의 중요한 세 법전(계약법전, 성결법전, 신명기법전) 가운데 하나인 신명기법전(신 12-26장)에 들어 있다. 신명기법전에는 사회·제의적인 계명(신 14:22-16:17; 19-25장)뿐 아니라 재판장, 임금, 제사장, 예언자 등의 사회와 국가의 여러 직무에 대한 계명(신 16:18-18:22)도 담고 있다.[12]

임금의 직무에 대한 본문은 이처럼 여러 종교와 사회의 직무에 대한 규정을 담고 있는 단락 안에 위치한다. 곧 신명기 16:18-22은 재판장의 직무, 17:1-13은 이방 종교의 문제, 17:14-20은 임금의 규례, 18:1-8은 제사장의 직무, 18:9-13은 이방 풍속, 14-22절은 예언자의 직무에 대한 규정을 담고 있다.

이처럼 본문은 재판장, 임금, 제사장, 예언자에 대한 직무 규정 사이사이에 이방 종교를 경고하는 단락을 둠으로써, 하나님의 일꾼들은 하나님께만 올바른 믿음을 두어야 하는 사실을 본문의 흐름을 통해서 알려 준다. 그런데 여기에서 주목해야 하는 사실은 임금의 권력에 대해서도 법으로 규정해 제어하고 있다는 점이다.[13]

신명기 17:14-20은 다음과 같은 짜임새로 이뤄져 있다.

- 14-15절: 이방 백성처럼 왕을 요구하는 백성에 대한 하나님의 기본 전제
- 16-17절: 하나님이 선택하신 임금이 하지 말아야 하는 것에 대한 부정 명령

---

[11] 이 부분은 김선종, "하나님 경외와 절제 - 신명기 17:14-20," 「성서마당」 119 (2016), 49-59를 수정한 것이다.
[12] 에리히 쳉어, 『구약성경 개론』(*Einleitung in das Alte Testament*), 이종한 역 (칠곡: 분도출판사, 2012), 147. B. M. Levinson, *The Right Chorale*, 56은 요세푸스 같은 역사가는 신명기가 통치 모델(mode government)을 제공한다고 말한다.
[13] 두크로, 『성서의 정치경제학』, 178.

· 18-19절: 하나님이 명하시는 긍정 명령
· 20절: 그에 대한 결과

(1) 임금을 요구하는 백성과 하나님의 전제(신 17:14-15)

14절에는 이른바 땅 수여 양식이 나온다.[14] 가나안 땅은 이스라엘이 스스로 얻은 땅이 아니라 하나님이 주신 땅이다. 이것은 하나님이 창세기에서 아브라함에게 하신 약속이 성취되었을 따름이다. 또한, 레위기 25:23은 땅은 하나님의 것이고, 그렇기 때문에 이스라엘은 단지 땅 위에 사는 나그네에 불과하다고 말한다. 이것은 온 땅의 주인이 하나님임을 말하는 것이요, 온누리의 진정한 통치자는 하나님임을 천명한다. 하나님이 통치하신다는 사상, 곧 신정 통치를 말한다.

그런데 동시에 이 구절에는 하나님이 다스리시는 땅 위에 사람 임금을 요구하는 백성의 소리도 들어 있다. 이스라엘에서 왕정 제도가 생기게 된 것은 하나님의 주도에 의한 것이 아니라, 하나님이 백성의 집요한 요구를 용인하신 것이다. 임금의 출현을 말하는 사무엘상 8:7후에서 하나님은 사무엘에게 "그들이 너를 버림이 아니요 나를 버려 자기들의 왕이 되지 못하게 함이니라"라고 말씀하신다.

이처럼 신명기는 하나님의 땅 위에 사람 왕을 세우는 왕정 제도에 대한 반감을 보이는데, "우리 주위의 모든 민족들 같이"라고 하는 표현이 이러한 반감을 더 확실하게 보여준다. 이스라엘 백성은 하나님이 선택하신 거룩한 백성(신 7:6)이다. 이스라엘은 모든 이방 민족의 본보기가 돼야 한다. 그런데 이러한 이스라엘이 오히려 주변 민족처럼 되겠다고 마음을 먹은 것이다. 이러한 생각은 사무엘상 8:5 후반절에 "모든 나라와 같이 우리에게 왕을 세워 우리를 다스리게 하소서"라는 표현에서 실현되는 것을 알 수 있다.

---

14 이미숙, "신명기 10장 12절-11장 32절에 나타난 땅 표현양식과 땅 사상," 51-68은 '땅 표현양식'이라고 부른다.

이처럼 하나님은 이스라엘에 임금을 용인하시지만, 무조건적으로 용인하지 않으신다. 전제 조건이 있다.

15절을 보면 임금을 세우되 하나님이 선택(בָּחַר)하신 사람을 세워야 한다. 왕정 제도의 기원이 이방에 있을지라도, 이스라엘의 왕을 결정하는 주체는 하나님이라는 것이다. 철저하게 하나님의 주도성이 나타나 있다. 이러한 점에서 볼 때, 기본적으로 이스라엘의 왕정 제도는 세습의 형태가 아니라, 하나님의 선택으로 이뤄진 사실을 알 수 있다. 역대상 11장, 역대하 34장은 하나님이 선택(בָּחַר)하신 임금의 대표자로 다윗을 들고 있다.[15]

또 하나의 선결 조건은 이방 사람이 아닌 이스라엘 백성 가운데 임금을 삼아야 한다는 것이다. 이것은 임금 또한 나머지 백성과 형제 관계에 있으며 이방 종교와 문화의 오염으로부터 이스라엘을 보호하고자 하는 뜻으로 보인다.

(2) 부정 명령(신 17:16-17)

이러한 선결 조건에 따라 세워진 임금에게 하나님은 그가 하지 말아야 할 사항과 마땅히 수행해야 할 일을 제시하신다. 임금에게 행한 부정 명령은 신명기 17:16-17에 나타나는데, 그것은 군마와 아내와 은금을 많이 두지 말아야 한다는 것이다. 이것은 곧 권력과 성(sexuality)과 재산에 대한 욕망을 절제해야 할 것을 말한다. 이것들은 서로 유기적으로 연결되어 있어 모두 신의 자리까지 차지하려는 자기 확장성의 특징을 가지고 있다.[16]

첫째, 임금은 제한된 권력만을 가져야 한다.[17]

병마(兵馬)는 권력을 상징한다. 만약 임금이 많은 권력을 얻기 위해 병

---

15 Société biblique française, *La Bible Expliquée*(Villiers-le-Bel: Bibli'O, 2004), 222.
16 게오르그 짐멜, 『돈의 철학』(*Philosophie des Geldes*), 김덕영 역 (서울: 길, 2016); 김선종, "성, 자본, 권력: 성(sexuality)의 메타신학," 101-127.
17 P. D. Miller, *Deuteronomy*, 148.

마를 많이 얻으려고 노력하면, 그것은 결국 백성을 다시 이집트 돌아가게 하는 것이라고 말한다. 신명기는 이집트에서 탈출한 이스라엘이 시내 산에서 율법을 받은 뒤에, 다시 광야 길을 떠나 모압 평지에서 하나님과 계약을 맺는 흐름에서 기록된 책이다. 그런데 임금이 가나안 땅에 들어가 많은 병마를 얻으려고 하면, 결국 그 임금은 이스라엘 백성을 다시 이집트의 노예 상태로 만드는 것, 곧 역(逆)출애굽과 같다는 것이다.

이처럼 군마를 많이 갖지 말라는 신명기의 가르침이 이스라엘 역사에서 어떻게 나타나는가?[18]

대표적으로 솔로몬은 수많은 군마를 가졌던 것으로 신명기 역사가는 보도한다(왕상 4:26-28; 10:26-29). 이사야 2:7-8은 이스라엘 백성들이 가지고 있던 금은보화와 마병이 그들을 하나님에 대한 찬양과 감사가 아니라, 반대로 우상 숭배로 이끌었다고 힐난한다. 그래서 미가 5:10-12은 하나님이 결국 이스라엘의 군마를 멸절하실 것이라고 선언한다.

전쟁을 대비해서 군사를 준비하는 것은 사람의 본질적인 속성이다. 하지만 잠언 21:31은 "싸울 날을 위하여 마병을 예비하거니와 이김은 여호와께 있느니라"라고 경고한다. 전쟁을 대비하는 것은 사람이지만 그것이 곧 전쟁의 승리를 보장하는 것은 아니라는 것이다. 전쟁에 대한 승리가 사람의 힘에 달려 있지 않다고 하는 신명기와 잠언의 가르침은 지혜문학의 전승에 속한다.[19]

둘째, 이스라엘 임금이 절제해야 하는 대상은 성(性)이다.

당시 고대 임금은 혼인 정책으로 인해 여러 아내를 갖는 것이 일반적이었다. 신명기의 왕의 규례는 임금이 많은 아내를 두는 것을 염려하는데, 그 이유는 그러한 아내들로 인해 임금의 마음이 미혹될 수 있기 때문이다.

---

[18] 신 17:14-20의 전승과 편집의 문제를 위해서는 F. Garicía López, "Le roi d'Israël: Dt 17,14-20," N. Lohfink(ed.) *Das Deuteronomium: Entstehung, Gestalt und Botschaft*, BEL68(Leuven: Leuven University Press, 1985), 277-297.

[19] M. Weinfeld, *Deuteronomy and the Deuteronomic School*, 281.

여기에서 '미혹되다'에 해당하는 히브리어 동사 '수르'(סור)는 '벗어나다'라는 말로, 문맥에서는 하나님께 반역하는 것을 가리킨다.[20]

솔로몬은 천 명의 후궁과 첩을 두었다고 열왕기상 11:1-13은 기록한다. 솔로몬은 아내들을 위해 예루살렘 주변에 이방 신을 위한 산당을 세우는 악을 행한다. 그래서 느헤미야는 이스라엘이 바벨론에 멸망한 이유를 이방 여자와의 결혼에서 찾고 있으며, 그 원흉을 솔로몬에게 돌린다(느 13:26).

많은 아내를 두는 것은 성의 문제이기도 하지만, 그 배후에 있는 이방 종교의 문제이기도 하다. 솔로몬은 이방 여자들 때문에 하나님으로부터 멀어졌다고 열왕기상 11:9이 명시한다. 이들이 하나님을 떠나도록 유혹하거나 더 나아가 하나님의 자리를 차지할 가능성을 보여준다. 그래서 이스라엘 백성이 가나안의 신들을 섬기는 것을 음행으로 묘사하기도 한다(겔 16:26 등).

셋째, 임금이 절제해야 할 것은 많은 은금, 곧 많은 자본이다.

솔로몬은 많은 권력, 많은 아내뿐 아니라 많은 금은보화도 보유한 것으로 신명기 역사가는 보도한다(왕상 10:14-25). 물론 이 단락에서 신명기 역사가는 자본과 권력의 측면에서는 솔로몬의 실정(失政)을 명확하게 드러내지 않고, 단지 성의 측면에서만 "솔로몬 왕이 바로의 딸 외에 이방의 많은 여인을 사랑하였으니"(왕상 11:1)라고 비난할 따름이다.

그러나 이방 여자에 대한 언급 바로 뒤에 하닷을 비롯한 솔로몬의 대적을 언급하고(왕상 11:14), 열왕기상 12장에서는 이스라엘이 남과 북으로 분단되는 사실을 언급함으로써, 열왕기상 10-11장에 나타나는 성과 자본과 권력의 남용이 결국 분단의 문제를 야기했음을 암시한다. 열왕기상 11:9에서는 "솔로몬이 마음을 돌려 이스라엘의 하나님 여호와를 떠나므로 여호와께서 그에게 진노하시니라"라고 말한다. 신명기 사가는 솔로몬이 왕

---

20 BDB, 693.

의 규례에 나오는 성과 자본과 권력의 유착에 대한 경고를 무시했다고 평가하는 것으로 볼 수 있다.

예수님도 "한 사람이 두 주인을 섬기지 못할 것이니 혹 이를 미워하고 저를 사랑하거나 혹 이를 중히 여기고 저를 경히 여김이라 너희가 하나님과 재물을 겸해 섬기지 못하느니라"(마 6:24)라고 말씀하심으로써 돈이 가지고 있는 위험한 속성을 경계하신다. 돈은 사람에게 하나님의 자리도 빼앗을 수 있는 위력을 가지고 있다. 이것은 십계명의 첫째 가르침이기도 하다.

(3) 긍정 명령(신 17:18-19)

신명기 17:16-17이 임금이 하지 말아야 할 세 가지 사항을 논한다면, 18-19절은 임금이 신경 써서 해야 할 일을 명시한다. 그것은 왕이 왕위에 오르면 레위 제사장 앞에서 율법서를 옮겨 적고, 그것을 평생에 옆에 두고 읽어 하나님 경외하기를 배워야 한다는 것이다. 그리고 율법을 지켜 행해야 한다고 말한다.

여기에서 임금이 레위 제사장 앞에서 율법서를 옮겨 적어야 한다고 명령함으로써 임금의 권력을 종교적으로 제한하고 있는 사실을 확인할 수 있다. 이스라엘의 유일하게 강력한 법의 권위는 임금에게 있는 것이 아니라 하나님의 토라(말씀, 가르침, 율법)에 있다.[21] 일종의 입헌군주제에 해당한다.

18절에서 '율법서의 등사본'(מִשְׁנֵה הַתּוֹרָה)에 해당하는 헬라어 번역 표현은 '듀테로노미온'(δευτερονόμιον)으로 자구적으로는 '제2의 율법'을 가리킨다. 곧 시내 산 율법에 대한 또 하나의 율법이라는 뜻으로 여기에서 오늘날 '신명기'(申命記)라는 이름이 나오게 된다. '신명기'에서 한자어 '신'(申)은 '신신당부하다'라고 할 때의 '신'으로서 '거듭 반복한다'라는 뜻을 가

---

21 B. M. Levinson, *The Right Chorale*, 78-79.

지고 있다. 물론 신명기는 이전 법에 대한 단순한 복사와 반복이 아니라, 새로운 해석과 갱신과 강화로 봐야 한다.[22]

앞의 14-15절에서 말하고 있듯이, 비록 하나님이 주신 땅에 사람 임금을 세우더라도, 그 임금은 하나님이 선택하신 사람이어야 한다. 그래서 이 사람은 결국 하나님의 뜻, 하나님의 가르침에 순종해야 한다(신 17:19). 구약 주변 세계에서 임금은 신의 아들이자 신 자체였다. 이러한 점에서 이스라엘의 임금이 법에 순종해야 한다는 것은 당시에 비추어 보면 가히 혁명적인 사상이라고 말할 수 있다.[23] 또한, 신명기는 이스라엘 백성들을 '신의 아들들'이라고 말한다(신 14:1; 32:6, 18).[24]

너희는 너희 하나님 여호와의 자녀이니 죽은 자를 위하여 자기 몸을 베지 말며 눈썹 사이 이마 위의 털을 밀지 말라(신 14:1).

여기에서 '야웨 경외'는 지혜문학의 전형적인 표현으로서, 바인펠트는 신명기가 지혜문학 전통에 서 있는 서기관 계열에 의해 기록된 것으로 이해한다. 그러할 경우 신명기가 왕의 규례에 대해 정통하고 있는 사실을 이해하기 쉽다.[25]

(4) 결과(신 17:20)

하나님이 선택하신 임금이 율법책을 복사해서 언제나 곁에 두고 묵상해 하나님의 가르침에 순종할 때, 임금은 교만하게 되지 않아, 누구에게나 무엇에나 공평하게 되고, 임금의 후손들도 왕위에 오랫동안 있게 될 것이라고 말한다. 이처럼 신명기는 이스라엘 백성을 임금의 형제로 규정한다. 백

---

22 크리스토퍼 라이트, 『신명기』, 15-16.
23 Société Biblique Française, *ZeBible*(Villiers-le-Bel: Bibli'O, 2011), 273.
24 Joshua A. Berman, *Created Equal*, 63.
25 M. Weinfeld, *Deuteronomy and the Deuteronomic School*, 274.

성은 임금의 신하나 종이 아니라는 말이다. 따라서 임금은 형제 위에 군림해서는 안 된다. 오히려 형제와 연대감(solidarity)을 가져야 한다. 그러할 때 임금은 '좌로나 우로나 치우치지 않'게 되는데, 이 표현은 신명기와 신명기 역사서에 자주 등장하는 전형 어구다(신 5:32; 17:20; 28:14 등).

신명기 역사서를 살펴보면 하나님이 임금을 용인하셨지만, 작은 지파 안에서 임금을 선택하신 사례를 볼 수 있다. 이것은 임금의 권력을 제한하고, 겸손하게 자신의 백성을 섬김으로 다스리게 하기 위함이다. 백성들이 임금으로 세우기 원했던 사사 기드온이 그러했고(삿 6:15), 초대 임금 사울은 가장 작은 지파인 베냐민 출신이었으며(삼상 9:21), 다윗 역시 보잘 것 없는 목동 출신이었다(삼상 16:11).

미가 5:2에 따르면 이스라엘을 다스릴 사람이 '작은 고을'에서 나오게 될 것이라고 한다. 앗수르의 손에서 고통 받는 이스라엘 백성들을 구원시킬 메시아는 유다 족속 중에서 작은 지방인 베들레헴 에브라다에서 나오게 될 것이라고 말하는 것이다. 마태복음 2:6은 미가 5:2을 인용함으로써 이스라엘의 구세주 예수 그리스도가 작은 마을 출신의 겸손한 분임을 말한다. 하나님이 원하시는 하나님의 종, 백성의 임금은 형제 위에 군림하지 않는 겸손한 사람이다.

신명기 속 왕의 규례는 정치 지도자가 권력과 성과 돈을 사랑하는 것이 아니라, 하나님을 사랑해야 한다는 가르침을 준다. 이것은 하나님 경외 사상으로 나타난다. 하나님을 경외한다(ירא)는 것은 병행하는 낱말이나 문맥에 따라 정의해야 한다는 원칙에서 살펴볼 때, 하나님을 사랑하고(신 6:1-5) 하나님을 섬기는 것(왕하 17:33)을 뜻한다.

더 나아가 정치 지도자는 하나님을 경외하는 것을 배워야 한다(신 4:10; 5:29; 6:2, 13, 24; 8:6; 10:12; 17:19). 신명기는 교육의 책으로서, '가르치다'(למד)와 여기에서 파생된 동사 형태에서 나온 '배우다'라는 말이 오경 가운데 신명기에만 나온다(신 4:1, 5, 10[x2], 14; 5:1, 31; 6:1; 11:19; 14:23; 17:19; 18:9; 20:18; 31:12, 13, 19, 22).

다음으로 본문은 하나님을 경외하고 사랑하고 예배하는 것을 권력과 성과 자본을 절제하는 생활로 구체화해야 한다는 사실을 가르친다. 임금이 가져야 할 이러한 신명기의 기준은 현대의 상황에 비추어 볼 때 적합하지 않아 보인다. 오늘날 최고 정치 지도자는 군 통수권자로서 외적으로부터 국민을 보호해야 하고, 국고에 많은 자본을 보유하고 있어야 한다. 또한, 그 결과 성으로 대표되는 매력을 갖게 되는 것은 자연스럽기도 하다.

그러나 신명기는 이러한 것들에 대해 의도적으로 절제할 것을 명한다. 권력과 성과 자본은 자기 팽창의 속성을 가지고 있기에, 하나님 위에 올라갈 것을 그 원리로 가지고 있기 때문이다. 힘은 더 많은 힘, 성은 더 많은 쾌락, 돈은 더 많은 돈을 요구한다. 성경은 권력을 한 곳으로 수렴할 것이 아니라, 철저하게 분산할 것을 요구한다. 참된 힘은 오직 하나님에게만 있다고 고백했기 때문이다.[26] 그래서 임금에게도 힘의 절제를 요구한다.

이것은 지혜문학의 특징으로 지혜서 8:7은 다음과 같이 말한다.

> 만일 사람이 덕을 사랑한다면 온갖 덕은 곧 지혜의 노고의 산물이다. 지혜는 사람에게 절제와 현명과 정의와 용기를 가르쳐 준다. 현세에서 사람에게 이러한 덕보다 더 유익한 것이 있겠느냐?(지혜서 8:7).

3. 종교인과 재판관의 권력: 제사장, 레위인, 재판관, 예언자

신명기는 12장에 나오는 성소 중앙화 규정에 따라 지방에 있는 성소들을 정리한다. 이것은 종교의 중앙집권화를 통해 이방의 종교, 문화에 의한 혼합주의를 방지하기 위한 것으로 보인다. 이러한 정책에 따라 지방 성소

---

[26] M. Greenberg, "Biblical Attitudes toward Power: Ideal and reality in Law and Prophets," E. B. Firmage, B. G. Weiss and J. W. Welch eds, *Religion and Law: Biblical-Judaic and Islamic Perspectives* (Winona Lake: Eisenbrauns, 1990), 105.

에 있던 레위 계층은 신명기에서 나그네, 고아, 과부와 함께 가난한 계층으로 분류되기도 한다(신 14:29).[27] 이러한 성소 중앙화 정책은 요시야 임금이 종교 개혁 정책으로 시행하게 된다.

신명기에서 제사장은 임금의 신앙을 감독하는 임무를 가진다(신 17:18). 예언자 역시 제도적으로 권력을 통제해 임금에 맞서(신 18:18), 구약 주변 세계 왕권의 절대성을 파괴한다.[28] 레위 사람 제사장은 재판관(שֹׁפֵט)과 함께 재판에도 참여할 수 있는데(신 17:8-13), 레위기에서 제사장은 주로 종교 업무(제사, 정결법의 문제 등)만 관장하지, 세속 재판에는 관여하지 않는다.[29] 그리고 재판 과정에서 증인들의 증거가 충돌할 때 제사장은 사건 당시 재판관과 함께 재판의 업무를 본다(신 17:8-13; 19:17).

그런데 이처럼 고소 당사자들의 의견이 충돌할 때에는 반드시 야웨 하나님이 택하실 성소로 가서 재판하게 함으로써 제사장이나 재판관 임의대로 판단하지 못하게 한다. 제사장은 또한 군 장교들(שֹׁטְרִים)과 함께 일하기도 하는데, 전쟁터에 나가는 군인들을 격려하는 자리에서다(신 20:1-9). 7년마다 돌아오는 안식년의 초막절에는 모세가 기록한 율법을 백성들에게 낭독해야 했는데, 이때에는 원로들과 함께 협력해야 했다(신 31:9-10).

구약 주변 세계에서 임금이 재판을 감독한 것과 달리 이스라엘에서 재판장과 지도자를 세우는 주체는 백성들이었다(신 16:18).[30]

> **당신들은** 주 당신들의 하나님이 각 지파에게 주시는 모든 성읍에 재판관과 지도자를 두어, 백성에게 공정한 재판을 하도록 하십시오(신 16:18, 새번역).

---

[27] 신명기에 나오는 아론계 제사장과 레위 사람 제사장의 구분을 위해서는 김선종, "<번역논문> 신명기의 레위인,"「신학이해」51 (2017), 148-153을 보라.

[28] 두크로,『성서의 정치경제학』, 179.

[29] J. Joosten, "Moïse, l'assemblée et les fils d'Israël: La structure du pouvoir dans le Code de Sainteté," 38.

[30] 그러나 삼하 14:1-14, 왕상 3:16-28, 시 72:1은 재판에서 왕의 역할을 강조한다.

레위인은 율법을 가르치는 교사로도 나타난다(신 33:10). 이처럼 신명기에서 제사장은 율법 교육, 재판, 전쟁의 삶의 자리에서 활동한 것을 알 수 있다. 그러나 레위 사람 제사장은 일반 백성들과 달리 땅을 기업으로 물려받을 수 없었다(신 12:12; 18:2). 대신에 백성은 매 삼 년 끝에 난 소출의 십일조를 모았다가 레위 사람에게 줘야 했다(신 14:22-29). 종교의 권한은 어느 정도 가지고 있었지만, 경제 권한은 매우 제한되어 있었다.[31]

이처럼 신명기는 임금뿐 아니라 종교인에게 충분한 권한을 주지만, 권력 또한 엄격하게 제한하는 것을 알 수 있는데, 이것을 이집트의 제사장과 비교하면 그 차이를 확실하게 알 수 있다. 보통 이집트에서 파라오는 신의 대리자였기 때문에, 제사장들은 파라오의 명령을 수행해야 했다. 신왕국에 들어와 전문 제사장들이 나타나기 시작했는데, 파라오는 제사장을 임명할 수 있었다. 그러나 신전의 부가 축적되면서 제사장의 영향력이 파라오를 위협할 만큼 커진다. 결국 제3중간기에는 아문신을 섬기는 테베의 제사장들이 상이집트를 통치하기도 했다.[32]

이와 달리 성경은 제사장의 권력을 재판관, 장로, 원로, 군 장교들과 나누게 함으로써 불필요한 종교 권력을 남용하는 것을 제도적으로 방지하고 권력을 제도적으로 철저하게 분산시킨다.

임금과 재판관을 백성들 사이에서 백성 스스로 세우는 것과 달리(신 17:14), 예언자는 하나님이 스스로 세우시는 것으로 신명기는 명시한다(신 18:15-22).

> **네 하나님 여호와께서** 너희 가운데 네 형제 중에서 너를 위하여 나와 같은 선지자 하나를 일으키시리니 너희는 그의 말을 들을지니라(신 18:15).

---

31 신명기에 나오는 레위인에 대한 더 자세한 정보를 위해서는, 강지숙, "신명기의 레위인과 에제키엘서의 레위인," 「신학전망」 161 (2008), 2-24와 민경진, "신명기에서의 레위인," 「장신논단」 44 (2012), 13-36을 보라.

32 Richard H. Wilkinson, *The Complete Temples of Ancient Egypt* (New York: Thames & Hudson, 2000).

하지만 신명기의 마지막 장에서 모세의 죽음을 보도하면서 모세와 같은 예언자가 모세 이후에 나타나지 못했다고 말함으로써 결국 사람들은 어느 한 사람을 최종적인 예언자로 여길 것이 아니라, 말라기의 마지막 장에서 말하듯이 늘 엘리야와 같은 이상적인 예언자를 기다리며 살아야 하는 것을 암시한다. 어떠한 경우에도 특정한 사람을 우상화할 위험을 경계한다. 나중에 모세와 엘리야는 변화산에서 예수님과 함께 신비한 모습으로 나타난다(마 17:3; 막 9:4; 눅 9:30).[33]

> 그 후에는 이스라엘에 모세와 같은 선지자가 일어나지 못하였나니 모세는 여호와께서 대면하여 아시던 자요(신 34:10).

> 보라 여호와의 크고 두려운 날이 이르기 전에 내가 선지자 엘리야를 너희에게 보내리니(말 4:5).

예언자는 하나님의 메시지를 말과 행위로 전하는 사람이지만, 정치·사회적으로는 제사장의 역할을 감독하고 하나님이 선택하신 임금에게 기름을 부어 즉위시키는 역할을 했다.[34] 그러나 예언자는 제사장처럼 재판에 관여하지 못했고, 제사도 집행하지 못했다. 동시에 백성은 예언자가 수행하는 기능을 철저하게 점검했다(신 18:18). 백성들이 살펴봐서 예언자가 한 말이 성취되지 않으면, 그를 거짓 예언자로 여겨야 했다(신 18:20-22).

이처럼 신명기는 주변의 제국의 정치 형태와 달리 일종의 집단 권력 체제(collective power structure)를 제시한다. 렌스키(Lenski)는 농업 사회에 대한 사회학적 분석에 따라 산악 지역에 위치한 나라가 강이 흐르는 골짜기와 넓은 계곡을 지닌 지역에서보다 공화국 체제를 유지하는 데 더 적절하다

---

33 김선종, "말라기의 마지막 부분에 나타난 모세와 엘리야," 13-35.
34 김선종, "예언자와 목회자," 73-96.

고 주장한다. 산악 지형이 많은 나라는 잉여 자산을 유지하거나 군마를 통한 군사력도 평화 지역에 위치한 나라보다 쉽지 않기 때문이다. 이러한 관점에서 신명기가 이스라엘 땅에 대해 언급하는 지형에 대한 언급은 이집트 제국과 다른 정치 형태를 가질 수밖에 없는 암시를 제공한다.[35]

> [8]그러므로 너희는 내가 오늘 너희에게 명하는 모든 명령을 지키라 그리하면 너희가 강성할 것이요 너희가 건너가 차지할 땅에 들어가서 그것을 차지할 것이며 [9]또 여호와께서 너희의 조상들에게 맹세하여 그들과 그들의 후손에게 주리라고 하신 땅 곧 젖과 꿀이 흐르는 땅에서 너희의 날이 장구하리라 [10]네가 들어가 차지하려 하는 땅은 네가 나온 애굽 땅과 같지 아니하니 거기에서는 너희가 파종한 후에 발로 물 대기를 채소밭에 댐과 같이 하였거니와 [11]너희가 건너가서 차지할 땅은 산과 골짜기가 있어서 하늘에서 내리는 비를 흡수하는 땅이요 [12]네 하나님 여호와께서 돌보아 주시는 땅이라 연초부터 연말까지 네 하나님 여호와의 눈이 항상 그 위에 있느니라(신 11:8-12).

이러한 이스라엘의 지형 구조는 권력의 독점을 방해했고, 따라서 이스라엘 백성은 그들의 실존을 오직 하나님의 은혜에만 기대게 한 효과를 낳은 것으로 보인다.

4. 맺음말

성경은 기독교 정경으로서 신앙인에게 믿음의 진리를 제공한다. 그러나

---

[35] G. E. Lenski, *Power and Privilege: A Theory of Social Stratification* (New York: MGraw-Hill, 1966), 197. Joshua A. Berman, *Created Equal*, 74에서 재인용.

동시에 성경은 인류의 지혜를 담은 지혜 문서, 고대인의 법의 정신을 담고 있는 인류 문명의 보고기도 하다. 따라서 성경은 믿음의 눈, 영적으로 읽는 동시에, 사회학, 정치학, 문화인류학, 지형학 등의 인문·사회과학적으로 읽을 때 구체적이고 현실적이며 입체적인 메시지를 도출해 낼 수 있다.

구약 주변 세계의 국가들이 일반적으로 임금 한 사람에게 배타적인 권력을 집중시키는 것을 허용하고 신화적으로 정당화하고 있는 것과 달리, 신명기는 임금이나 제사장이나 예언자나 재판관 등 특정인이나 특정 집단에 배타적인 권력을 부여하지 않고 집단 권력체제를 제시한다. 각각은 모두 신명기의 토라에 동등하게 종속된다.[36] 그럼으로써 권력을 철저하게 분리시키고, 참된 힘과 권력은 오직 야웨 하나님께 있다는 신정 정치 체제를 유지하려고 애쓴다.[37]

때로 이러한 집단 권력체제는 국력 성장의 측면이나 공공의 위협에 대처하는 방식에서 중앙집권체제보다 비효율적일 수도 있다. 신명기 17:14과 사무엘상 8:5의 "우리 주위의 모든 민족과 같이/모든 나라와 같이"라는 표현이 이러한 집단 권력체제의 약점을 반영한다.

그러나 국가를 이루는 구성원, 곧 정치, 경제, 종교, 사법, 입법, 행정 분야에서 다양한 여러 구성원이 서로를 견제하고 균형을 이룰 때라야 민주적이고 이상적인 사회와 국가의 질서를 유지할 수 있다.[38] 하나님만을 최고 권력자로 인정하여 제국주의의 야망을 철저히 배격한다.

법의 존재 이유는 단지 사회 질서를 유지하는 기능론적 측면에만 있지 않다. 법은 '현실이 어떠한가'에 대한 문제를 해결하는 것을 넘어 '현실이

---

[36] B. M. Levinson, *The Right Chorale*, 81.
[37] J. A. Berman, *Created Equal*, 55.
[38] 종교 전통과 전승의 다양성을 위해서는 폴 D. 핸슨, 『성서의 갈등구조』(*The Diversity of Scripture*), 이재원 역 (서울: 한국신학연구소, 1986)을 참조하라.

어떠해야 하는가'에 대한 이상향을 제시한다.[39] 신명기는 과거 출애굽기에서 민수기에 나타나는 법을 보다 현실화하는 동시에, 법이 가지고 있는 이상적인 세계상을 그려내는 데 주저하지 않는다.

---

[39] F. R. Kraus, "Ein zentrales Problem des altmesopotamischen Rechts: was ist der Codex Hammurabi?," *Genava* 8 (1960), 283-296; B. M. Levinson, *The Right Chorale*, 85-86.

참고문헌

국내 도서

강사문. "구약의 Talio법에 관한 연구."「장신논단」3 (1987), 49-63.
강승일. "고대 이스라엘의 달신 숭배와 그 배경."「구약논단」42 (2011), 146-166.
_____. "야훼 하나님의 아내?."「구약논단」40 (2011), 123-144.
_____. "고대 이스라엘의 신상과 신상의 입을 여는 의식."「구약논단」57 (2015), 156-183.
_____. "성경의 증거로 본 이스라엘의 반형상주의."「한국기독교신학논총」104 (2017), 9-29.
_____.『신의 얼굴을 그리다』. 서울: CLC, 2018.
강은희. "레위 19,5-8: 거룩함의 역설."「신학전망」184 (2014), 2-32.
강지숙. "신명기의 레위인과 에제키엘서의 레위인."「신학전망」161 (2008), 2-24.
고재길. "소비문화의 종교성과 소비 이데올로기 비판: 소비인간의 이미지와 대리적 소비를 중심으로,"「장신논단」39 (2010), 199-222.
권오현.『십계명 연구』, 서울: 한마음세계선교회 출판부, 2011.
김근주.『이사야가 본 환상』, 서울: 비블리카 아카데미아, 2010.
김대웅. "황금 송아지 숭배 사건에 관한 성경 내적 해석."「Canon & Culture」20 (2016), 185-218.
김동혁. "제3 이사야의 안식일 신학: 이사야 56장 1-6절과 58장 13-14절에 대한 주석적 연구."「구약논단」68 (2018), 12-36.
_____. "구약의 평화주의? 구약 속 전쟁 포로들과 열왕기하 6장 8-23절의 '수정 조항.'"「장신논단」51 (2019), 11-34.
김상기. "이사야 63장 16절의 관점에서 본 아케다 이야기."「신학연구」57 (2010), 9-32.
김상래. "이사야 6장의 '이상의 현장'(visionary locale)은 어디인가?: 1절의 헤칼/성전을 중심으로."「구약논단」25 (2007), 30-47.
김선종. "타르굼 호세아 1장의 번역 기법."「성경원문연구」26 (2010), 53-70.

_____. "토라! 율법인가, 이야기인가?: 레위기 25장의 안식년 규정을 중심으로." 「신학논단」 64 (2011), 7-22.
_____. "성결법전의 민간신앙." 「구약논단」 41 (2011), 158-180.
_____. "레위기 25장의 형성: 안식년과 희년의 연속성과 불연속성." 「장신논단」 40 (2011), 96-117.
_____. "<서평> Sacrifice scandaleux? Sacrifice humains, martyre et mort du Christ, C. Grappe et A. Marx, Genève: Labor et Fides, 2008, 190p." 「Canon & Culture」 5 (2011), 281-289.
_____. "면제년의 땅(신 15:1-11)." 「장신논단」 44 (2012), 13-32.
_____. "레위기의 가족구조." 「신학이해」 43 (2012), 7-26.
_____. "다윗의 인격에 대한 심리학적 접근." 「Canon & Culture」 7 (2013), 116-139.
_____. "말라기의 마지막 부분에 나타난 모세와 엘리야." 「장신논단」 45 (2013), 13-35.
_____. "예언자와 목회자." 「신학이해」 45 (2013), 73-96.
_____. "성결법전의 계약신학." 「Canon & Culture」 8 (2014), 195-222.
_____. "경건한 자가 끊어졌고(미 7:1-7)." 「성서마당」 112 (2014), 43-62.
_____. "에스겔의 계약신학." 「Canon & Culture」 9 (2015), 107-132.
_____. "깊은 잠(타르데마)의 신학적, 상징적 의미." 「성경원문연구」 36 (2015), 99-115.
_____. "성결법전의 들짐승." 「신학이해」 48 (2015), 95-119.
_____. "성결법전의 수사학과 신학." 「구약논단」 62 (2016), 192-217.
_____. "호세아의 야곱 전승 - 호 12:3-5의 성서 내 해석 -." 「신학이해」 50 (2016), 7-30.
_____. "하나님 경외와 절제 - 신명기 17:14-20." 「성서마당」 119 (2016), 49-59.
_____. "성, 자본, 권력: 성(sexuality)의 메타신학." 「구약논단」 64 (2017), 101-127.
_____. "<번역 논문> 신명기의 레위인." 「신학이해」 51 (2017), 148-153.
_____. 『레위기 성결법전의 신학과 윤리』, 서울: CLC, 2018.
_____. "욥기 29-31장의 구조와 기능." 「신학이해」 52 (2018), 102-121.
_____. "구약성서의 구원론." 「신학이해」 53 (2019), 75-101.
_____. "하나님과 사람과 땅의 교향악: 성결법전의 신학과 설교." 「Canon & Culture」 13 (2019), 177-203.
_____. "에스라-느헤미야 연구 서설." 「구약논단」 73 (2019), 49-73.
김영진. "역대기 사가의 역사 기술방식." 「신학논단」 43 (2006), 7-32.

김용규. 『데칼로그』, 서울: 포이에마, 2015.
김유기. "성서 히브리어 <나비>의 어원." 「장신논단」 29 (2007), 41-74.
김윤이, "역대기 역사서의 편집층 연구." 「구약논단」 22 (2006), 80-97.
김은배, 백근철. "월터 브루그만의 저항적 안식일론에 관한 고찰과 평가," 「신학논단」 88 (2017), 33-54.
김이곤. 『출애굽기의 신학』, 서울: 한국신학연구소, 2000.
김정우. "다시 보는 알레고리적 성경 해석학." 「Canon & Culture」 16 (2014), 5-40.
김정희. "독거노인의 고독사 시대, 교회의 역할은 무엇인가." 「신학논단」 85 (2016), 37-63.
김중은. "자살문제에 대한 성경적-신학적 접근." 「장신논단」 38 (2010), 11-40.
김지찬. 『데칼로그: 십계명, 어떻게 이해할 것인가』, 서울: 생명의말씀사, 2016.
김진명. "안식일에 나무하는 자 이야기의 의미와 역할에 대한 해석: 민 15장 32-36절에 관한 편집비평과 구조주의 비평 연구." 「구약논단」 40 (2011), 33-53.
김창대. "구약윤리 방법론 모색을 위한 사례연구: 사형 제도." 「구약논단」 41 (2011), 102-135.
김철영. "자살의 사회적 원인과 도덕적 치료에 관한 연구: 에밀 뒤르껭의 사회적 자살론을 중심으로." 「장신논단」 36 (2009), 103-146.
김판임. "유대교에서의 여성의 지위와 역할 및 이에 대한 예수의 입장." 「한국기독교신학논총」 18 (2001), 109-158.
김한성. "예레미야서의 거짓예언자 규정과 그 의도." 「신학논단」 60 (2010), 7-36.
김회권. "3·1운동과 구약성경의 구속사적 의미." 「구약논단」 71 (2019), 12-52.
노희원. 『최근의 십계명 연구』, 서울: 은성, 1996.
_____. "십계명의 편집사적 연구." 「구약논단」 1 (1995), 111-153.
문시영. "탐욕의 길 vs. 제자의 길: 본회퍼 윤리의 한 응용 - 『나를 따르라』를 중심으로." 「한국기독교신학논총」 98 (2015), 177-201.
_____. "'낙태 비범죄화' 논란에 관한 공공신학적 제언." 「장신논단」 50 (2018), 247-265.
문희석 편저. 『구약성서배경사』, 서울: 대한기독교서회, 1998.
민경진. "신명기에서의 레위인." 「장신논단」 44 (2012), 13-36.
박경식. "금송아지 본문(출 32-34장)에 대한 최근 연구사." 「한국기독교신학논총」 110 (2018), 7-35.

박동현. 『구약학 개관』, 서울: 장로회신학대학교출판부, 2010.
_____. 『구약성경개관』, 서울: 장로회신학대학교출판부, 2010.
박요한 영식. 『십계명』, 서울: 가톨릭대학교출판부, 2002.
박원빈. "자살에 대한 타자신학적 성찰." 「한국기독교신학논총」 65 (2009), 205-225.
박준서. "하나님의 형상(Imago Dei)에 관한 성서적 이해." 『구약세계의 이해』, 서울: 한들출판사, 2001, 13-37.
_____. 『십계명 새로보기』, 서울: 한들출판사, 2002.
박준서, 김영진. "고대 근동의 국제 관계와 국제 조약에 관한 비판적 연구." 「구약논단」 12 (2002), 171-211.
박창현. "고령화 사회와 교회의 역할." 「신학과 세계」 84 (2015), 497-525.
박형대. "헤렘의 관점에서 본 아나니아와 삽비라 사건(행 5:1-11): 수 7:1-26과 행 5:1-11의 본문 간 상관." 「Canon & Culture」 1 (2007), 197-238.
_____. 『헤렘을 찾아서?: 헤렘의 빛에서 본 누가행전 연구』, 서울: 그리심, 2011.
배희숙. "형상 금지 - 고대 이스라엘 종교의 신학 개혁 -." 「Canon & Culture」 24 (2018), 159-186.
서명수. "라합의 지혜와 아간의 탐욕." 「구약논단」 9 (2000), 91-108.
_____. "구약성서의 경외사상: 구약성서의 야레(ירא)의 의미 - 신명기적 문헌과 시편을 중심으로 -." 「구약논단」 22 (2006), 10-26.
송창현. "사해 두루마리에 나타난 알레고리 해석." 「Canon & Culture」 16 (2014), 71-104.
안근조, "욥기 31장에 나타난 구약성서의 윤리," 「구약논단」 36 (2010), 71-91.
양용의. "마태복음과 토라." 「Canon & Culture」 5 (2011), 37-80.
오민수. "오경의 간음 금지 규례로 살펴 본 여성권과 그 사회-역사적 의의." 「구약논단」 74 (2019), 160-190.
왕대일. "레위기 18장의 가족법 재고." 「구약논단」 11 (2001), 27-48.
유경동. "안락사와 종교적 관점의 생명윤리." 「한국기독교신학논총」 114 (2019), 363-396.
윤영준. "쉐마(신 6:4-5)와 에살핫돈의 왕위계승조약과의 비교연구." 「구약논단」 29 (2008), 31-46.
윤형. "창세기 원역사에 나타난 노동과 주권." 「구약논단」 41 (2011), 136-157.
_____. "구약신학적 관점에서 본 하나님의 שם(쉠/이름)." 「Canon & Culture」 14 (2013),

143-166.

이경숙. "구약성서와 신약성서의 연속과 단절 - 기독교와 유대교의 문화적 소통을 위하여 -."「구약논단」31 (2009), 155-173.

이경재.『욥과 케 보이』. 서울: 대한기독교서회, 2009.

이긍재. "고대 이스라엘 역사 흐름 속 '안식일'(=Shabbath) 개념 변화에 대한 신학적 고찰."「구약논단」69 (2018), 293-326.

이미숙. "신명기 10장 12절-11장 32절에 나타난 땅 표현양식과 땅 사상."「구약논단」34 (2009), 51-68.

_____. "신명기의 '젖과 꿀이 흐르는 땅'."「구약논단」21 (2015), 33-59.

이양호. "주일 개념의 역사."「신학논단」27 (1999), 157-171.

이영미. "제의 중앙화와 세속화를 통한 개혁: 신명기 12장의 수사비평적 읽기."「신학사상」143 (2008), 65-96.

_____. "구약의 제사장과 현대의 목회자."「신학사상」160 (2013), 9-42.

_____. "한글 성경의 성(性) 관련 용어들의 번역 용례 연구."「성경원문연구」28 (2011), 86-108.

이영재. "사경과 신명기 사이의 차이점 연구-출 31:18-34:35."「Canon & Culture」1 (2007), 159-196.

이윤경. "전쟁이라는 삶의 자리에서 살펴본 열방신탁의 담론적 기능."「한국기독교신학논총」62 (2009), 35-56.

_____. "쿰란공동체의 안식일 이해: 안식일 법, 정결례, 예식."「신학사상」149 (2010), 41-63.

_____. "르네 지라르의 희생양 메커니즘으로 읽는 입다의 딸 이야기."「구약논단」49 (2013), 96-122.

_____.『제2성전 시대의 묵시문학과 사상』, 서울: CLC, 2019.

이은애. "레위기 18장의 성관계 금지조항들."「구약논단」19 (2005), 53-72.

_____. "구약성서에 나타난 인간의 아름다움."「한국기독교신학논총」74 (2011), 5-26.

이종근.『메소포타미아 법의 도덕성과 종교』, 서울: 삼육대학교출판부, 2011.

_____. "함무라비 법과 잠언 8장의 연관성에 대한 고찰: 천상회의를 중심으로."「구약논단」63 (2017), 190-233.

이종록,『사무엘. 열왕기와 역대기 본문대조』. 서울: 한국장로교출판사, 1995.

이형원. "하나님 경외 사상의 다양한 의미에 근거한 ירא의 한국어 번역 제안."「성경원문연구」 37 (2015), 7-33.

이효림. "십계명(출 20:1-17)의 중(中)·한(韓) 성서 비교 연구." 「구약논단」 73 (2019), 248-272.

이희성. "신명기 4:32-40에 나타난 하나님, 백성, 그리고 땅 - 이사야 40-66에 나타난 신학적 주제와의 상관성 -." 「교회와 문화」 22 (2009), 79-100.

장석정. "신명기 1-3장에 나타난 땅의 개념 연구." 「한국기독교신학논총」 32 (2004), 5-24.

＿＿＿. "신명기에 나타난 땅의 개념." 「인문학연구」 9 (2005), 263-288.

장일선. 『십계명 해설』. 서울: 한국기독교장로회 총회 교육원, 1991.

전정진. "출애굽기와 신명기에 나타나는 황금 송아지 일화 비교." 「Canon & Culture」 1 (2007), 192-234.

＿＿＿. "출애굽기 21장 2-11절과 신명기 15장 12-18절에 나타난 종의 방면 법." 「구약논단」 35 (2010), 54-73.

정중호. "18세기 이전 중국과 한국의 십계명 번역과 해석의 역사." 「구약논단」 50 (2013), 318-348.

정호승. 『새벽편지』, 민음의 시 12, 서울: 민음사, 1989.

조미형. "레위기 18장의 성행위 금령 연구 - '벗은 몸(에르바트)에 관한 10계명' (레 18: 7-16) -." 「구약논단」 23 (2007), 120-146.

＿＿＿. "레 18장과 고대 서아시아 법전의 성 금령 비교 연구: 혈족과 인척 안에서의 성행위에 대한 금령." 「구약논단」 25 (2009), 167-191.

조용훈. 『우리 시대를 위한 하나님의 열 가지 말씀: 십계명의 영성과 윤리』, 서울: 동연출판사, 2015.

조재천. "알렉산드리아의 필로의 성경 주해 저술들과 알레고리의 성격." 「Canon & Culture」 15 (2014), 85-108,

조철수. "십계명 5-10계명과 '슈루파크의 가르침'." 「구약논단」 4 (1998), 41-70.

천사무엘. 『지혜전승과 지혜문학: 지혜문학의 눈으로 다시 보는 성서』. 서울: 동연, 2009.

최성수. "한병철의 '피로사회' 이론에 대한 기독교 신학적 고찰과 대응방안 모색으로서 안식일 개념에 대한 연구." 「장신논단」 45 (2013), 195-222.

하경택. "시편 82편의 해석과 적용." 「구약논단」 33 (2009), 49-66.

한상수. 『함무라비 법전: 인류 법문화의 원형』, 김해: 인제대학교출판부, 2008.

함석헌. 『뜻으로 본 한국역사』, 서울: 한길사, 1987.
황선우, 『역대기 평행본문 대조집』. 서울: CLC, 2012.

해외 도서

Adam, K.-P., Avemarie F., and Wazana N., (eds.). *Law and Narrative in the Bible and in Neighbouring Ancient Cultures*, FAT 54(Tübingen: Mohr Siebeck, 2012).

Alt, A., "The Origins of Israelite Law," *Essays on Old Testament History and Religion*, tr. R. A. Wilson(New York: Doubleday, 1968), 101-171.

Anderson, A. A., *2 Samuel*, WBC 11(Dallas: Word Books, 1989).

Arnold, M., Dahan, G., et Noblesse-Rocher, A. (eds)., *La sœur-épouse(Genèse 12, 10-20)*, Lectio divina 237(Paris: Cerf, 2010).

Bartor, A., *Reading Law as narrative: A Study in the Casuistic Laws of the Pentateuch*(Atlanta: Society of Biblical Literature, 2010).

Berman, Joshua A., *Created Equal: How the Bible Broke with Ancient Political Thought*(Oxford - New York: Oxford University Press, 2008).

Berman, L. A., *The Akedah: The Bbinding of Isaac*(Northvale, N.J.: J. Aronson, 1997).

Bianchi, U., *The History of Religions*(Leiden: Brill, 1975).

Blenkinnsopp, J., *The Pentateuch: An Introduction to the First Five Books of the Bible*(New York: Doubleday, 1992).

Carmichael, C. M., *Law and Narrative in the Bible*(Ithaca - London: Cornell University Press, 1985).

Cazelles, H., "Ten Commandments," IDBS, 875-877.

Childs, B. S., *Exodus*, OTL(London: SCM Press, 1974).

Christensen, D. L., *Deuternomy 1-11*, WBC 6A (Dallas, Texas: Word Books, 1991).

Collins, R. F., "Ten Commandments," ABD 6, 383-387

Craigie, P. C., *The Book of Deuternomy*, NICOT (Grand Rapids: Eerdmans, 1976).

Daube, D., *The Exodus Pattern in the Bible*, All Souls Series (London: Faber and Faber, 1963).

Driver, S. R., *An Introduction to the Literature of the Old Testament*(Edinburgh: T. & T. Clark, 1913).

Durham, J. I., *Exodus*, WBC 3(Waco: Word Books, 1987).

Eerdmans, B. D., *Das Buch Leviticus*, Alttestamentliche Studien 4(Giessen: A. Töpelmann, 1912).

Frankel, D., *The Murmuring Stories of the Priestly School: A Retrieval of Ancient Sacerdotal Lore*, SVT 89(Leiden – Boston – Köln: Brill, 2002).

Fretheim, T. E., *Exodus*, Interpretation(Louisville: John Knox Press, 1991).

Garicía López, F., "Le roi d'Israël: Dt 17,14-20," N. Lohfink(ed.) *Das Deuteronomium: Entstehung, Gestalt und Botschaft*, BEL68(Leuven: Leuven University Press, 1985), 277-297.

Garr, W. R., *In His Own Image and Likeness: Humanity, Divinity, and Monotheism*(Leiden; Boston: Brill, 2003).

Gerleman, G., "דָּבָר *dābār* word," TLOT 1, 332-325.

Gerstenberger, E., "Covenant and Commandment," *JBL* 84(1965), 39-51.

Gottwald, Norman K., *The Tribes of Yahweh: A Sociology of the Religion of Liberated Israel 1250-1050 B.C.E.*(London: SCM Press, 1979).

Grappe, Ch., et Marx, A., *Sacrifice scandaleux ? : Sacrifice humains, martyre et mort du Christ*, Labor et Fides(Paris: Cert, 2008).

Greenberg, M., "Biblical Attitudes toward Power: Ideal and reality in Law and Prophets," E. B. Firmage, B. G. Weiss and J. W. Welch eds, *Religion and Law: Biblical-Judaic and Islamic Perspectives*(Winona Lake: Eisenbrauns, 1990), 101-112.

Harrelson, W., *The Ten Commandments and Human Rights*(Philadelphia: Fortress Press, 1980).

Hasel, G. P., "Sabbath," ABD 5, 849-856.

van der Heide, A., *'Now I Know': Five Centuries of Aqedah Exegesis*(Cham: Springer, 2017).

Hesse, R. S., *Song of Songs*, Baker commentary on the Old Testament Wisdom and Psalms (Grand Rapids: Baker Academic, 2005).

Hornung, E., *Conceptions of God in Ancient Egypt: the One and the Many*, trans. John Baines(Ithaca: Cornell University Press, 1996).

Hugenberger, Gordon P., *Marriage as a Covenant: Biblical Law and Ethics as Developed from Malachi*, SVT 52(Leiden – New York: Brill, 1994).

Hyatt, J. P., Exodus, NCBC(London: Marshall, 1983).

Joosten, J., *People and Land in the Holiness Code: An Exegetical Study of the Ideational*

Framework of the Law in Leviticus 17-26, SVT 67 (Leiden: Brill, 1996).

_____, "The *Numeruswechsel* in the Holiness Code (Lev XVII-XXVI)," K.-D. Schunk/M. Augustin(eds.), "*Lasset uns Brücken bauen…*" BEATAJ 42 (Frankfurt a. M.: Peter Lang, 1998), 67-71.

_____, "Moïse, l'assemblée et les fils d'Israël: La structure du pouvoir dans le Code de Sainteté," D. Luciani et A. Wénin(eds.), *Le Pouvoir. Enquêtes dans l'un et l'autre Testament*, Lectio Divina 248 (Paris: Cerf, 2012), 23-41.

Kennard, Douglas W., *Biblical Covenantalism, Volume one: Biblical Covenantalism in Torah: Judaism, Covenant Nomism, and Atonement*(Oregon: Wipf & Stock Pub, 2015).

Kim, S.-J., "Les enjeux théologiques des bénéficiaires de l'année sabbatique (Lev 25,6-7)," *ZAW* 122 (2010), 33-43.

_____, "The Group Identity of the Human Beneficiaries in the Sabbatical Year (Lev 25:6)," *VT* 61 (2011), 71-81.

Kitchen, K., *On the Reliability of the Old Testament*(Grand Rapids – Cambridge: Eerdmans, 2003).

Knohl, I., *The Sanctuary of Silence: The Priestly Torah and the Holiness School* (Minneapolis: Fortress Press, 1995).

Kraus, F. R., "Ein zentrales Problem des altmesopotamischen Rechts: was ist der Codex Hammurabi?," *Genava* 8 (1960), 283-296.

Lasserre, G., *Synopse des lois du Pentateuque*, SVT 59(Leiden: Brill, 1994).

Le Boulluec, A. et Sandevoir, P., *L'Exode*, La Bible d'Alexandrie 2(Paris: Cerf, 1989).

Levin, B., and Ringgren, H., "מִצְוָה *miṣwâ* command(ment), duty," TDOT VIII, 505-514.

Levinson, B. M., *"The Right Chorale": Studies in Biblical Law and Interpretation*, FAT 54(Tübingen: Mohr Siebeck, 2008).

Luciani, D., *Sainteté et pardon, vol. 1 : Structure littéraire du Lévitique*, BETL 185A(Leuven – Paris – Dudley: Peeters, 2005).

Maidman, M. P., *Nuzi Texts and Their Uses as Historical Evidence*(Atlanta: Society of Biblical Literature, 2010).

Marxsen, Willi, *Mark the Evangelist: Studies on the Redaction History of the Gospel*(Nashville: Abingdon Press, 1969).

Mettinger, T. N. D., *No Graven Image?: Isralite Aniconism in Its Ancient Near Eastern*

Context(Winona Lake: Eisenbrauns, 2013).

Milgrom, J., *Leviticus 17-22*, AB 3A(New York: Doubleday, 2000).

Miller, P. D., *Deuteronomy*, Interpretation(Louisville: John Knox Press, 1990).

_____, *The Ten Commandments*, Interpretation(Louisville: Westminster John Knox Press, 2009).

Morrison, M. A., "Nuzi," ABD 4, 1156-1162.

Mowinckel, S., *Le Décalogue*(Paris: Felix Alcan, 1927).

Nicholson, E. W., "The Decalogue as the Direct Address of God," *VT* 27 (1977), 422-433.

Noort Ed, and Tigchelaar E., (eds.), *The Sacrifice of Isaac: The Aqedah (Genesis 22) and Its Interpretations*(Leiden - Boston - Köln: Brill, 2002).

_____, *A History of Pentateuchal Traditions*(Englewood Cliffs, N.J.: Prentice-Hall, 1972).

_____, *The Deuteronomistic History*, JSOTS 15(Sheffield: JSOT Press, 1991).

Patrick, D., *Old Testament Law*(London: SCM Press, 1986).

Philips, A., "The Decalogue-Ancient Israel's Criminal Law," *JJS* 34(1983), 1-20.

Propp, W. H. C., *Exodus 19-40*, AB 2A(New York: Doubleday, 2006).

von Rad, G., *Deuteronomy*, OTL(London: SCM Press, 1966).

_____, *The Problem of the Hexateuch and Other Essays*(London: SCM Press, 1984).

Richter, S. L., *The Deuteronomistic History and the Name Theology: lᵉšakkēn šᵉmô šām in the Bible and the Ancient Near East*, BZAW 318(Berlin - New York: Walter de Gruyter, 2002).

Sawyer, J. F. A., "שׁוא *šāw'* deceit," TLOT 3, 1310-1312.

Schmidt, W. H., "דבר *dābhar*; דָּבָר *dābhār*," TDOT III, 84-125.

_____, *Old Testament Introduction*, tr. by M. J. O'Connell(New York: Crossroad, 1984).

Stackert, J., "Mosaic Prophecy and the Deuteronomic Source of the Torah," K. Schmid and R. E. Person, Jr. (eds.), *Deuteronomy in the Pentateuch, Hexateuch, and the Deuteronomistic History*, FAT 2(Tübingen: Mohr Siebeck, 2012), 47-63.

Stähli, H.-P., "יָרֵא *yr'* to fear," TLOT 2, 575.

Sternberg, M., *The Poetics of Biblical Narrative: Ideological Literature and the Drama of Reading*(Bloomington: Indiana University Press, 1987).

Tsalampouni, E., "Origen's Figural Reading of the Scripture: The Process from the Literal to the Spiritual," 「Canon & Culture」 15 (2014), 5-30.

van der Toorn, K., "Yahweh," DDD, 910-919.

_____(ed.), *The Image and the Book: Iconic Cults, Aniconism, and the Rise of Book Religion in Israel and the Ancient Near East*(Leuven: Peeters, 1997).

Walton, H., "Interpreting the Bible as an Ancient Near Eastern Document," D. I. Block (ed.), *Israel: Ancient Kingdom or Late Invention? Archaeology, Ancient Civilizations, and the Bible*(Nashville: B&H, 2008), 298-327.

Watts, J. D. H., *Isaiah 1-33*, WBC 24(Waco: Word Books, 1985).

Watts, J. W., *Ritual and Rhetoric in Leviticus: From Sacrifice to Scripture*(Cambridge: Cambridge University Press, 2007).

_____, *Reading Law*, The Biblical Seminar 59(Sheffield: Sheffield Academic Press, 1994).

Weinfeld, M., *Deuteronomy and the Deuteronomic School*(Oxford: At the Clarendon Press, 1983).

_____, *Deuteronomy 1-11*, AB 5(New York: Doubleday, 1991).

Wenham, G., *Genesis 1-15*, WBC 1(Waco, Texas: Word Books, 1987).

Westermann, C., *Praise and Lament in the Psalms*, tr. by Keith R. Crim and Richard N. Soulen(Atlanta: John Knox Press, 1981).

_____, *Genesis 1-11*, tr. by J. J. Scullion S. J. (Minneapolis: Fortress Press, 1994).

Wildberger, H., *Isaiah 1-12: A Commentary*, trans. T. H. Trapp(Minneapolis: Fortress Press, 1991).

Wilkinson, Richard H., *The Complete Temples of Ancient Egypt*(New York: Thames & Hudson, 2000).

Wright, C. J. H., *God's People in God's Land: Family, Land and Property in the Old Testament*(Grand Rapids: Eerdmans, 1990).

Wright, G. E., *The Old Testament and Theology*(New York: Harper & Row, 1969).

Zimmerli, W., "Ich bin Jahwe," *Geschichte und Altes Testament, Festschrift für A. Alt*(Tübingen: Mohr, 1953), 11-40.

번역서

갓월드 K., 노만. 『히브리 성서: 사회·문학적 연구 1』(*The Hebrew Bible: A Socio-Literary Introduction*). 김상기 역. 서울: 한국신학연구소, 1987.

고르닉, 헤르베르트 편. 『십계명의 현대적 이해』(*Du Sollst in Freiheit Leben: Eine neue Dimension der Zehn Gebote*). 이정배 역. 서울: 전망사, 1989.
그래비, 레스터 L. 『고대 이스라엘 역사 - B.C. 2000년경~B.C. 539년 -』(*Ancient Israel: What Do We Know and How Do We Know It?*). 류광현, 김성천 역. 서울: CLC, 2012.
그륀, 안젤름. 『인생을 떠받치는 열 개의 기둥: 안젤름 그륀 신부의 십계명에 대한 새로운 해석』(*Zehn Gebote*). 송안정 역. 파주: 21세기북스, 2010.
그륀델, 요하네스. 『십계명: 어제와 오늘』(*Die Zehn Gebote in der Erziehung*). 김윤주 역. 칠곡: 분도출판사, 1978.
노트, 마르틴. 『출애굽기』(*Exodus*). 국제성서 주석. 서울: 한국신학연구소, 1981.
니버, 리처드. 『그리스도와 문화』(*Christ and Culture*). 홍병룡 역. 서울: IVP, 2007.
니콜슨, E. W. 『신명기와 전승』(*Deuteronomy and Tradition*). 장영일 역. 서울: 장로회신학대학교출판부, 2003.
두크로, 울리히. 『성서의 정치경제학』(*Alternativen zur kapitalistischen Weltwirtschaft*). 손규태 역. 한울, 1997.
라이트, 크리스토퍼. 『신명기』(*Deuteronomy*). 전의우 역. 서울: 성서유니온, 2017.
레빈슨, 버나드 M. 『신명기와 법 혁신의 해석학』(*Deuteronomy and the Hermeneutics of Legal Innovation*). 이영미 역. 오산: 한신대학교출판부, 2009.
루터, 마르틴. 『대교리문답』(*Der Große Katechismus*). 최주훈 역. 서울: 복있는사람, 2017.
리나드, 조지프 T., 롬스, 로니 J. 엮음. 『탈출기, 레위기, 민수기, 신명기』(*Exodus, Leviticus, Numbers, Deuteronomy*). 교부들의 성경 주해, 구약성경 III. 강선남 역. 칠곡: 분도출판사, 2015.
마일렌버그, 제임스. "양식비평학과 그 극복." 「신학사상」 84 (1994), 177-205.
매킨토시, 덕. 『Main Idea로 푸는 신명기』(*Deuteronomy*). 마영례 역. 서울: 디모데, 2017.
몰트만, 위르겐. 『삼위일체와 하나님의 나라』(*Trinität und Reich Gogottes*). 김균진 역. 서울: 대한기독교출판사, 1982.
_____. 『오시는 하나님: 기독교적 종말론』(*Das Kommen Gottes: Christliche Eschatologie*). 김균진 역. 서울: 대한기독교서회, 1997.
_____. 『창조 안에 계신 하느님』(*Gott in der Schoepfung*). 김균진 역. 서울: 한국신학연구소, 1999.
밀러, J. 맥스웰, 헤이스, 존 H. 『고대 이스라엘 역사』(*A History of Ancient Israel and Judah*). 박문재 역. 서울: 크리스챤다이제스트, 2009.

바클레이, 윌리엄. 『오늘을 위한 십계명』(*The Ten Commandments for Today*). 이희숙 역. 서울: 컨콜디아사, 1988.

바키오키, 사무엘레. 『안식일에서 주일로』(*From Sabbath to Sunday*). 이국헌 역. 서울: 나무그루, 2012.

버드, 필리스 A. "히브리 성경과 신학적 인간학." 레오 G. 퍼듀 편집. 『히브리 성경 연구』(*The Blackwell Companion to the Hebrew Bible*). 임요한 역. 서울: CLC, 2016.

베스터만, 클라우스. 『구약신학 입문』(*Theologie des Alten Testaments in Grundzügen*). 박문재 역. 서울: 크리스챤다이제스트, 2005.

_____. 『창조』(*Creation*). 황종렬 역. 칠곡: 분도출판사, 1997.

베스터만, 클라우스 편집. 『구약 해석학』(*Essays on Old Testament Hermeneutics*). 박문재 역. 서울: 크리스챤다이제스트, 1995.

보드리야르, 장. 『소비의 사회: 그 신화와 구조』(*La société de consommation*). 이상률 역. 서울: 문예출판사, 2014.

볼프, 노트커, 드로빈스키, 마티아스. 『그러니, 십계명은 자유의 계명이다』(*Regeln zum Leben*). 윤선아 역. 칠곡: 분도출판사, 2012.

부르그만, 월터. 『안식일은 저항이다』(*Sabbath as Resistance: Saying NO to the Culture of Now*). 서울: 복있는사람, 2015.

부르디외, 삐에르. 『구별짓기: 문화와 취향의 사회학. 상-하』(*La distinction : critique sociale du jugement*). 최종철 역. 서울: 새물결플러스, 2005.

부버, 마르틴. 『나와 너』(*Ich und Du*). 김천배 역. 서울: 대한기독교서회, 2017.

뷔르트바인, 에른스트, 메르크, 오토. 『책임』(*Verantwortung*). 황현숙 역. 서울: 대한기독교서회, 1991.

빌라데서, 리차드. 『신학적 미학: 상상력, 아름다움, 그리고 예술 속의 하나님』(*Theological Aesthetics: God in Imagination, Beauty, and Art*). 손호현 역. 서울: 한국신학연구소, 2001.

사르트르, 장 폴. 『구토』(*La nausée*). 방곤 역 서울: 믄예출판사, 1999.

_____. 『실존주의는 휴머니즘이다』(*L'existentialisme est un humanisme*). 왕사영 역. 서울: 청아출판사, 1995.

사이드, 에드워드. 『문화와 제국주의』(*Culture and Imperialism*). 김성곤, 정종호 역. 서울: 창, 2011.

슈니더윈드, 윌리엄. 『성경은 어떻게 책이 되었을까?』(*How the Bible Became a Book: the Tex-*

tualization of Ancient Israel). 박정연 역. 서울: 에코리브로, 2006.

스미스, 아담. 『국부론』(*Wealth of Nations*). 서울: 을유문화사, 1976.

스트로스, 레비. 『신화학 1-2』(*Mythologiques. 1, Le cru et le cuit; 2, du miel aux cendres*). 임봉길 역. 파주: 한길사, 2008.

아이히로트, 발터. 『구약성서신학 I, II』(*Theology of the Old Testament*). 박문재 역. 서울: 크리스챤다이제스트, 1995.

알터, 로버트. 『성서의 이야기 기술』(*The Art of Biblical Narrative*). 황규홍, 박영희, 정미현 역. 서울: 아모르문디, 2015.

올렌버거, 벤 C., 마르텐스, 엘머 A., 하젤, G. F. 엮음. 『20세기 구약신학의 주요 인물들』(*Flowering of Old Testament Theology: a Reader in Twentieth-Century Old Testament Theology, 1930-1990*). 강성열 역. 서울: 크리스챤다이제스트, 2000.

우드, 에드워드 J. 『신명기』(*Deuteronomy*) 틴데일 구약주석 시리즈 5. 김정훈 역. 서울: CLC, 2016.

자콥, 에드몽. 『구약신학』(*Theology of the Old Testament*). 박문재 역. 서울: 크리스챤다이제스트, 2009.

짐멜, 게오르그. 『돈의 철학』(*Philosophie des Geldes*). 김덕영 역. 서울: 길, 2016.

차일즈, 브레바드 S. 『구약신학』(*Old Testament Theology in a Canonical Context*). 박문재 역. 서울: 크리스챤다이제스트, 1997.

쳉어, 에리히. 『구약성경 개론』(*Einleitung in das Alte Testament*). 이종한 역. 칠곡: 분도출판사, 2012.

침멀리, 발터. 『구약신학』(*Grundriss der alttestamentlichen Theologie*). 김정준 역. 서울: 한국신학연구소, 1979.

카마이클, 캘럼. "오경에서의 율법과 내러티브." 레오 G. 퍼듀 편집. 『히브리 성경 연구』(*The Blackwell Companion to the Hebrew Bible*). 임요한 역. 서울: CLC, 2016.

카이저, 월터. 『구약성경윤리』(*Toward Old Testament Ethics*). 홍용표 역. 서울: 생명의말씀사, 1990.

칸트, 임마누엘. 『이성의 한계 안에서의 종교』(*Die religion innerhalb der Grenzen der blossen Vernunft*). 신옥희 역. 서울: 이화여자대학교출판문화원, 1994.

칼빈, 존. 『기독교 강요 2』(*Institutes of the Christian Religion*). 고영민 역. 서울: 기독교문사, 2012.

_____. 『칼빈의 십계명 강해』(*John Calvin's Sermons on the Ten Commandments*). 김광남 역. 서

울: 비전북, 2011.

코판, 폴. 『구약 윤리학』(*Is God a Moral Monster?: Making Sense of the Old Testament God*). 이신열 역. 서울: CLC, 2017.

콜린스, 존 J. 『묵시문학적 상상력: 유다 묵시문학 입문』(*Apocalyptic Imagination: an Introduction to Jewish Apocalyptic Literature*). 박요한 영식 역. 서울: 가톨릭출판사, 2006.

쿡, 스티븐 L. 『묵시문학』(*The Apocalyptic Literature*). 차준희 역. 서울: 대한기독교서회, 2015.

크뤼제만, 프랑크. 『자유의 보존: 사회사적 관점에서 본 십계명의 주제』(*Bewahrung der Freiheit: das Thema des Dekalogs in sozialgeschichtlicher Perspektive*). 이지영 역. 양평: 크리스천헤럴드, 1999.

크리스텡, 올리비에. 『종교개혁: 루터와 칼뱅, 프로테스탄트의 탄생』(*Les Réformes : Luther, Calvin et les protestants*) 시공 디스커버리 총서 32. 서울: 시공사, 2009.

클레멘츠, 로날드. 『신명기』(*Deuteronomy*). 정석규 역. 서울: 한들, 2002.

톰슨, 윌리. 『노동, 성, 권력: 무엇이 인류의 역사를 바꾸어 왔는가』(*Work, Sex and Power: The Forces that Shaped Our History*). 우진하 역. 서울: 문학사상, 2016.

트리블, 필리스. 『수사비평: 역사, 방법론, 요나서』(*Rhetorical Criticism: Context, Method, and the Book of Jonah*). 유연희 역. 고양: 한국기독교연구소, 2007.

틸리히, 폴. 『문화의 신학』(*Theology of Culture*). 남성민 옮김. 서울: IVP, 2018.

판넨베르크, 볼프하르트. 『판넨베르크 조직신학 II』(*Systematische Theologie: Gesamtausgabe 2*). 신준호, 안희철 역. 서울: 새물결플러스, 2018.

패커, 제임스. 『십계명』(*Growing in Christ*). 김진웅 역. 서울: 아바서원, 2012.

폰 라트, G. 『구약성서신학 1 – 이스라엘의 역사적 전승의 신학 -』(*Theologie des Alten Testaments*). 허혁 역. 칠곡: 분도출판사, 1976.

_____. 『예언자들의 메시지』(*Die Botschaft der Propheten*). 김광남 역. 고양: 비전북, 2011.

프롬, 에리히. 『소유냐 존재냐』(*To Have or To Be?*). 차경아 역. 서울: 까치, 2003.

프리처드, 제임스 B. 편. 『고대 근동 문학 선집』(*The Ancient Near East: An Anthology of Texts & Pictures*). 강승일, 김구원, 김성천, 김재환, 윤성덕, 주원준 역. 서울: CLC, 2016.

핑컬스타인, 이스라엘, 실버먼, 닐 애셔. 『성경: 고고학인가 전설인가』(*The Bible Unearthed*). 오성환 역. 서울: 까치, 2002).

하우어워스, 스탠리, 윌리몬, 윌리엄. 『십계명』(*Truth about God*). 강봉재 역. 서울: 복있는사람, 2007.
하젤, G. F. 『현대구약신학의 동향』(Old Testament Theology). 이군호 역. 서울: 대한기독교 출판사, 1984.
핸슨, 폴. 『묵시문학의 기원』(The Dawn of Apocalyptic). 이무용, 김지은 역. 서울: 크리스챤 다이제스트, 1996.
_____. 『성서의 갈등구조: 신학적 해석』(The Diversity of Scripture). 이재원 역. 서울: 한국신학연구소, 1986.
헤드릭, 다니엘 R. 『과학기술과 제국주의』(The Tools of Empire). 김우민 역. 서울: 모티브북, 2013.
헤셸, 아브라함 J. 『예언자들』(The Prophets). 이현주 역. 서울: 삼인, 2015.
_____. 『안식』(The Sabbath). 김순현 역. 서울: 복있는사람, 2018.
헤시오도스. 『신통기』(Hesiod). 천병희 역. 서울: 한길사, 2004.
홉슨, J. A. 『제국주의론』(Imperialism: a Study), 신홍범, 김종철 역 (서울: 창작과비평사, 1983).